JN025640

中小企業診断士の 知恵 と 技

生産性向上の取組み事例と支援策

【監修】福田尚好

【編著】太田一樹

同友館

まえがき

　令和元年を迎えた本年に，大阪で"G20大阪サミット"（金融・世界経済に関する首脳会合）が開催された。初めて日本がG20の議長国となった今回のサミットで，「我々は，全ての人々の利益のために，技術イノベーション，特にデジタル化及びこれを適用した力を活用しつつ，世界経済の成長促進に向けて協働する」と，"G20大阪首脳宣言"が世界に発信された。

　日本企業を取り巻く環境を概観すると，新興国の技術力向上による国際競争の激化，国内における労働力人口の減少や少子高齢化の進展など，従来を凌ぐ大きな変化が生じてきている。さらに，IoT（Internet of Things）やAI（Artificial Intelligence）の進歩により第四次産業革命と評される新たな技術革命が進行しつつある。これらの変化は，起業家や中小企業にとっては，脅威でもあるが，千載一遇のビジネスチャンスでもある。

　これらの環境変化に中小企業がチャレンジしていくには，足元の経営改革を進めていく必要があり，先ずは生産性向上の取組みや人手不足への対応に努めることが喫緊の課題である。

　おりしも，2019年4月より働き方改革関連法が順次施行されていく。「時間外労働の上限規制」，「年5日の年次有給休暇の確実な取得」，「雇用形態にかかわらない公正な待遇の確保」，「割増賃金率の引き上げ」などである。従業員にとって魅力ある職場づくりに注力しながら，未来の成長のための戦略的な投資を着実に進めていかなければならない。これらを満たすためには企業の生産性を高め，利益を創出できる企業体質へと変革していくことが大切になる。

　生産性とは，投入した経営資源に対してどれだけの成果を生み出したかをみる尺度であり，

産出量（アウトプット）÷投入量（インプット）

で算出される。少ない投入量（インプット）で大きな産出量（アウトプット）

を得ることができれば生産性は高くなる。

日本では，特にものづくりの現場において，主に業務改善，業務効率化といった面からの生産性向上の取組みが注目されてきた。「5S運動」，「カイゼン」，「かんばん方式」など，これらの取組みを象徴する言葉は，日本企業の強みの源泉として世界からも注目されたが，一連の取組みは主に投入量（インプット）低減を目指したものである。一方で，企画や営業，総務部門などの非製造部門や非製造業（主にサービス業）では満足する成果を上げていない（日本の労働生産性を米国と比較すると，就業者1人当たり労働生産性はおよそ3分の2の水準であり，特にサービス業は半分程度である）。これは，非製造部門において，上述の式における分母＝インプットの削減が難しく，分子＝アウトプットの増大についても有効な手が打てていない状況を表していると言える。

生産性を向上させていくこと，特に，インプットとアウトプットの両面から，生産性向上の取組みを打ち出していくことが企業の成長にとっての必要条件である。

しかし，中小企業の現場を訪問すると，生産性向上の必要性は感じているが何から取り組めば効果が出るのか分からない，以前に取り組んだが頓挫してしまった，などの声を多く聞く。国内には大企業を凌ぐ生産性をあげている中小企業が存在するのも事実であるが（詳しくは第1部第1章Ⅱ節参照），生産性向上の取組みのための知識やノウハウが産業界の内で十分に共有されていないことが，生産性の低い企業群を生み出しているとも考えられる。

そこで本書では，生産性向上の打ち手を編み出すために必要な，生産性向上の基礎的「知識」と，中小企業の現場で使える実践的「知恵」と「技」を学ぶことを目的とし，初学者（現場経験の浅い方）の便宜も考えて3部構成で編集されている。第1部「生産性向上に向けての戦略的経営」では，概論として，中小企業の成長と生産性向上の関係，生産性の実態と戦略的課題，生産性向上の実現に向けての取組み方法について解説している。第2部「生産性を向上させるコンサルティング事例」では，プロフェッショナルとして活躍する中小企

業診断士（通称「プロコン」）が，専門分野ごとに中小企業の生産性向上の実際の取組み事例について執筆している。製造業からサービス業までの8つの業種を幅広く取り上げているが，各章ともに執筆者がコンサルティング（支援）した企業を事例にして生産性向上のポイントを解説している。また，IT活用の重要性に鑑み，独立した章（第9章IT導入のポイント）を設けてその活用方法について解説している。各章ともに，学んでいただきたい点，支援先企業の概要と当時の経営課題，生産性向上のための支援内容，支援後の効果など，共通のフレームワークに沿って改善ポイントを分かりやすく解説している。なお，生産性向上のためのちょっとした工夫などを簡単に紹介するコラムも各章ごとに掲載しているので活用してほしい。

第3部「生産性向上のための支援策（政策）」では，「中小企業等経営強化法・経営革新支援法」「革新的モノづくり・商業・サービス開発支援補助金」「小規模事業者持続化補助金」など多くの中小企業にとって活用頻度の高そうな政策支援について紹介している。内容としては支援策の概要，支援策活用のポイント，企業の活用事例などを解説している。

直接的に課題を抱える中小企業の経営者や管理者，中小企業支援者（金融機関や行政機関など），経営コンサルタントはもちろんのこと，生産性向上の研究に関心のある学生の方々にも本書を読んでもらえれば幸いである。

本書の誕生の契機は，2011年7月7日に大阪中小企業診断士会（理事長：福田尚好氏）と大阪経済大学大学院経営学研究科（研究科長：太田一樹）が学術提携をしたことに始まる。その活動の一環として，本学社会人大学院に共同でコンサルティングに関する授業科目を設置し問題発見・解決の能力を持つ人材の育成に取り組んでいる。福田先生には当時から本学大学院の客員教授に就任していただいており，現在でもその取組みは続いている。また，大学院だけでなく多くのビジネスパーソンにコンサルティングの思考や技法を習得してもらうことを目的に，福田先生と共同で編者になり大阪府中小企業診断協会の役員の方々と一緒に『コンサルティングの作法』と『コンサルティングの基礎』の2部作（同友館，2013年）を上梓した。お陰様で多くの読者の方に読んでいた

だき増版を続けている。

　今回の出版は，2部作に続き第3作目になるのだが，我々にとっては特別の嬉しい想いが込められた作品である。それは，福田先生が，（一社）中小企業診断協会長に着任されている2017年11月3日に，中小企業振興の功績が認められ「旭日中綬章」を受賞されたからである。改めて，中小企業の振興と中小企業診断士の活躍を力強く支援されてきた福田先生には，その功績をたたえ，今までのご指導に感謝を申し上げる次第である。

　福田先生には監修者という責を担っていただいている。本書が中小企業の振興に大きく寄与することで受賞の記念作品となることを，筆者一同は念願している。成長意欲のある多くの中小企業が生産性を向上させ飛躍のチャンスをつかめる，そのような令和時代に相応しい1冊でありたいと願っている。

　今回の上梓に際しては，出版環境が厳しい折に出版を認めていただいた株式会社同友館代表取締役社長・脇坂康弘様に，さらに企画から出版までの編集の業務にご尽力いただいた同社次長・佐藤文彦様に，深く感謝申し上げる。

2019年11月

本書の執筆者を代表して

太田　一樹

生産性向上に向けての戦略的経営

生産性を向上させるコンサルティング事例

生産性向上のための支援策（政策）

第1部

生産性向上に向けての
戦略的経営

中小企業の戦略的課題

　少子高齢化や人口減といった日本市場を取り巻く環境変化が起こっている。他方，国際競争の激化や新興国の技術力向上により日本産業の国際競争力が低下しているという懸念もある。その状況下で，生産性向上の取組みや人手不足への対応が特に中小企業にとっての大きな課題となっている。

　政府の対策として働き方改革関連法が2019年4月より順次施行されるのに伴い，「人手不足」や「生産性向上と業務効率化」，「魅力ある職場づくりと社員教育」についての支援策が準備されている。企業成長を促進し魅力ある職場環境を形成するには，人件費や投資に配分できる一定収益を創出できる体質づくりをしておかなければならない。その体質を表現する重要な指標の一つが生産性である。

I　経営者の労働時間と働き方改革

　経営者の労働時間とその業務内容についてみておこう（『小規模企業白書（2018年版）』pp.55-57）。小規模事業の経営者の1日の実労働時間（休憩時間を除く）をみると，全体平均は9時間26分であり，9〜10時間とする回答が最も多い。1週間当たりの平均休日数は「1日」が74.5％と大半を占めており，全体の平均は1.17日となっている。経営者自身が従事する業務のうち削減したい業務があるとの回答は半数以上（55.7％）を占める。削減したい業務内容としては「財務・会計（記帳）」（65.9％），「在庫管理」（45.6％），「給与管理・勤怠管理」（45.4％）といった間接業務が多い。

【図表 1-1-1】 余裕があれば注力したい取組み内容

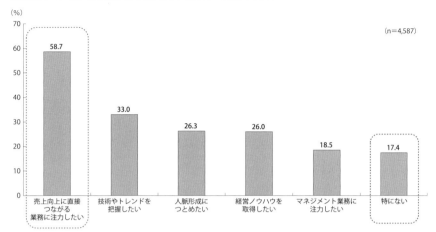

資料：三菱 UFJ リサーチ＆コンサルティング（株）「小規模事業者等の事業活動に関する調査」（2017 年 12 月）
（注）複数回答のため，合計は必ずしも 100％にはならない。

出所：『小規模企業白書（2018 年版）』p.59

　他方，「経営計画の策定」（13.4％）の削減意向は少なく経営者自身の担う業務として重視されていることが分かる。時間に余裕があれば注力したい取組みについては「売上向上に直接つながる業務に注力したい」とする割合が半数以上（58.7％）を占め，次いで「技術やトレンドを把握したい」（33.0％），「人脈形成につとめたい」（26.3％）である。日常業務の効率化を図り，戦略的な業務に注力したい経営者の意向が読み取れる（図表 1-1-1）。

　また，働き方改革関連法として「時間外労働の上限規制」（2019 年 4 月 1 日施行。中小企業は 2020 年 4 月 1 日施行），「年 5 日の年次有給休暇の確実な取得」（2019 年 4 月 1 日施行），「雇用形態にかかわらない公正な待遇の確保」（2020年 4 月 1 日施行），「割増賃金率の引き上げ」（2023 年 4 月 1 日施行）などが施行される。新法を順守する上で，経営全体の見直しと業務の再構築が求められる。

　経営者が持つ問題意識と新制度による労働環境改善要求の両面からも，生産性向上への取組みが持続的成長のための戦略的課題となっていることが分かる。

Ⅱ　生産性の実態と課題

　生産性とは，簡単にいうと投入した経営資源（ヒト，モノ，カネ，情報）に対しどれだけの成果（売上高や付加価値など）を生み出しているかを測る尺度である（生産性＝産出量÷投入量）。少ない投入量（経営資源）で多くの産出量（成果）を創出していくことが大切になる。次にわが国の企業の生産性について概観しておこう。

（1）企業規模別の労働生産性

　製造業について企業規模別に労働生産性（付加価値額÷従業者数）の推移をみると，リーマンショック時を除くとゆるやかに上昇している。しかし，労働生産性の格差をみると，大企業と中規模企業だけでなく，中規模企業と小規模事業者の間の格差も拡大していることが分かる（図表1-1-2）。他方，非製造業の推移をみると，緩やかではあるが，大企業と小規模事業者の間で労働生産性の格差が拡大していることが分かる（図表1-1-3）。なお，労働生産性の絶対額（2016年度）を製造業と非製造業で比較すると，大企業で1,010万円（非製造業849万円），中規模企業で678万円（同635万円），小規模事業者で393万円（同400万円）である。

（2）業種別の労働生産性

　業種別に労働生産性（付加価値額÷労働時間1時間当り）をみると，全ての業種にわたって大企業が高く，特に「学術研究・専門・技術サービス業」（6,565円），「製造業」（6,470円），「情報通信業」（6,419円）の生産性が高い（図表1-1-4）。また，他業種に比べて「製造業」「情報通信業」「学術研究・専門・技術サービス業」では，大企業と中小企業の生産性の格差が大きいことが分かる。

4

【図表1-1-2】企業規模別の労働生産性の推移（製造業）

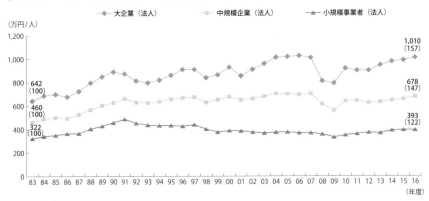

資料：財務省「法人企業統計調査年報」再編加工
(注)1. 労働生産性＝付加価値額／従業者数
　　2. 付加価値額＝人件費＋支払利息等＋動産・不動産賃借料＋租税公課＋営業純益
　　3. 従業者数＝役員数＋従業員数
　　4. 数値は中央値
　　5. （　）の数値は、1983年度の各規模の値を100としたときの2016年度の数値

出所：『小規模企業白書（2018年版）』p.41

【図表1-1-3】企業規模別の労働生産性の推移（非製造業）

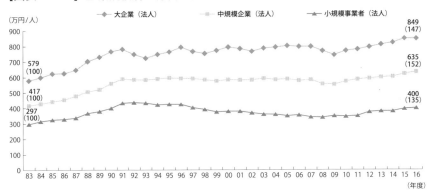

資料：財務省「法人企業統計調査年報」再編加工
(注)1. 労働生産性＝付加価値額／従業者数
　　2. 付加価値額＝人件費＋支払利息等＋動産・不動産賃借料＋租税公課＋営業純益
　　3. 従業者数＝役員数＋従業員数
　　4. 数値は中央値
　　5. （　）の数値は、1983年度の各規模の値を100としたときの2016年度の数値
　　6. 不動産業を除く

出所：『小規模企業白書（2018年版）』p.41

【図表 1-1-4】業種別・企業規模別の労働生産性（労働時間 1 時間当り）

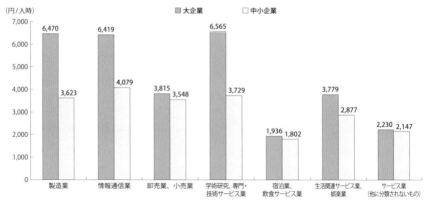

資料：経済産業省「企業活動基本調査」、厚生労働省「賃金構造基本統計調査」再編加工
(注) 1. 2015年度における労働時間1時間当たりの付加価値額を示している。
　　 2. 付加価値額＝営業利益＋（給与総額＋福利厚生費）＋動産・不動産貸借料＋租税公課＋減価償却費

出所：『中小企業白書（2018年版）』p.59

(3) 業種別・従業者数別の労働生産性

　大企業と中小企業の間に生産性の格差があることをみてきたが，この傾向について さらに詳細に分析しておこう（図表1-1-5）。業種別・従業者数（ここでは常用雇用者数）別に労働生産性（付加価値額÷従業者数）をみると，建設業や製造業，卸売業に関しては従業者数が多いほど生産性が高いという傾向が読み取れる。反対に，運輸郵便業や小売業，サービス業では従業者数が多いほど生産性が高くなるとの強い傾向は読み取りにくく，生産性の絶対額も相対的に低いという特徴がみられる。

(4) 労働生産性のバラツキ

　ここまで，企業規模別や業種別，従業者数別に生産性の格差について平均値を基本にして相違を観察してきた。しかし，同じ規模や業種でも企業ごとに当然だが生産性にバラツキがある。ここでは製造業と非製造業について，企業ごとのバラツキを考慮した生産性（付加価値額÷従業者数）の状況をみてみたい。

【図表1-1-5】業種別・従業者数別の労働生産性

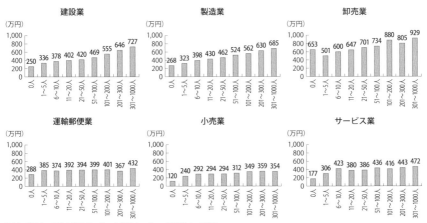

資料：総務省・経済産業省「平成24年経済センサス−活動調査」再編加工
(注) 経済センサスにおける事業所開設時期とは、会社や企業の創業時期ではなく、当該事業所が現在の場所で事業を始めた時期をいう。ここでの設立年は、経済センサスの調査対象事業者の事業所のうち、最も古い事業所の開設時期を企業の設立年とみなして集計している。

出所：『中小企業白書（2018年版）』p.51

　製造業の上位10％，中央値，下位10％における生産性の数値をみると，小規模事業者で980万円，393万円，62万円，中規模企業で1,340万円，678万円，313万円，大企業で1,812万円，1,010万円，590万円である。規模が大きいほど生産性は高いが，同じ規模グループ内でも企業ごとにかなりのバラツキのあることが分かる。中規模企業の上位10％は大企業の中央値よりも生産性は高く，小規模事業者の上位10％は大企業の中央値に近い労働生産性となっている（図表1-1-6）。他方，非製造業の上位10％，中央値，下位10％における生産性の数値をみると，小規模事業者で1,525万円，400万円，40万円，中規模企業で1,782万円，635万円，223万円，大企業で1,939万円，849万円，384万円である。規模が大きいほど生産性が高く企業ごとにかなりのバラツキのある点は製造業と同様だが，異なるのは，小規模事業者と中規模企業の上位10％は大企業の中央値よりも生産性はかなり高い結果となっている点である（図表1-1-7）。

　企業ごとのバラツキを考慮した労働生産性を検討すると，規模間で比較した

【図表1-1-6】企業規模別にみた労働生産性のバラツキ（製造業）

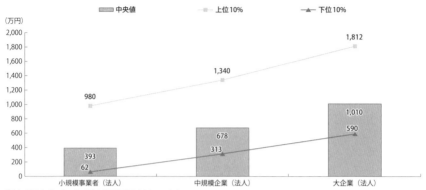

資料：財務省「平成28年度法人企業統計調査年報」再編加工
（注）1. 労働生産性＝付加価値額／従業者数
　　　2. 付加価値額＝人件費＋支払利息等＋動産・不動産賃借料＋租税公課＋営業純益
　　　3. 従業者数＝役員数＋従業員数

出所「小規模企業白書（2018年版）」p.39

【図表1-1-7】企業規模別にみた労働生産性のバラツキ（非製造業）

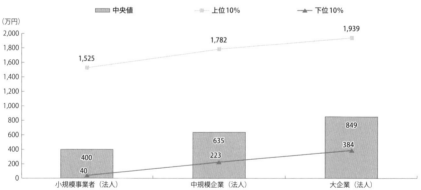

資料：財務省「平成28年度法人企業統計調査年報」再編加工
（注）1. 労働生産性＝付加価値額／従業者数
　　　2. 付加価値額＝人件費＋支払利息等＋動産・不動産賃借料＋租税公課＋営業純益
　　　3. 従業者数＝役員数＋従業員数
　　　4. 不動産業を除く

出所「小規模企業白書（2018年版）」p.40

場合は製造業よりも非製造業の方がバラツキは小さく，同規模グループ内で比較すると製造業よりも非製造業の方がバラツキは大きいことが分かる。製造業の場合，規模が大きくなるにつれ生産性が高まるのは「規模の経済性」が働いていることが一因であると考えられる。また非製造業の場合，製造業のように画一的に「規模の経済性」が働かないこと，業種やビジネス形態（資本集約型，労働集約型，知識集約型）が多種多様であることが要因だと考えられる。

（5）労働生産性の国際比較

　国際比較の観点から生産性の特徴について検討しておこう。毎年，国際比較の結果を公表している日本生産性本部（2018）「労働生産性の国際比較2018」から紹介すると，①日本の時間当たり労働生産性（就業1時間当たり付加価値）は47.5ドルで米国（72.0ドル）の3分の2程度の水準で，OECD加盟36カ国中20位，②日本の1人当たり労働生産性（就業者1人当たり付加価値）は84,027ドルで，英国（89,674ドル）やカナダ（93,093ドル）の国をやや下回る水準で，OECD加盟36カ国中21位，③日本の製造業の労働生産性水準（就業者1人当たり付加価値）は99,215ドルでOECDに加盟する主要31カ国の中で15位，という特徴がある。

　このように日本の生産性は先進諸国の中では芳しくない。「働き方改革」を実りあるものにするには，今までよりも短時間で付加価値を向上させる取組みが必要となる。その観点から時間当たりの付加価値向上の取組みが日本の産業や企業にとっても大切になってくる。

　また，業種別での生産性をみると（2015年における米国の産業別労働生産性水準の平均を100とした場合），日本は「化学」だけが100を超えているが他の産業は100を下回っている（図表1-1-8）。製造業全体の平均が7割弱（67.4），非製造業全体の平均が約半分（50.7）である。金融・保険を除くほとんどのサービス業の生産性は米国の半分以下の水準しかないという結果が示されている（滝澤（2018）pp.3-4）。

【図表1-1-8】日米の産業別生産性（1時間当たり付加価値）と付加価値シェア

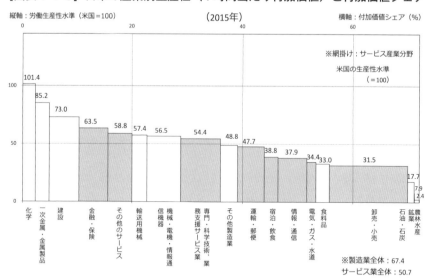

出所：滝澤美帆（2018）「産業別労働生産性水準の国際比較」p.4

III　生産性を高めるための取組み視点

　生産性とは，投入された経営資源に対しどれだけの成果を生み出しているか
を測る尺度である。この考え方を中小企業のマネジメント要素に分解して図式
化したものが図表1-1-9である。この図はサービス業の生産性向上の要素を示
したものだが，全ての業種にも参考になる。

　生産性向上で大切なことは，効率性追求（狭義の生産性）の視点だけでな
く，広義に捉えて戦略的に生産性を向上させる仕組みを構築することである。
少し詳細に検討しておこう。生産性向上のためには「効率の向上」（分母）と
「付加価値の向上」（分子）の両方の改善に取り組むことが重要となる。つま
り，産出量（額）は同じでも効率の向上を図り投入量（額）を低減できれば，
生産性は向上する。また，同じ投入量でも付加価値を向上させ産出量を高めれ
ば生産性は向上することになる。

【図表1-1-9】生産性向上の要素

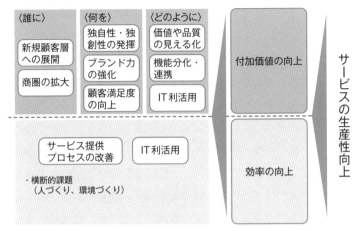

出所：経済産業省「中小サービス事業者の生産性向上のためのガイドライン」（2016.2.4）

　「効率の向上」にはプロセスの改善を通じた仕事や作業の効率化が必要となる。いわゆる日本の製造業が得意としてきた「カイゼン」活動の推進が大切になるが，生産現場だけでなく間接部門の効率化が課題となっている。ムリ，ムダ，ムラを排除するために5S（整理，整頓，清掃，清潔，しつけ）を徹底することが効果的であり，そのためには「何が問題なのか」を深く考える能力が大切となり，同時にITの有効活用も課題となってくる。

　他方，戦略的に重要視されているのが「付加価値の向上」の取組みである。具体的には，どの顧客に＜誰に＞，どのような価値を＜何を＞，どのような技術や仕組みで提供すれば＜どのように＞，満足してもらえるのかという事業戦略を構想し組織として機能させることである。それを遂行するには「顧客が満足する価値とは何か」を顧客（の顧客）の立場で創造的に構想しその価値を実現し伝達する組織としての能力が求められる。「良いものを安く造れば売れるのだ」との生産コンセプトの文化が浸透している企業にとっては，最も困難な課題かもしれない。しかし，効率性追求だけでは限界があり，企業の存在意義（独自の価値）の訴求やモチベーション向上の視点からも「付加価値の向上」

の取組みが戦略的課題となっている。

　中小企業の取組みの好事例としては，高齢者の増加に伴い全てのサービスをワンストップで可能にした自動車の整備業，歯車を顧客の生産ラインの故障時に即座に提供できる体制を構築した製造業，顧客の要望に対応できるように多種多様なねじを都心で在庫する卸売業などがあり，既存市場の中で顧客に対して新たな価値を生み出しており価格が高くても顧客は喜んでその価値を購入している。また，高級ワインのように水出し日本茶をボトリングで提供して価値の高い新市場を創った製茶業，ビジネスのスピード化に対応して小ロット・短納期・低価格でしかも年中受付け可能な印刷物を通販で提供して新市場を開拓した印刷業，運送だけでなく顧客の物流業務を一括して引受ける「物流フルライン一括システム」を逸早く実現した物流業など，新たな価値とともに新市場を開拓した事例もある。いずれの事例もITを企業内だけでなく，企業間のネットワークなどに活用しているという共通点がみられる。

Ⅳ　ITの活用実態と課題

　生産性向上の実現にはITの活用が重要である。それは「効率の向上」と「付加価値の向上」に寄与するからである。ここでは，『中小企業白書（2018年版）』を参照してITの活用実態と課題についてみておこう（pp.207-234）。

（1）ITツールの活用状況

　中小企業においてITツールで半数を超えて「十分利活用されている」のは，「一般オフィスシステム（ワード，エクセル等）」（55.9%）と「電子メール」（54.1%）である。他方，「調達，生産，販売，会計などの基幹業務統合ソフト（ERP等）」（21.5%），「電子文書（注文・請求書）での商取引や受発注情報管理（EDI等）」（18.5%），「グループウェア（スケジュール・業務情報共有やコミュニケーション）」（12.2%）は少ない。最も利活用されていない「グループウェア」の未導入率は61.2%と半数以上である（p.208）。

【図表1-1-10】IT導入効果を得られた理由

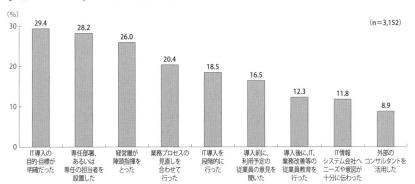

資料：三菱UFJリサーチ＆コンサルティング（株）「人手不足対応に向けた生産性向上の取組に関する調査」（2017年12月）
（注）1. 複数回答のため、合計は必ずしも100％にならない。
　　　2.「その他」の回答は表示していない。
　　　3.「財務・会計」、「人事・労務」、「顧客管理」、「在庫管理」、「受発注」、「企業全体での総合評価」の少なくとも1項目以上で、「ITを導入し
　　　　期待した効果が得られている」あるいは「ITを導入しある程度の効果が得られている」と回答した者を集計している。

出所：『中小企業白書（2018年版）』p.234

　また，売上規模が小さくなるほどITの活用割合も低く「一般オフィスシステム」と「電子メール」においても4割を下回る層もみられる（pp.207-209）。小規模ほどITツールの活用度は低いのが特徴である。

（2）ITツールの効果と労働生産性との関係

　IT導入の効果が得られた理由としては「IT導入の目的・目標が明確だった」（29.4％），「専任部署，あるいは専任の担当者を設置した」（28.2％），「経営層が陣頭指揮をとった」（26.0％）をあげる企業は4分の1を超えている。次いで，「業務プロセスの見直しを合わせて行った」（20.4％），「IT導入を段階的に行った」（18.5％）の順となっている（図表1-1-10）。

　次に，労働生産性を向上（3年前との比較）させた取組み内容（取組み有無別の回答の差）としては，「業務プロセスの見直しを合わせて行った」（11.9％）が最も高く，次いで「経営層が陣頭指揮をとった」（8.2％），「外部のコンサルタントを活用した」（7.4％）が続く。業務プロセスの見直しがIT導入の効果を高めていることが分かる（図表1-1-11）。

【図表1-1-11】労働生産性を向上（3年前との比較）させたIT導入の取組み内容

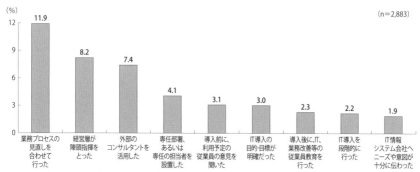

資料：三菱UFJリサーチ＆コンサルティング（株）「人手不足対応に向けた生産性向上の取組に関する調査」（2017年12月）
(注)1. 本問における労働生産性は、3年前と比べて労働生産性が「かなり向上」、「やや向上」と回答した企業の比率である。
　　 2. 各取組を行った場合と行っていない場合の、労働生産性が向上した企業の比率の差を求めている。
　　 3.「その他」の回答は表示していない。
　　 4.「財務・会計」、「人事・労務」、「顧客管理」、「在庫管理」、「受発注」、「企業全体での総合評価」の少なくとも1項目以上で、「ITを導入し
　　　　期待した効果が得られている」あるいは「ITを導入しある程度の効果が得られている」と回答した者を集計している。

出所：『中小企業白書（2018年版）』p.234

（3）攻めのIT活用

　『中小企業白書（2018年版)』では，労働生産性を向上させるためには，分母の投入量だけではなく分子の付加価値への着目も重要であるので，コスト削減だけでなく売上高や付加価値の拡大を実現するための「攻めのIT」活用が必要だと指摘する。経済産業省は「攻めのIT活用指針」の策定や「攻めのIT経営中小企業百選」の選定などを始め，いわゆる「攻めのIT」の促進に向けて多様な施策を推進している。

　売上高や付加価値の拡大を実現するためのIT活用である「攻めのIT」をどのくらい重視（「極めて重視」と「やや重視している」の合計）しているかをみると，大企業で76.6％，中小企業で56.1％であり，中小企業においても過半数は重視しているという結果となっている（p.249）。さらに「攻めのIT」の利活用を促進し生産性を高めていく必要がある。以下に，先進的な「攻めのIT」の取組みとして掲載されている好事例について，要約して紹介しておく（経済産業省（2015，2016））。

食品スーパーマーケット

POSシステムとポイントカードを活用し，購買情報，顧客層，商品特性，住居地区別傾向などを分析し，抽象的でしかなかった「顧客」像から「個客」としてその嗜好を「見える化」した事例である。ITを活用し1,000人当りの売上数（PI値）を全商品単品で把握し，気象情報とリンクさせることにより廃棄率を減少させながら品切れなしを目指した。さらにポイントカードで顧客を囲い込みながらデータ分析に基づいたダイレクトマーケティングにより，顧客にあった高品質商品を提供するなどしてサービスを向上させている。

理美容業

接客用タブレット及びPOSレジシステム，これらと連動するWEB予約システム（FinTechサービス）を導入した。一元管理した顧客情報に基づきタブレットを活用して，過去のヘアスタイルの確認や丁寧なカウンセリング，仕上がりのイメージの確認などを行うことにより価値や品質の見える化に努めている。そのことで付加価値の高い接客サービスの提供を可能としている。さらに店舗内でもタブレット間で情報をリアルタイムで共有し，カラー剤をオートメーションで調合するなどして作業を効率化している。

宿泊業

クラウド化した顧客データベースにより従業員全員で顧客データ（リピーターなら何回目の宿泊か，食べ物の好き嫌い等）を共有している。また，調理場にもパソコンを導入し，調理スタッフも接客スタッフも含めた旅館全体での情報共有体制を構築し，個々の顧客に合わせたサービスの提供を可能としている。顧客に合わせたサービスを提供することによりリピーター率向上とともに新規顧客の獲得にもつながっている。

運送業

パブリッククラウド型のITサービスを活用して自ら物流受付センター業務システムを短期間で自社構築した。スマートフォンやタブレット端末からの利用も可能なシステムにして高い利便性を確保し，パートナーの運送業者と共同利用しながら，企業間で配車情報等を含めた情報共有を実現している。企業間

の協力により新たな物流サービスが構築可能となり，またクラウドシステムの共同利用により業務コストも削減している。

飲食業

　飲食サービスは多数の従業員がいくつかのシフト体制で勤務しており，付加価値を生み出している作業とそうでない作業を定量的に把握することは難しかった。そこで，店舗で接客にあたる従業員にセンサーを付け従業員の行動パターンを可視化・導線分析し定量的な測定を試みた。その結果，接客係が頻繁に調理場や事務所を行き来して客室滞在時間が業務時間の4割程度しかないことが判明し，接客係は配膳係の仕事の手伝いで本来の接客に専念できていないことが分かった。そこで，配膳係の増員や顧客の待ち時間が最短となる従業員シフト，厨房レイアウトを割り出し，店舗オペレーションの改善につなげている。この改善により生産性が向上し，働き方改革だけでなく，従業員満足を介して顧客満足向上にも効果が現われている。

V　成長のための戦略的課題

　先述の通り，働き方改革関連法が2019年4月より順次施行されるが，魅力ある職場づくりを進めるには利益を創出できる企業体質づくりに努める必要がある。中小企業白書では稼げる中小企業の取組みとして，生産性向上のためのIT活用，売上拡大のための海外展開，稼ぐ力を支えるリスクマネジメントの3つが重要だと提起している。その内容について要約して紹介しておく（『2016年版　中小企業白書概要』pp.2-13）。

　①中小企業の課題の中にはIT活用が解決策となり得ると考えられるものもあるが，人材不足や効果がわからないこと等を背景にIT投資が進んでいない。高収益企業では，IT投資により営業力強化や売上拡大等の効果を得ている。

　②高収益企業は，各事業部門，従業員から現場の声を聞き，研修も行い，業務プロセスの高度化なども同時に進め，人手不足の中でも外部機関をうま

く活用しながら，IT投資を計画的に実施している。

③国内市場が縮小し，また海外の中間層・富裕層が増加する中，海外需要の獲得は重要である。海外展開する企業は，生産性向上や国内従業者の増加を達成している。

④高収益企業は，マーケティングや計画策定を進め，外国人も含めた人材の確保・育成を行いつつ，モニタリングを通じてリスクにも備えながら，海外展開により売上拡大等を達成している。

⑤自然災害の頻発やIT導入に伴う情報セキュリティの必要性の高まりにより，大企業はリスクへの対策を進めているが，中小企業におけるBCP策定率は15％と中小企業の取組みは遅れている。稼げる中小企業はリスクへの対策を行い，業務の効率化や人材育成，売上の拡大にもつなげている。平時の経営改善の一環として，積極的に取り組むことが必要である。

上記を実践している中小企業経営者の特徴としては，①ビジョンを明示し，②従業員の声に耳を傾け，③人材育成や，④業務プロセスの高度化，⑤段階的・計画的な投資等を行っているという共通点がみられる（同p.472）。

企業が成長していくには，生産性向上の取組みとそれを推進する経営者や人材の役割が大きいことが分かる。

生産性向上には，「効率の向上」と「付加価値の向上」の両面の取組みが重要であるが，「付加価値の向上」へのチャレンジが今必要とされている。

中小企業においては，第1部第2章で詳述するように，①科学的マネジメント手法の導入，②付加価値向上の仕組みづくり，③イノベーションへの挑戦という3つのステップを踏まえた取組みにより，組織能力を育成しながらマネジメントの高度化を図り，価値の創出・伝達・実現を組織全体で達成していける能力を涵養していくことが，持続的成長のための戦略的課題である。

17

【参考文献】

経済産業省（2015）『中小サービス事業者の生産性向上のためのガイドライン』

経済産業省（2016）『中小サービス事業者の生産性向上のためのガイドライン―追加事例抜粋』

日本生産性本部（2018）『労働生産性の国際比較2018』（2017年調査）（https://www.jpc-net.jp/intl_comparison/intl_comparison_2018.pdf，2019年6月16日閲覧）

滝澤美帆（2018）「産業別労働生産性水準の国際比較」（生産性レポートVol.7）公益財団法人日本生産性本部生産性総合研究センター（https://www.jpc-net.jp/study/sd7.pdf，2019年6月16日閲覧）

第2章

戦略的経営の実現のステップ

第1章では中小企業が取り組むべき戦略課題についてみてきた。第2章では，その課題を克服するための実現のステップについて順次検討していこう。

I 成長のための戦略的経営

1. 生産性変化を決める6つの領域

生産性向上の取組みを始める際には，自社の生産性の状況を把握しておく必要がある。その後，外部環境（チャンスと脅威）と内部環境（強みと弱み）の分析（SWOT分析など。事例として第2部第3章や第5章を参照）をしたうえで，生産性を高める方向性を戦略的に意思決定していかなければならない。

先ずは生産性の変化のパターンについてみておこう。付加価値額と従業員数の変化で図示化したものが図表1-2-1である（『中小企業白書（2018年版）』p.59）。この図表では，従業員数の変化率（伸び率）と付加価値額の変化率の2次元で示され，両者の変化率が等しい点に"45度線"が引かれている。生産性の計算方法はいくつかあるが，付加価値額を従業員数で除して計算（生産性＝付加価値額÷従業員数）することがある。この数式でも理解できるように，生産性を高めるには，従業員数（分母）の変化よりも付加価値額（分子）の変化が大きくなければならない。仮に付加価値額が2倍になっても従業員数が2倍になれば生産性は向上したことにはならない。変化率が同じラインが"45度線"であり，線上にある場合は増減がなく生産性に変化がないということになる。この図表からわかるように，生産性の改善や悪化には6つのパターンがあ

【図表1-2-1】生産性変化を決める6つの領域

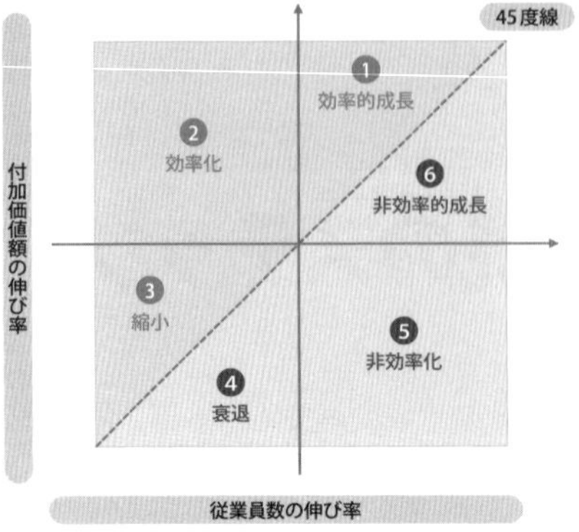

領域	従業員数の伸び率	付加価値額の伸び率	労働生産性
①効率的成長	増加	増加	向上
②効率化	減少	増加	向上
③縮小	減少	減少	向上
④衰退	減少	減少	低下
⑤非効率化	増加	減少	低下
⑥非効率的成長	増加	増加	低下

出所：『中小企業白書（2018年版）』p.59

る。それぞれ解説しよう。

（1）「効率的成長」（領域①）

　付加価値額と従業員数がともに増加しているが，付加価値額の伸び率が上回っている状態である。従業員を増加させながら労働生産性を向上させているパターンで，計画的に人材投資が行われているのであれば最も望ましい（人手不足などで無計画に従業員数を増やしているのであれば「非効率化」（領域⑤）になる危惧はある）。

（2）「効率化」（領域②）

　付加価値額は増加しているが従業員は減少している状態で，生産性は大きく向上することになる。計画的にプロセス改善やIT活用により省人化を図りながら，戦略的に付加価値額向上を実現しているのであれば望ましいパターンである。

（3）「縮小」（領域③）

　付加価値額と従業員数がともに減少しているが，結果として労働生産性が向上しているパターンである。事業縮小のために戦略的にこのような状態を作り出しているのであればよいが，見かけ上の生産性の向上のためにこの状態を放置しているのであれば，戦略なき企業として負のスパイラルに入りこむ危惧がある。

　以上の3つは生産性が向上しているパターンであるが，以下の3つは労働生産性が低下しているパターンである。

（4）「衰退」（領域④）

　従業員数の減少率よりも付加価値額の減少率が大きいパターンであり，労働生産性は低下することになる。付加価値額も従業員数もともに減少しており，負のスパイラルに陥り，人的資源も疲弊して再起が難しくなる危惧もある。最も望ましくないパターンの一つである。

（5）「非効率化」（領域⑤）

　付加価値額が減少し従業員数が増加しているパターンであり，労働生産性は低下することになる。計画的な新規事業の立ち上げやM＆Aなどにより一時的に従業員が増加している場合は問題ないが，人手不足などで無計画に従業員数を増やしているのであれば早急な改善が求められる。いずれにしても，効率化による従業員数の適正化と付加価値額増加のための検討が必要である。理想としては，付加価値の向上を図りながら「効率的成長」（領域①）の領域へと質的転換を図ることである。

（6）「非効率成長」（領域⑥）

　付加価値額と従業員数がともに増加しているが，相対的に従業員数の増加率が大きく，結果として労働生産性が低下しているパターンである。従業員は増

加しているが，その増加率に見合った付加価値額を産出できていない状態である。数年後の大きな付加価値額の創出を見込み，規模拡大のために先行的に従業員を増加させているのであれば問題ないが，「効率的成長」に向けた戦略的な取組みが求められる。

2. 生産性変化の領域の実態

　生産性についての6つのパターンを上述してきたが，中小企業の実態について確認しておこう。図表1-2-2は，2時点間（2006年から2015年）における生産性変化のパターンの比率を6類型ごとに，大企業と中小企業に分けて示したものである。

　先ず大企業で多いパターン順にみていくと，「①効率的成長」（26.5％）が最も多く，次いで「⑥非効率的成長」（17.8％），「④衰退」（17.0％），「⑤非効率化」（16.4％）である。中小企業では「④衰退」（25.3％）が最も多く，次いで「①効率的成長」（21.2％），「⑤非効率化」（15.5％），「②効率化」（13.2％）である（同pp.61-63）。中小企業のほぼ4分の1が「衰退」で，付加価値額も従業員数もともに減少しているという最も望ましくないパターンの一つに陥って

【図表1-2-2】生産性変化の6類型

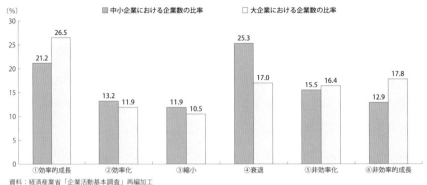

資料：経済産業省「企業活動基本調査」再編加工
（注）平成19年企業活動基本調査から平成28年企業活動基本調査時点まで存続を続けており，平成28年企業活動基本調査の時点で中小企業基本法の中小企業の定義を満たしている企業について集計している。

出所：『中小企業白書（2018年版）』p.64

いる。その一方で,「効率的成長」や「効率化」など付加価値額を増加させて
いる中小企業も3分の1ほど存在している。大企業と中小企業の間だけでなく
中小企業の間にも大きな生産性の格差が生じていることが分かる。

3. 業種別に見た生産性変化の領域

　次に業種別にみてみよう。「効率的成長」の割合が最も大きい業種は「建設
業」(34.5%)であり,次いで,「情報通信業」(25.7%),「卸売業」(23.3%),
「小売業」(22.1%)である。業種別に上位3位まで整理しておこう(図表1-2-
3)。

　　・建設業：①効率的成長(34.5%),②効率化(19.5%),③衰退(12.5%)
　　・製造業：①衰退(27.7%),②効率的成長(19.9%),③非効率化(16.5%)
　　・卸売業：①効率的成長(23.3%)①衰退(23.3%),③非効率化(15.1%)
　　・小売業：①効率的成長(22.1%),②衰退(21.6%),③効率化(16.1%)
　　・情報通信業：①効率的成長(25.7%),②衰退(23.4%),③非効率化
　　(14.5%)
　　・サービス業：①衰退(21.7%),②効率的成長(20.3%),③縮小(16.9%)
　　・その他の業種：①効率化(22.3%),②効率的成長(16.6%)②衰退
　　(16.6%),②非効率化(16.6%)

　上述した生産性の6領域で分類した場合,計算上,生産性が向上している領
域は「効率的成長」,「効率化」,「縮小」の3つである。過半数がその領域にあ
る業種は,「建設業」(65.0%),「小売業」(51.6%),「情報通信業」(50.6%),
「その他の業種」(52.0%)である。他方,「縮小」(付加価値額と従業員数がと
もに減少)を除いて生産性向上している企業比率をみると,「建設業」(54.0%)
以外の業種は3割から4割という結果である。業種の間にも生産性の格差が生
じていることが分かる。

【図表1-2-3】業種別に見た生産性の変化

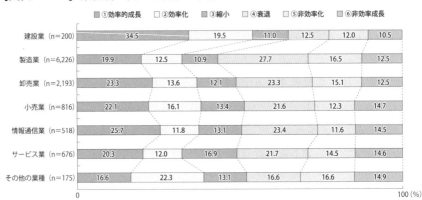

資料：経済産業省「企業活動基本調査」再編加工
(注) 平成19年企業活動基本調査から平成28年企業活動基本調査時点まで存続を続けており、平成28年企業活動基本調査の時点で中小企業
基本法の中小企業の定義を満たしている企業について集計している。

出所：『中小企業白書（2018年版）』p.64

4. 生産性向上の取組みパターン

　上記では，生産性に格差があること，生産性の推移をみると6つのパターン
があることなどについてみてきた。中小企業が生産性を向上させる取組みの方
向性を分析した『中小企業白書（2018年版）』の内容を要約しておくと以下の
とおりである（p.80）。

①企業が「効率的成長」に向けて変化する際に，どの6類型に分類されてい
るかによってそれぞれ投資行動や経営の取組みが異なる。

②「効率的成長」領域に行く際に，「縮小」や「衰退」に分類されていた企
業では，IT投資やアウトソーシング，また機械・設備投資や研究開発を
行っている。

③「効率的成長」領域に行く際に，「非効率化」や「非効率的成長」に分類
されていた企業では，人材育成や業務効率化に取り組んでいる。

④機械・設備投資やIT化投資，人材育成，業務効率化等の企業行動は，経
営を見据える年数が長期間である方が取組みを行う割合が高いこと，さら
には，取締役会の開催や経営計画の策定，管理会計の取組みを行っている

方がこれらの企業行動に取り組む割合が高い。

　このように，生産性を高め「効率的成長」領域へと移行するには企業に適した戦略が必要とされるが，これらの戦略を実現するにはマネジメントの基盤がしっかりとしていることが前提である。その点は第1部第1章Ⅴ節「成長のための戦略的課題」でも説明したように稼げる力に向けての企業の基礎体力が重要となる。マネジメント基盤の強弱が成長格差や生産性格差につながっているともいえる。特に，経営者がIT導入に積極的に関与し，ITを効率性と付加価値の両面の向上に活用していくことが大切であり，第2部第9章の事例が参考になる。

　企業の基礎体力を築き，戦略や戦術を構想し実現する企業になるには3つのステップを踏まえてマネジメントを高度化していくことが大切である。それは，①科学的マネジメント手法の導入，②付加価値向上の仕組みづくり，③イノベーションへの挑戦である。

Ⅱ　科学的マネジメント手法の導入

　KKD（経験・勘・度胸）の経営を見直し，科学的な視点でのマネジメント手法を導入する必要がある。特に，小規模事業者やサービス業においては，このような基礎的な取組みが大きな効果を生むケースが多い。特に重要なマネジメント要素について5点だけ紹介しておこう。

1. 目的，戦略，戦術，目標の明確化

　企業を成長させるには，ビジネスのあるべき姿とその姿を達成するために何をするべきかという方策がなければならない。「景気が良くなる時もくるから今は我慢の時期だ」という消極的な経営姿勢では今後の成長機会を得ることは難しい。高度成長期の時代ならいざ知らず，これからの時代には「守株待兎」（しゅしゅたいと：偶然の再来を期待して何もせずに待っていること）の姿勢

では企業として存続することが難しくなる。自然体ではなく，意志のある科学的マネジメントの視点を取り入れた経営をすべきである。先ずは，①目的，②戦略，③戦術，④目標を明確にして，その情報を組織内で共有することが大切である。

　①目的とは，企業（事業）が何を目的としてそのビジネスを展開するのかといった意義や達成すべき使命のことである。②戦略とはその目的を達成するための中・長期的シナリオのことでビジネスの方向性や経営資源（ヒト・モノ・カネ・情報）の調達と配分を決めることである。③戦術とは，戦略を実現するための具体的な方策や手段のことである。④目標とは，目的を達成するための具体的な指標のことである。例で示すと，①顧客に喜んでもらえる地域1番店になる（目的），②高齢者が増加しているので，高齢者にとって満足度の高い業態をつくる（戦略），③品揃えや接客，レイアウトなど具体的な対応策を決める（戦術），④目的に向けての進捗状況を組織的に共有し戦略や戦術の妥当性を確認するために，四半期ごとに顧客満足度調査と客単価やリピート率の達成度を評価する（目標），ということになる。

　この順番を間違っている企業も多い。例えば，目的や戦略の理解不足で，店員が成績を上げたいがために欲してもいない日配品を高齢者に推奨販売する（客単価向上とロス率低下のために）といったようなことである。これでは，上記①の目的を達成するどころか客が離反してしまう可能性が高い。目的を明確にして，何のためにビジネスをしているのか，そのための戦略はどのようなものかを組織内で徹底しておくことが大切である。

　生産性向上の取組みにおいてもそうである。何のために生産性を向上させるのかという目的が曖昧だと，組織に大きな混乱をもたらし成長を阻害することになる。例えば，戦略を持たずに一人当たり生産性を高めるために従業員数を大きく削減したり業務をアウトソーシングしたために，コアな競争力を弱化させることなどである。また付加価値額を増大させるために無理やり多角化を進めた結果，マネジメントが複雑になりコストが増大して逆に生産性が低下した事例も見聞する。

2.3 現主義の徹底

　海外を含め日本企業の生産現場に行くと，いわゆる"カイゼン"の思想が徹底されている企業が多い。しかし製造業でも間接部門では生産性向上の取組みが遅れており，さらにサービス業などでは改善すべきところが多いのが現状であろう。その取組みの考え方として「3現主義」（もしくは「5現主義」）を紹介しておこう。

　3現主義とは，大切な情報は現場にあるので，机上だけでものを考えるのではなく，必ず現場に出向いて自分の目で確かめることが重要だとの考えが根底にある。3現主義とは3つの言葉の頭文字を表現したもので，①「現場」に行って，②「現物」をよく診て，③「現実」を自分の目でしっかりと確認する，ということを意味する。

　さらに，3現主義に，「原理」と「原則」を加えた5現主義が大切になっている。「原理」とは，物事を成立させている根本的な法則（理論）のことで，「原則」とは大部分の場合に当てはまる物事の法則のことである。

　現場，現物，現実をしっかりと確認したうえで，原理・原則に反していないか，それらを踏まえてさらに生産性向上策を熟考するという問題解決プロセスを組織の中で習慣化することが大切である。

3.5S運動の展開

　5Sとは「整理・整頓・清掃・清潔・しつけ」の頭文字をとって命名したものである。日本企業の生産現場に行くと「5S運動推進中」といった内容が壁に張り出されていることも多い。海外での日本工場でもよく見かける。5S運動を徹底させることにより，ムリ，ムダ，ムラを排除し，生産性の高い組織づくりを目指すことが狙いである。

　①整理：必要なものと不要な物を区別し，不要なものを処分する。

　②整頓：必要なものを使いやすいよう置き場を決める。

　③清掃：日常的に清掃する仕組み（いつ，誰が，どこを）を作る。

　④清潔：整理・整頓・清掃した状態を維持する。

⑤しつけ：決められたことを正しく守る習慣をつける。

4. PDCAサイクルと知識創出

　PDCAサイクルとは，業務プロセスなどを管理・改善するための手法で，計画（Plan）→実行（Do）→評価（Check）→改善（Action），その改善策を計画（Plan）に反映させていくという一連の活動のことである。これを継続的に実施することで業務プロセスが常に見直されることになり，生産性の高い職場をつくることが可能となる。3現主義や5S運動とともに生産現場を中心に実施している企業が多い。また，生産性の高いコンビニエンスストアでは，発注時にこのようなサイクルを活用している。その大まかな流れを示すと，①過去のデータを確認，②明日の天気・湿度や周辺イベントを確認し発注量を決定（Plan），②店頭に商品を陳列（Do），③現実に何時に何個売れたかをPOSで確認（Check），④計画数と実売数の相違の理由を分析（Action），⑤次の発注量を決定，というサイクルである。物販で重要な点は，計画数と実売数の相違がある場合，売れ残りロスだけでなく機会損失の原因もきちんと分析しておくことが大切である。新製品や流行の早い商品など売れ行きが予測し難い分野ほど，このような"知識創出のサイクル"を組織的に確立することが大切である。

5. プロセス管理の導入

　業務をプロセス化して管理し，それらの取組み内容を組織的に知識として蓄積し共有化していくことが大切である。これらの大まかな手順としては，①業務のプロセス化（「見える化」），②業務の標準化，③業務プロセスごとの評価，④ボトルネックの改善，⑤組織として改善の知識を蓄積し共有化，⑥「見える化」した知識を従業員へ定着化，⑦業務プロセスのさらなる改善，という流れになる。

　次に，中小企業の取組み状況と効果について確認しておこう（『中小企業白書（2018年版）』pp.157-169）。業務見直しを行った中小企業における具体的な取組みとして最も多くあげられているのは「業務の標準化・マニュアル化」

【図表1-2-4】取組みごとの労働生産性への効果（3年前との比較）

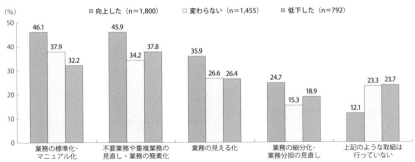

資料：三菱UFJリサーチ＆コンサルティング（株）「人手不足対応に向けた生産性向上の取組に関する調査」（2017年12月）
(注) 1. 複数回答のため、合計は必ずしも100%にはならない。
　　 2. 3年前と比べた労働生産性について、「わからない」の項目は表示していない。
　　 3. 労働生産性について、「かなり向上」及び「やや向上」の回答を「向上した」とし、「やや低下」及び「かなり低下」の回答を「低下した」として集計している。

出所：『中小企業白書（2018年版）』p.164

（40.2％）であり，次いで，「不要業務・重複業務の見直し・業務の簡素化」（40.0％），「業務の見える化」（30.6％）の順となっている。これらの取組みごとに生産性の効果（3年前の労働生産性と比較）を分析したものが図表1-2-4である。「上記のような取組は行っていない」以外の全ての回答において労働生産性向上の効果のあることが示されている。したがって，プロセス管理をして業務改善を図ることが生産性向上に効果のあることが確認できる。

　次に，効果のある取組み体制についてみると，「経営者・経営層がリーダーシップを発揮している」（54.5％）との回答が最も多く，次いで「取組の旗振り役を任命し，支援している」（28.1％），「外部研修等の業務見直しに関する学習の機会を提供している」（22.8％）となっている（図表1-2-5）。企業の規模や環境にもよるが，経営者や経営層がリーダーシップを発揮して生産性向上に取り組むことの効果が示されている。本書の第2部の企業事例でも，経営者のリーダーシップや取組み姿勢が生産性向上に大きな影響を与えていることが示されている。また，上記で説明した科学的マネジメント手法を新たに導入して生産性を向上させた事例が製造業を中心に紹介されているので，生産性向上に取り組む際の参考にしていただきたい。

【図表 1-2-5】取組み体制ごとの労働生産性への効果（3年前との比較）

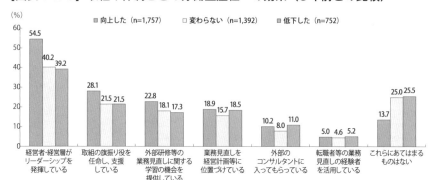

資料：三菱UFJリサーチ＆コンサルティング（株）「人手不足対応に向けた生産性向上の取組に関する調査」（2017年12月）
(注)1. 複数回答のため、合計は必ずしも100%にはならない。
　　2. 3年前と比べた労働生産性について、「わからない」の項目は表示していない。
　　3. 労働生産性について、「かなり向上」及び「やや向上」の回答を「向上した」とし、「やや低下」及び「かなり低下」の回答を「低下した」として集計している。

出所：『中小企業白書（2018年版）』p.164

Ⅲ　付加価値向上の仕組みづくり

　第1部第1章Ⅲ節の冒頭でも説明したように，生産性とは経営資源に対しどれだけの成果を生み出しているかを測る尺度である。生産性向上で大切なことは，効率性追求（狭義の生産性）の視点だけでなく，広義に捉えて戦略的に生産性を向上させる仕組みを構築することにある。また，これも第1章で説明したが，戦略的に重要視されているのが「付加価値の向上」の取組みである。具体的には，どの顧客に＜誰に＞，どのような価値を＜何を＞，どのような技術や仕組みで提供すれば＜どのように＞，満足してもらえるのかという事業戦略を構想し組織として機能させることである（第2部第8章参照）。それを遂行するには「顧客が満足する価値とは何か」を顧客（の顧客）の立場で創造的に構想しその価値を実現し伝達する組織づくりも進めていかなければならない。

1. マーケティングに取り組む効果

　マーケティングとは，簡単に言うと「売れる仕組み」を構想し構築していく

【図表1-2-6】マーケティングに取り組む効果（経常利益率の増減）

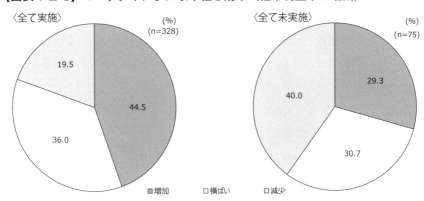

〈全て実施〉

(%)
(n=328)

19.5

44.5

36.0

〈全て未実施〉

(%)
(n=75)

29.3

40.0

30.7

■増加　□横ばい　□減少

資料：中小企業庁委託「中小企業の成長に向けた事業戦略等に関する調査」(2016年11月、(株)野村総合研究所)
(注) 1.新事業展開を実施した企業のみ集計している。
　　2.マーケティング活動とは「自社の強みの把握」、「市場ニーズの把握」、「情報戦略」、「マーケティング活動の効果検証」
　　　としている。
出所：『中小企業白書（2017年版）』p.408

　ことである。中小企業での取組み効果はどの程度なのだろうか。『中小企業白書（2017年版）』では，マーケティングを4つの活動（①自社の強みの把握，②市場ニーズの把握，③自社の製品・サービスのPR活動を実施する情報戦略の立案・実行，④マーケティング活動の評価・検証）に分けて分析している（図表1-2-6）。それによると，4つの活動を全て実施している企業の44.5％は経常利益率が「増加」しており，「減少」の比率（19.5％）の少なさも勘案すると，マーケティング活動は価値を向上させる中小企業にとっても効果のある取組みであることが分かる（p.407）。

2. マーケティングの思考

　マーケティングを実践するにはマーケティング思考を組織に定着させることが大切である。ここでは，マーケティングの考え方を分かり易く理解するために，3つのコンセプト（Concept）を比較しながらみておこう。

（1）製品コンセプト（Product Concept）

　消費者は最も良い品質や性能，あるいはイノベーティブな特徴を持った製品をより好むものであると考えるコンセプトである。このコンセプトを持つ経営者は，優れた製品づくりやたび重なる製品の改良にエネルギーを集中する。そのため，本当の市場ニーズに気づかないこともある。

（2）販売コンセプト（Selling Concept）

　消費者や事業者は，何らかの刺激がないと企業の製品をたくさん買わないだろうと考えるコンセプトである。したがって，刺激的な販売促進策やPRが何よりも大事だと考える傾向にある。生産が過剰能力の時や在庫過剰の時には多くの企業は販売コンセプトになりやすい。それは，そもそも市場が欲しているものというよりも彼らが作ったものを販売することに目的があるからである。しかし，過大に販売に依存した体制は大きなリスクを伴うことになる。

（3）マーケティングコンセプト（Marketing Concept）

　マーケティングコンセプトは，上述してきた3つのコンセプトとは対照的なコンセプトである。このコンセプトの達成には，ターゲットとして選択した市場に対して，顧客価値（customer value）を創造し伝達し到達させることを，競争企業に比して効果的に行うことが大切になる。また，マーケティングコンセプトと販売コンセプトとは似て非なるものであることを理解しておくことが大切である。マーケティングコンセプトは「売れる仕組み」を志向しており，ターゲットとする顧客のニーズを出発点とした価値（商品など）を創造・伝達し顧客満足を高めることで価値の実現を図るという考え方である。他方，販売コンセプトとは，「売る仕組み」を志向しており，自社の商品や技術を出発点として商品を生産・販売し，多様な販売促進策を駆使しながら多くの販売数を達成し利益を上げるという思考である。

　「良いものを安く造り提供する」ことを目的とする生産コンセプトの企業に加え，製品コンセプトを信奉する中小企業が実に多い。付加価値の向上を図り

生産性の高い企業へと質的転換を図るには，マーケティングコンセプトを意識的に組織的に定着させることが重要である。

3. 真の顧客ニーズとは

　なぜ，製品コンセプトを信奉してビジネスを進めていくと良くないのか。それは，「マーケティング近視眼（Marketing myopia）」に陥る可能性があるからだ。マーケティング近視眼とは，マーケティング学者のレビット（Levitt, T.）が主張したものである。彼は，「人がカネを使うのは，商品やサービスを手に入れるためではなくて，買おうとする商品やサービスがもたらしてくれると信じる期待価値を手に入れるためである。人は4分の1インチの穴を買うのであって，4分の1インチ・ドリルを買うのではない。これこそがマーケティング視点なのである」と，マーケティングコンセプトの重要性を分かり易く説いた。つまり，自社の技術や製品にだけ関心が偏ってしまい，顧客ニーズを見誤ったり代替技術や他業界からの新規参入の脅威などを見落としたりする可能性が高いからである。真の顧客ニーズとは何かを意識的に探索し発見する取組みが必要とされる。

4. 我が社のビジネスとは何か（事業の定義）

　「我が社のビジネスとは何か」を確認し，付加価値の高いビジネスへと再定義していくことが大切である。事業の定義とは，事業の方向性や領域を決めることであり，マーケティング戦略を決定づけるものである。「顧客層（who）」（対象となる顧客は誰か），「顧客機能（what）」（どのような価値を提供しているのか），「方法（how）」（具現化するための独自技術）について決めることになる。

　事例をあげよう（図表1-2-7）。引越業というビジネスを最初に創ったのはアート引越センター（社名：アートコーポレーション株式会社）である。アート引越センターは自社の事業のことを次のように紹介している[1]。「私たちアート引越センターは，『引越』を専業とする会社として，初めて創業し，そして

【図表1-2-7】事業の定義（運送業と引越業の相違）

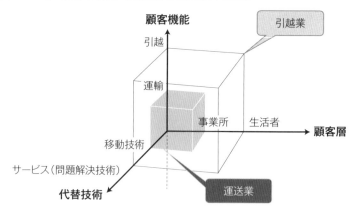

出所：筆者作成

なにより引越を『運送業』としてではなく，『サービス業』として発展させて
きました」と。つまり，運送業と引越業とはビジネスが異なることを示唆して
いる。事業の定義のフレームで分析してみよう。運送業の場合，「顧客層
（who）」は事業所，「顧客機能（what）」は運輸（正確に確実に運送する），「方
法（how）」は移動技術（トラック，鉄道，航空機など）である。他方，引越
業の場合，「顧客層（who）」は生活者，「顧客機能（what）」は引越（生活移
転），「方法（how）」は問題解決である。引越は，A点からB点へと生活拠点
を移転することになるので，運輸だけでなくそれに関わる多くの業務が生じ
る。例えば，引越荷物の荷造りや再配置，両家の清掃，近所への挨拶，役所へ
の届け出，電気・ガス・水道の確保，などである。海外移転ともなるとさらに
多くの業務が発生する。これら生活者の引越に関わる問題を解決してあげるこ
とが大事で，まさに引越という事業はサービス業である。今後アート引越セン
ターは「今，その引越を機軸にしながらも，さらに暮らしと関わる企業へ，暮
らし方を提案する企業へ，事業領域はますます広がっています」と，引越業か
ら暮らし方の提案をする企業へとさらに事業の領域を拡大していくことを宣言
している。

5. マーケティング戦略の全体像

　マーケティング戦略とは，「売れる仕組み」を戦略的に構想することである。具体的には市場目標の設定，市場ターゲットの明確化，そしてコンセプト，ポジショニングの策定というビジネスの方向性（戦略の方向性）を決定する。次にその方向性を具現化するための戦術であるマーケティング・ミックス（4Pもしくは7P）を策定していくことになる（図表1-2-8）。

　マーケティング戦略の策定の前には企業全体の方向性である戦略ドメインが決定されている必要がある。それは，経営理念（企業の哲学）やミッション（社会的使命），事業目的（何のために事業をするのか），そしてビジョン（達成したい事業の姿）や事業目標を明確にすることである。次にマーケティング戦略の策定の手順を説明する。

(1) 市場目標の設定

　長期，中期，短期の目標を設定する。新製品導入の場合であれば売上高や利益，シェアーなどの数値目標がよく使われるが，既存製品の場合であれば顧客満足度やリピート率，ブランドパワーなどの数値目標も使われることがある。

(2) 市場ターゲットの明確化

　市場を細分化して分析し，メインとサブの顧客を特定化しておくことが大切である。なぜなら「全てが顧客」だとすると，たくさんの競合品との差別化が難しくなり顧客の頭の中できちんとしたポジショニングで自社ブランドを印象づけることが困難になるからである。経営資源の脆弱な企業ほど焦点を絞ったマーケティングが必要となる。

(3) コンセプト

　事業もしくは製品やサービスのベネフィット（便益性）を簡潔な言葉で表現したものである。顧客にとってどのような価値（顧客価値）が生まれるのかが感覚的にも伝わることが大切である。いくつか例を挙げよう。スターバックス

【図表1-2-8】マーケティング戦略の全体像

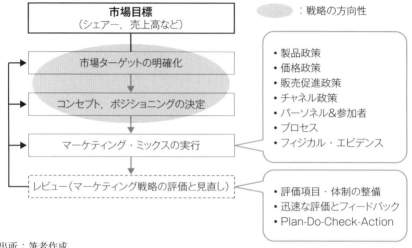

出所：筆者作成

のコンセプトは「サードプレイス（第3の場所）」であり，単にコーヒーを売っているのではない。ファーストプレイスは家庭，セカンドプレイスは職場，そして自らが休まるサードプレイスの場としてスターバックスを位置づけている。江崎グリコとセブン-イレブンが共同開発した「グランショコラ」のコンセプトは「濃厚なチョコレート感を楽しむ高付加価値なポッキー」である。なお，顧客ターゲットは「仕事や家事に頑張る30〜40代女性」である[2]。また，ポッキー＜シャンパン仕立て＞のコンセプトは「パティシエ辻口博啓氏監修のシャンパン仕立てのチョコレート」である[3]。ネスレの「キットカット」の世界共通の基本コンセプトは，「Have a break, have a KitKat（キットカットで一瞬の解放を）！」であるが，それを再解釈して受験生のためのお守り（縁起物のお菓子市場の創造）として日本市場で人気を博したキットカットの場合「ストレス・リリース」をコンセプトとしている[4]。テーマパークのコンセプトを見ると，東京ディズニーランドは「ようこそ，夢と魔法の王国へ」，東京ディズニーシーは「さあ，冒険とイマジネーションの海へ」，USJは「世界最高の

エンターテイメントを集めたセレクトショップ」（それ以前は「ハリウッド映画の専門店」）である。

（4）ポジショニングの策定

　顧客の頭にある製品カテゴリのマップの中で，他社の製品（ブランド）と差別化された場所に自社製品を位置づけておく必要がある。しかも特色あるコンセプトでもって特異な位置にある方が望ましい。そうすれば，製品を購入する際に，頭の中の購入リスト（想起集合）に選ばれているので購買してもらいやすくなる。「マーケティングとは商品の戦いでなく，知覚の戦いである」[5]といわれるように，技術の絶対的優位性（客観的品質）ではなく顧客の認識（知覚品質）によって製品の評価が決まることに留意してほしい。

　以上の作業を通じて，どの顧客（ターゲット）に，どのような顧客価値（コンセプト）を，他社製品とどのように差別化（ポジショニング）して提供するかを決めることになる。この決定は，マーケティングの戦略方向を決めることであり，事業の成否を決めることになる。次いで，マーケティングの戦略方向が決まったので，それを具現化するための戦術（how）であるマーケティング・ミックスを策定していくことになる。

6. マーケティング・ミックス

　マーケティング・ミックスとは，製品政策（Product），価格政策（Price），販売促進政策（Promotion），チャネル政策（Place）の4つの主要手段を適切に組み合わせることである。適切に組み合わせるとは，ターゲットとマーケティング・ミックスとの間のフィット，マーケティング・ミックス要素間のフィットを考えることである。英語の頭文字とって4Pと略称される。さらに，サービス業の場合は4Pに3Pを加えて7Pでマーケティング・ミックスを組み合わせることになる。その3Pとは，「販売・接客（Personnel）と参加者（Participants）」，「業務の流れ（Process）」，「物的証拠（Physical Evidence）」である。また，サービス・ドミナント・ロジックの考え方に立つと全ての業種は

サービス業ともいえるので，7Pでマーケティング・ミックスを計画すること
が大切である。

（1）製品政策

　製品政策は，マーケティング・ミックスを構築する上で重要な活動である。
それは，製品の決定によって残り3つのP（あるいは6つのP）の政策が方向
づけられてしまうからである。

　製品政策では，「当社は何を売っているのか。顧客にどのような便益（ベネ
フィット）を提供するのか」を明確に定義することが大切である。その他，複
数の製品をどのように組み合わせるのかという製品ミックス管理や，市場に創
造的適応するための製品開発プロセスの構築，ブランドの開発や管理といった
ことを検討していく。

（2）価格政策

　価格は，企業や消費者にとって利害関係が強く最も関心の高い問題の1つで
ある。企業は高い価格を設定し利益を上げようとするが，顧客は，知覚品質と
価格との釣合で，提供される製品の価値を判断するからである。つまり，顧客
は同じ知覚品質のものであれば，少しでも安いものを購入しようと努力をす
る。

　この状況下で，企業としてはどのような価格政策を取るべきなのか。原則
は，需要量と供給量の関係だけで価格が決まるようなコモディティ化した魅力
ない商品だと認識されないことである。そのためにはいくつかの方法がある。
一つは，他社と大きく差別化した商品を開発し非価格競争を行うことである
（例えばiPhoneやdysonのサイクロン掃除機など），二つ目は，自社が直接に
価格管理できる直接販売のチャネル（インターネット販売含む）を構築するこ
とである。三つ目は，テレビやネット，雑誌などでの広告，オフィシャルスポ
ンサーとしてのPR，試供品の提供などを行い，自社ブランドの指名買いを誘
発することである。このように，価格政策は他のマーケティング手段との組合

せによりさらに効果を発揮するものである。

（3）販売促進政策

　販売促進政策はマーケティング・コミュニケーションとも呼ばれるように，製品の送り手である生産者と受け手である消費者間のコミュニケーションをどの様にマネジメントするかが問題となる。販売促進政策には，プロモーション・ミックス（promotion mix）あるいはコミュニケーション・ミックス（communication mix）と呼ばれる，以下の4要素があり，対象市場に応じて最適な組み合わせを構築することが大切である。

　① 広告（advertising）

　テレビやインターネット，雑誌など有料の媒体を使って企業名やブランド名を訴求する活動で，非人的な販売促進策である。

　② パブリシティ（publicity）

　広告とよく似た効果を持つが，媒体（テレビ，新聞，雑誌など）側の判断でニュースや情報提供としてとりあげられる点が異なる。なお，パブリシティの替わりに，PR（public relations：パブリック・リレーションズ）を紹介している文献もある。PRとは，個人または組織体が自身に対する理解と信頼を獲得するために行うコミュニケーション活動である。

　③ 人的販売（personal selling）

　顧客との直接的で双方向の対話を通じて企業名やブランド名を訴求し，購買意欲を喚起する活動である。営業担当者が日々遂行している活動を想起すればよい。日本の営業は，市場情報の収集や販売促進の企画・立案，チャネル管理など，本来はマーケティング部門が遂行する機能も担っているところに特徴がある。

　④ （狭義の）販売促進（sales promotion）

　狭義の販売促進策である。上記の3つの活動を補完する販売促進活動のことであり，直接的に購買喚起を働きかける活動である。大別すると，消費者向けと販売業者向け，組織内部向けの活動に分けることができる。消費者向けとし

てはサンプリング（試供品の提供），クーポンの配布，イベント開催などがある。販売業者向けとしては実物見本やカタログ・パンフレットなどの販促助成物の提供や，リベートなどがある。組織内部向けとしては新製品報告会などのインナープロモーションなどがある。

（4）チャネル政策

　チャネル政策とは，生産者がどのような経路を介して消費者に製品を届けるのかの意思決定である。しかし，たんに物的な製品を届けるだけでなく取引の流れ（所有権の移転）や情報の流れも計画し管理していかなければならない。今後，下請企業からの脱皮を目指し，自らが販路を開拓していかなければならない中小企業においては戦略的な取組みになる。上記でも述べたように，インターネットの普及により多様な方法による様々な販売促進手段が登場してきている。実際，自社の製品をインターネットで全世界の市場に発信し，グローバル企業との取引に成功した中小企業も現われている。

　さらに，サービス業の場合は4Pに以下の3Pを加えて7Pでマーケティング・ミックスを組み合わせることが大切になる。

（5）パーソネル（販売・接客）と参加者

　参加者（Participants）という括りで，接客する従業員と他の顧客も含めている文献もあるが，ここでは分けて紹介しておく。パーソネルとは顧客と直接対応する販売員の能力や態度のことである。例えば，いくら料理の美味しいレストランでも，接客を担当する従業員の態度が悪ければ不満に感じるものである。また顧客の問題をテキパキと解決してくれる販売員には安心感を抱き，いくつかの問題解決を任せたりリピーターになろうとする。他方，参加者とはその場（空間）に参加している参加者，特に顧客のことである。飲食サービス業や宿泊業などでは，他の顧客も含めた施設全体の雰囲気が顧客の満足度に影響を与えている。

（6）プロセス（業務の流れ）

　プロセスとはサービスを提供する一連のプロセスのことである。顧客の満足を向上しかつ生産性の高いサービスを提供するためには，サービスの受注の段階から終了する段階までのプロセスをしっかりと設計しておくことが大事である。また，フロント作業を支援するために顧客データベースを含めたバックオフィスの体制も整備しておく必要がある。

（7）フィジカル・エビデンス（物的証拠）

　フィジカル・エビデンスとは，サービスは目に見えないので品質保証を顧客に間接的に見える形で表現し訴求することである。ホテルであれば，外観の様相や建物の質感，フロントの雰囲気，ホテル内の調度品，従業員の制服などである。顧客はサービスの品質を事前に判断することができないので，このような有形物を見てホテルの品質を推測したりする（外在的手がかり）。また，テレビや雑誌等で紹介される記事や，信頼される調査会社から発表されるランク付けなども影響力のあるエビデンスとなる。サービス業以外にも，食の安全性を保障するために，生産から加工・流通・販売までのプロセスを記録したトレーサビリティー（traceability）もフィジカル・エビデンスの例である。

　本書の第2部の企業事例でも，付加価値向上の仕組みづくりが生産性向上に大きな影響を与えていることが示されている。特に，事業の定義の見直し，マーケティングコンセプトの導入とマーケティング戦略の構築により生産性を向上させた事例が，流通業やサービス業を中心に紹介されているので，生産性向上に取り組む際の参考にしていただきたい。

Ⅳ　イノベーションへの挑戦

　マネジメントを高度化していく最後のステップとして，イノベーションへの挑戦について説明しておこう。一段と高い付加価値を創出するには，技術的価

値を生み出すイノベーションと，満足・感動といった価値を顧客に提供する
マーケティングのイノベーションの両方が大切になる。マネジメント研究の大
家であるドラッカー（Drucker, P.）は，事業は顧客の創造を目的とするもので
ありイノベーションとマーケティングが重要だと説いたが，まさに本章で解説
する高度化したマネジメントのことを意味している。

1. イノベーションとは

　イノベーション（革新）とは何か。この理論の研究で有名なシュンペーター
は，経済自らが生み出すイノベーションのような内的要因が経済発展の重要な
原動力となることを指摘し，イノベーションが経済の体系の均衡点を動かし，
経済を発展させることを主張した。また，新しい均衡点は古い均衡点からの微
分的歩みによって到達しえない，つまり革新を非連続的な新結合として捉えて
いるところに特徴があるとし，革新とみなされるのは次の5つであるとした。
　①新製品開発，生産，②新生産方法の導入，③新マーケットの開拓，④新た
な供給源の開発・獲得，⑤新しい組織の設計・実現である（Schumpeter, J.
A.（1926），邦訳pp.161-248）。新たなビジネスモデルを構築してイノベー
ションを実現することで大きな次の成長軌道を歩むことができるということで
ある。
　では，イノベーションを取り込むための環境変化とはどのようなものだろう
か。どのようにしてその変化に気づき，イノベーションに取り組んでいけばよ
いのだろうか。ドラッカーは，イノベーションの機会を示す変化や兆候として
7つのものをあげている。①予期せぬことの生起（予期せぬ成功，予期せぬ失
敗，予期せぬ出来事），②ギャップの存在（現実にあるものと，かくあるべき
ものとのギャップ），③ニーズの存在，④産業構造の変化，⑤人口構造の変化，
⑥認識の変化（ものの見方，感じ方，考え方の変化），⑦新しい知識の出現，
である（Drucker（1993），邦訳，pp.52-53）。このような変化，それも出現し
かけた小さな変化を機敏に察知し，その小さな変化が本当に大きな変化へと拡
大・定着していくのかを，現場で仮説を立てながら検証していく姿勢とそれを

組織的に試行実験できる環境づくりが大事である。

2. 技術的イノベーション

（1）第4次産業革命とは

技術の飛躍的な進歩により第4次産業革命を迎えている。経済活動だけでなく全ての活動がデータ化され，それらのビックデータを処理し活用することにより新たビジネスが誕生してきている。技術進歩は過去の経験をはるかに凌駕するスピードで実現していくといわれている。

『中小企業白書（2017年版）』ではこの産業革命の影響を分析しているので，その内容を要約して紹介しておく（p.438）。①大量生産・画一的サービスから個々のニーズに合わせた製品・サービスのカスタマイズ化が進み，新たな付加価値の源泉は「データ」となる。②データの取得，ビッグデータ化，分析，利活用のサイクルを回し潜在需要を獲得する企業・産業が成長する一方で，達成できない企業・産業は厳しい状況となる。③これまで業種等で囲い込まれてきたデータ・技術・人・資金を従来の壁を越えて融合させていくところに新たな価値が生み出される可能性がある。④したがって，全く別の業種との再編や相互参入が生まれ，結果として産業の壁を越えた大きな再編が起きる可能性がある。⑤技術の進歩により人に求められる仕事の内容や役割が変化し，一人ひとりの働き方や社会全体の就業構造にも大きな影響を及ぼす。⑥AIやロボットの活用により定型労働のみならず非定型労働においても省力化が進み人手不足解消の手段となることが期待される。⑦AIやロボットを使いこなす業務や人が直接関わることに価値がある業務等が新たに生まれる可能性もある。

これらの変化は中小企業にとって脅威でもあるが，既存の取引先を超えて様々な業種分野や国内外市場で活躍できる新たなチャンスにもなり得る。

（2）新技術に取り組む効果

新しい技術に取り組むことは，中小企業においてどの程度の効果があるのだろうか。『中小企業白書（2017年版）』では，新技術をIoT（Internet of

【図表1-2-9】 新技術の活用効果

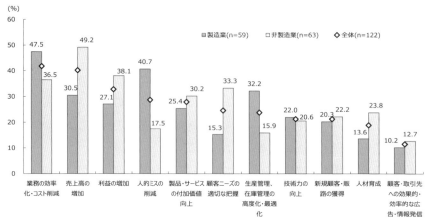

資料：中小企業庁委託「中小企業の成長に向けた事業戦略等に関する調査」(2016年11月、(株)野村総合研究所)
(注)　複数回答のため、合計は必ずしも100%にはならない。

出所：『中小企業白書（2017年版）』p.443

Things：モノのインターネット），AI（Artificial Intelligence：人工知能），ビッグデータ，ロボット等といった4つの技術に分けて分析をしている（pp.438-443）。新技術の活用状況と経常利益率の傾向との関係をみると，経常利益率が増加した企業は，新技術を活用している企業（43.5％）の方が活用していない企業（28.9％）よりも多い（p.443）。中小企業が新技術に取り組むことの効果が読み取れる。

　次に，新技術を活用した効果を業種別にみたものが図表1-2-9である。製造業では，「業務の効率化・コスト削減」（47.5％）が最も多く，次いで「人的ミスの削減」（40.7％），「生産管理，在庫管理の高度化・最適化」（32.2％），「売上高の増加」（30.5％）である。非製造業では，「売上高の増加」（49.2％）が最も多く，次いで「利益の増加」（38.1％），「業務の効率化・コスト削減」（36.5％），「顧客ニーズの適切な把握」（33.3％）である。

（3）先端技術の生産性への取組み効果

　先端的な技術に取り組むことは，中小企業においてどの程度の効果があるのだろうか。『中小企業白書（2018年版）』では，先端的技術の定義としてIoT，AI，ビッグデータ，RPA（Robotic Process Automation）の4つの技術を取上げている（p.257）。先端的技術の中の少なくとも1つ以上を活用している企業（47.0％）は，そうではない企業（37.3％）に比べて経常利益額は増加傾向にあるところが多い（図表1-2-10）。また，労働生産性（3年前との比較）についても，少なくとも1つ以上の先端的技術を活用している企業（59.2％）は，そうではない企業（43.0％）に比べて生産性が向上（「かなり向上」＋「やや向上」）したところが多いことが示されている。

　先端的な技術を活用することは，生産性向上や利益額増加につながることが理解できる。

3. マーケティングのイノベーション

　さらなる付加価値を創出するには，先端的な技術を活用して技術的価値に磨きをかけるだけでなく，ターゲット顧客に満足や感動といった認知的価値を提供するイノベーティブなマーケティングの仕組みを構築することが大切になる。

　コトラーは，マーケティング1.0（製品中心），マーケティング2.0（消費者中心），マーケティング3.0（価値主導）という表現を使って，マーケティングの進化が重要だと指摘する[6]。マーケティング3.0では，消費者を生活者として認識し彼ら自身が気付いていない潜在的なニーズを探り価値観に訴えかけていくことが大切だという。そのためにはより良い社会を実現するために企業としてどのような社会的価値を創造・実現していくのかを明確にしておく必要がある。さらに，マーケティング4.0という概念も提唱しており，個々の自己実現欲求を満たしたい欲求にカスタマイズした製品やサービスで対応していくことである。マーケティング3.0やマーケティング4.0には一部の日本企業しか取り組めていないが，オフィスの中でいつでも安くておいしいコーヒーを飲め

【図表1-2-10】先端技術の生産性への活用効果

① 先端技術（AI、ビッグデータ、IoT、RPA）の活用有無と経常利益額

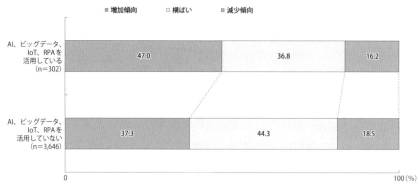

資料：三菱UFJリサーチ＆コンサルティング（株）「人手不足対応に向けた生産性向上の取組に関する調査」（2017年12月）
(注)「AI、ビッグデータ、IoT、RPAを活用している」とは、AI、ビッグデータ、IoT、RPAのうちの少なくとも1つ以上を活用していると回答した者である。

② 先端技術（AI、ビッグデータ、IoT、RPA）の活用有無と労働生産性

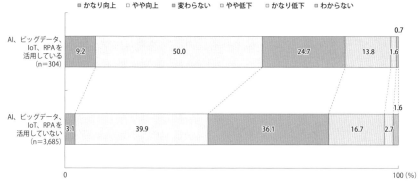

資料：三菱UFJリサーチ＆コンサルティング（株）「人手不足対応に向けた生産性向上の取組に関する調査」（2017年12月）
(注)「AI、ビッグデータ、IoT、RPAを活用している」とは、AI、ビッグデータ、IoT、RPAのうちの少なくとも1つ以上を活用していると回答した者である。

出所：『中小企業白書（2018年版）』p.257

るという価値を創造し，さらに「ネスカフェアンバサダー」という仕組みを実現しているネスレ日本をマーケティング4.0の好例だとコトラーは紹介している。

生産コンセプトや製品コンセプトの世界に閉じ篭りがちな中小企業においては，先ずはマーケティングコンセプトを組織的に定着させ，マーケティングを重視するマネジメントへと再構築することが大切である。そして，マーケティング2.0（消費者中心）に留まるのではなく，マーケティング3.0（価値主導）へとマーケティングを高度化させていかなければならない。その実現には消費者を生活者として認識し彼ら自身が気付いていない潜在的なニーズに訴えかけていくようなコンセプトづくりが求められる。

このようなマーケティングのイノベーションの取組みを組織的に進めることができれば，生産性を飛躍的に高めていくことが可能となる。

4. 中小企業のイノベーションの特徴

過去においても，イノベーション実現に向けて研究開発に積極的に取り組んでいる中小企業は利益率は高い傾向にあり実際に大企業の利益率をも上回る企業も存在することが紹介されている（『中小企業白書（2009年版）』p.53）。最後に，イノベーション創出に向けて活躍する中小企業の特徴について，3点に要約して紹介しておく（p.46）。

①経営者が，方針策定から現場での創意工夫まで，リーダーシップをとって取り組んでいること。

②日常生活で閃いたアイディアの商品化や，現場での創意工夫による生産工程の改善など，継続的な研究開発活動以外の創意工夫等の役割が大きい。

③ニッチ市場におけるイノベーションの担い手となっていること。

次に，研究開発がイノベーションの実現につながった取組み内容を効果のある順にみると，「ビジョンや目標の共有」「マーケティング・営業部門との連携」「戦略的提携・外部資源の活用」「責任体制・役割分担の明確化」「人材の育成・確保方策の実施」の順となっている（p.71）。

技術的価値の創出に加えて，その価値を市場で具現化した認知的価値に昇華させるためのマーケティングの取組みがイノベーション創出には徹底的に必要

となる[7]。さらに、「マーケティング3.0」や「マーケティング4.0」の世界へと
マーケティングをイノベーションしていけば、生産性を飛躍的に高め、競争力
のある企業へと進化させていくことが可能となる。このような企業を実現する
には、「働き方改革」により魅力ある職場を実現し、価値創造の源泉であるエ
ンゲージメント（信頼と責任ある関係づくり）を促進させていくことが大切と
なる。今、社会的価値の創出に向けた大きな志や想い、そして強いリーダー
シップがますます経営者に必要とされている。

（注）

1　アートコーポレーションHP（http://www.the0123.com/company/）2019年8月
　　20日閲覧

2　2014年1月23日付の江崎グリコ株式会社と株式会社セブン-イレブン・ジャパ
　　ンのプレスリリースを参照（https://www.glico.com/jp/newscenter/pressre-
　　lease/8609/）

3　2016年12月16日付の江崎グリコ株式会社のプレスリリースを参照（https://
　　www.glico.com/assets/files/20161216-NR-champagne-2_1.pdf）

4　石井（2011）pp.186-189

5　Ries, Al and Jack Trout（1993）邦訳p.37

6　コトラー、高岡（2017）pp.56-86参照

7　大きな理由は、イノベーションのレベルが高い程、その製品の市場普及率があ
　　る時から停滞してしまう可能性があるからだ。それは、初期少数採用者と前期
　　多数採用者の間には両者を分かつ深く大きな溝（キャズム）が存在しており、
　　その溝を超えるには質的に大きく異なるユーザー・ニーズに対応する必要があ
　　る（Moore, G.A.（1999））。その対応にマーケティングの取組みが必要となる。

【参考文献・資料】

Drucker, P.F. (1993) INNOVATION AND ENTREPRENEURSHIP（上田惇生訳『イ
　　ノベーションと起業家精神』〈上〉ダイヤモンド社、1997年）

フィリップ・コトラー、高岡浩三（2017）『マーケティングのすすめ』中公新書クラレ

石井淳蔵（2011）『マーケティングを学ぶ』ちくま新書

Moore, G.A. (1999) Crossing The Chasm: Marketing and Selling High-Tech Products to Mainstream Customers, revised ed., New York: John Wiley and Sons（川又政治訳『キャズム―ハイテクをブレイクさせる「超」マーケティング理論―』翔泳社，2002年）

Ries, Al and Jack Trout (1993) "The 22 immutable laws of marketing" HarperBusiness（新井喜美夫訳『マーケティング22の法則』東急エージェンシー，2016年）

Schumpeter, J.A. (1926) Theorie der Wirtschaftlichen Entwicklung（塩野谷祐一・中山伊知郎・東畑清一訳『経済発展の理論』岩波書店，1997年）

第2部

生産性を向上させる
コンサルティング事例

第1章

製造業（消費財）

I　はじめに

　5S活動は，整理整頓等の仕組みを導入する活動ではない。「改善に取り組むことを"善"とする企業文化」を醸成する活動である。企業文化は価値観であり，判断基準であることから，新しい企業文化を醸成するためには，経営者の率先垂範が必要条件である。A社の事例では，5S活動に取り組むO社長の率先垂範する姿と，苦労を重ねて成長してきた人と組織の在り様，その後に，具現化された生産性向上の成果，そして，醸成されたあらたな企業文化を伝えたい。さらに，経営者を勇気づけ，経営者の背中を押し続ける支援者の存在意義についても学んでほしい。

　なお，企業文化とは，「企業あるいは組織の構成員の間で意識的または無意識に共有されている思考や行動の様式」のことをいう（ブリタニカ国際大百科事典・小項目事典）。

II　企業概要

　①名　　　称：A工業株式会社
　②所 在 地：大阪府
　③取扱商品：トロフィー・カップ・楯等の表彰商品
　④従業員数：35名（内パート12名）

【図表2-1-1】 A社のトロフィー

出所：A社提供資料

⑤売 上 高：（年）70,000万円
⑥事業形態：A社でデザインしたトロフィー・カップ・楯等の部品の製作を
　　　　　　協力工場に依頼し，A社では加工・組立作業を行う。A社の販
　　　　　　売先は，表彰商品を扱う全国の卸売業者・小売業者・ネット通
　　　　　　販業者・イベント企画会社等である。

Ⅲ　支援前の現状と経営課題

1.A社の創業からの歴史

　A社の歴史は，1966年3月にO社長の父親が，親戚がバッジを製作してい
たことから，親戚の会社の営業を請け負う目的で，事業を興したことに始ま
る。創業者の後，親族がA社を承継し，O社長は4代目となる。

　高度経済成長の時代（1970年頃），ボウリングがブームとなり，トロ
フィー・カップの需要が増大した。ボウリング・ブームに目をつけた創業者
は，A社でもトロフィー・カップの取り扱いを始めた。しかし，創業から間も
ないA社は後発企業のため，既存の部品工場や加工職人から商品を仕入れる

【図表2-1-2】A社の楯

出所：A社提供資料

ことが困難であったことから，A社では，早くから自社内に企画デザイン部門を立ち上げ，独自の企画デザインを手掛けていった。その結果，A社の企画デザインを評価してくれる部品工場や加工職人の開拓に成功したことに加えて，部品工場と協力して，トロフィーの軽量化を実現したこと，また，表彰商品を総合的に取り扱うようになったことから，業績は飛躍的に拡大した。

　さらに，創業者は，パソコンが出始めたころから，パソコンの活用に対して先見性を持っており，システム会社と協力して印字ソフト「彫刻名人」を開発した。この「彫刻名人」は，代理店が表彰商品で最も重要な工程である“印字作業”を自社でできるようにしたものであり，代理店にとっては，ユーザーへのサービスレベルを拡大させるものであった。A社は「彫刻名人」を代理店に納入することによって，表彰商品の取引高を，さらに増やしていったのである。また，情報化に対しても積極的に取り組み，HPを業界で最初に立ち上げ，情報発信にも取り組んできた。表彰市場の拡大に加え，創業者の斬新な取組みによって，A社は最大売上高14億円を達成したのである。

【図表2-1-3】5S活動前と活動後

出所：A社提供資料

　その後，オイルショック（1973年）を契機に，景気は停滞から低迷，結果，成長を続けてきた表彰商品市場の規模も頭打ちとなった。一時的には，バブル景気の追い風を受けて，ゴルフコンペ等のイベントが増加したことにより，表彰需要が底支えされる時期もあったが，バブル崩壊後は，表彰市場が再び縮小し，今も縮小傾向が続いている。

2.O社長の入社当時

　20数年前，バブルが崩壊し，表彰市場が低迷している時期に，O氏（現社長）が入社したのである。

　入社したときの状況を，O社長は次のように語っている。

　「とにかく，社内が汚かった。汚かったから，倉庫のどこに，何があるのか，聞かないとわからない状態だった。当然，自分ひとりでは，仕事ができなかった。」「一方，従業員（社員およびパート従業員，以下同様）は，そのような状

態に慣れてしまっており，『仕事がやりにくくはないのか』と聞いても，従業員は，『仕事はやりにくくない，仕事に支障はない，この状態でも，ものを避けたら，必要なものは取れる』という反応だった。」

　このような状況に対して，O氏は，粘り強く「社内をきれいにしましょう，整理整頓をしましょう」と訴え続けた。しかし，現実は，整理整頓してもすぐに元にもどってしまう状況は変わらず，O氏も，なかなか解決策を見出せなかった。それでも，O氏は，「みんなでできる活動として，整理整頓をする活動を導入できないか」と考え，必死でセミナーや会社訪問に参加して，セミナー講師や経営者に「どのようにしたら，整理整頓を定着することができるのか」と質問を投げかけ続けたのである。

3.5S活動導入の決意

　一方，2003年，私が講師を務める"バランス・スコアカード"のセミナーに，社内の変革と評価制度の導入を志向していた，A社のM会長，O社長，N専務（それぞれ現在の肩書き）が参加したことから，私とのご縁が始まった。私は，「企業は，顧客から選ばれて存続している。A社が存続しているということは，A社は顧客から選ばれている。顧客から選ばれていることは，A社が，顧客に対して卓越した顧客価値を提供している」との認識から，変革の第一歩として，A社の経営幹部に対して，「『我が社が，顧客から選ばれている理由』を顧客に聞きにいくこと」を提言した。そして，顧客に対してヒアリングした結果は，経営幹部にとっては"目から鱗がおちる"内容であった。

　その当時，経営幹部では，「我が社が選ばれている理由」を"デザインが優れている"，"IT化が進んでいる（時代の一歩先をいっている）"，"印字技術がある"，"信頼関係がある（取引歴が長い）"，"納期を守る"等と考えていた。しかし，顧客から返ってきた答えは，"納期を守る"に加えて，"納期に柔軟に対応してくれる"，"納期が早い"だったのである。A社の経営幹部は，"納期に柔軟に対応してくれる"，"納期が早い"といった答えを全く意識しておらず（特に，納期に柔軟に対応することは，A社にとって当然のことだった），当

【図表2-1-4】我が社と顧客の認識ギャップ

		我が社 『選ばれている理由』	
		知っている	知らない
『選んでいる理由』 顧客	知っている	○納期を守る ○印字技術に優れている ○信頼関係がある	○納期に柔軟に対応してくれる ○納期が早い
	知らない	○デザインが優れている ○新しいことに挑戦している	

出所：筆者作成

初，顧客の回答の意味を理解できなかった。

　そこで，改めて，競合他社と自社の納期を比較したところ，当時，競合他社の納期は，2週間だったのに対して，A社では，10日で納品していた。さらに，その背景を詳しく調べてみると，表彰商品で最も重要な印字工程を，競合他社は外注しており，外注が制約条件となって，納期を一定期間より短縮できないことが解った。一方，A社では，印字工程を内製化しているので，自社で工程をコントロールすることによって短納期にも対応でき，約束した納期を順守できていた。さらに，A社では，イージーオーダーという，印字まで含めて汎用な工程で納品できるパッケージ型商品を導入しており，イージーオーダーの商品を顧客に提案することにより，さらに短納期化を実現していたのであった。

　顧客からの評価，さらに顧客の要望に気づいたA社では，徹底して短納期にこだわる方針を固めた。しかし，ここで大きな課題に直面したのである。当時は，倉庫の整理整頓がなされておらず，トロフィーの部品在庫の所在は，トロフィーの組み立て担当者しかわからない，カップの部品在庫は，カップの組み立て担当者しかわからない，という状態であり，組み立て担当者が休むと，そのカテゴリーの商品ができあがらないという事態まで発生していた。

このような状態に対して，倉庫や現場の作業環境に問題意識を持っていたO専務（当時）は，さらなる短納期の実現を目指して，作業の効率化および作業員の多能工化を図るために，2005年，5S活動の導入に踏み切ったのである。

Ⅳ　生産性向上のための支援内容

1.5S活動導入初期

5S活動の導入に際しては，セミナー講師をしていた5Sの専門家であるU先生との出会いが大きい。U先生は，まず，5S活動をスタートすることの重要性を訴え，1ヶ月で何らかの成果を出すことを目指した。

しかし，最初の従業員の反応は，反対が大半を占め，「自分はやりたくない」「やっても意味がない」等，文句が先に口を衝く状態であった。従って，ミーティングを呼び掛けても集まらない，決められた期日までに，成果として見えてこない，理由を聞くと「忙しかったから」の一言で終わってしまうことが続いた。さらに，当時の状況を，O社長の言葉を借りて言うと「人間関係で最も苦労をした。『あの人が参加するのなら，私は参加しない』という言葉が平気で出る状態だった。」という。

それでも専務（当時）は諦めることなく，次の手として，巡回を始めた。巡回では，一人ひとりの従業員に対して，「5Sのテーマは何だった？」「いつまでにやるの？」「どのようにしてやるの？」等，声をかけて回った。結果，専務（当時）の声掛けが，少しずつ従業員に認められ，5Sのテーマに対して，従業員は少しずつ行動するようになってきたのである。

しかし，ここで次の問題に直面する。5Sのテーマに対して，少しずつ，従業員が改善行動をするようになると，「ひとりの改善が，ほかの人には不都合」となる場面が頻発するようになり，その結果，お互いに言い争い，喧嘩が発生するようになったのである。このような場面を調整するためには，人それぞれ立場の違いがあることを説得し，人のことは非難しない環境を作る，話し合いの仲介役の存在が重要になってくる。当初，専務（当時）には，仲介役の意識

【図表2-1-5】5S掲示板

出所：A社提供資料

や技術もなかったため，仲介役を5Sの専門家であるU先生に依頼したが，その後，経験を積んだ専務（当時）が担っていった。

　このような取組みの結果，少しずつ5Sのテーマに対する納期が守れるようになり，成果が見えるようになってきた。

　A社においては，5Sの第一段階として，倉庫の整理整頓を改善のテーマとして掲げ，"すぐに探す部品が見つかる"という成果を，実感として感じる体験を共有していった。5S導入前は，倉庫に入ると1時間も帰ってこないという状況が頻発していたが，倉庫の部品を誰でも取り出せるようになり，倉庫作業の時間が大幅に短縮されたのである。

2. 多能工化への取組み

　このような状況を見据えて，A社では，納期短縮に向けた改革として，組み立て担当者が休んでも納期に影響を与えないように，組み立て担当者の多能工化に着手した。今までは，トロフィーはトロフィーの組み立て，カップはカップの組み立てと役割分担が明確になっていたのを解消するべく，組み立て作業

員のローテーションを実施したのである。しかし，組み立て作業員のローテーションも一筋縄ではいかなかった。組み立て作業は，パート従業員が担当していたのであるが，パート従業員にとって，自分が担当する商品の組み立て作業は聖域であり，自分の存在感をアピールする場でもあった。この段階について，O社長は，「"現場の反対"はあったけれど，半ば強引に多能工化を進めていった。そうさせたのは，短納期を実現するためには，一人ひとりが複数の組み立て作業を担当できるようにならないと，納期の安定・納期短縮ができないと信念をもっていたからであり，さらに，5S活動に，社員もパート従業員も，全員で取り組んできたことによって，"パート従業員でも多能工化が必ず実現できる"という，自分なりの自信があったからだ」という。特に，多能工化が進んだ理由として，「5S活動が，変化に対する恐れや抵抗をなくす精神的な支柱として，社員一人ひとりが認識できるようになってきたこと」をあげている。

3. 会社全体への展開

　A社では，5S活動の第二段階として，現場の担当者だけでなく，営業や企画の担当者に対しても，5S活動を展開することにした。その結果，現場の担当者への導入と同様の問題はあったものの，全員参加のスローガンの下に，5S活動が推進されていった。その結果，案件データの共有化，事務所レイアウトの変更等，5S活動は，O専務（当時）の念願であった，全社的な取組みとして着実に定着していった。

　そして，その効果が最も顕在化したのは，2009年のシステム変更の時であった。A社では，2009年，現場作業の効率化を図るために，現状の業務プロセス・業務システムを見直し，あらたにバーコードシステムを導入したのである。しかし，バーコードシステムへの商品登録の遅れ，ハンディターミナルの使用の不慣れから，入荷処理の遅れ，ピッキング作業の遅れ，さらには，各工程におけるチェック漏れ等が発生し，また，顧客に対する対応の不備が加わったことにより，現場は大混乱となった。O社長は，このときの混乱の状況を次のように語っている。「本当に，現場は大混乱でした。入り口には，入荷した

【図表2-1-6】 5Sの成果例

トロフィーケースの間仕切りを
マグネット式にして取り出し間違いを
防いでいます

出所：A社提供資料

部品が入庫できずに，あふれていました。また，出荷口には，商品が揃わない
ために，出荷できない商品が積みあがっていました。当然，顧客からは，問合
せやクレームの電話が次々とかかり，対応が追いつきませんでした。しかし，
この状態を解決してくれたのは従業員でした。従業員が，それぞれの部署で，
対応策を考え実行していったのです。その結果，3ヶ月後には，通常の入荷・
出荷の状態に戻りました。その時，5S活動を行ってきて，本当に良かったと
感じました。従業員の中に，自ら問題解決する意識と行動力が醸成されていた
のです。」

4.5S活動の運営の委譲

　その後，専務（当時）は，5S活動の運営責任者を選任し，徐々に，運営責

【図表2-1-7】5S成果例（箱バンド〈前〉と箱バンド〈後〉）

出所：A社提供資料

任者と5S委員に，活動の運営を委譲していく。そして，A社では，事業の承継が行われ，専務は社長として，経営の舵取りを担う立場になった。それと同時に，5S活動をさらに社員の自主的な活動へと進化させていったのである。今まで専務が担っていた，話し合いの仲介役も5Sの運営責任者が担っており，定期的に行う巡回，毎月の5S表彰，毎年のグループメンバーの変更等，5S活動は社員の主体的な運営に任せられていった。O社長が経営者として，経営に専念できる背景の一つとして，5S運営責任者・5S委員の成長がある。

2017年，経営の効率化を図るために，あらたなシステムを導入したが，1ヶ月後には，通常の運用ができるようになっていた。O社長曰く，「我が社の社員は，会社が変化することに驚かなくなった。仕事のやり方が変わることは，一旦やりにくくなるけど，頑張れば環境が良くなるということを肌で感じ取っていると思う。」

5.5S活動定着の要因

O社長は，5S活動がA社に定着した要因を，次のように話している。

「とにかく，最初は，整理整頓を目標にしなかった。5S="改善のミーティン

グ"だとして，ミーティングを続けた。不具合や不都合に対して，"早く気づく"，"早く取り組む"，"自分たちができること"，"習慣づけ"をスローガンにミーティングを行った。だから，最初の頃の5S活動は，改善ミーティングの訓練という位置づけだった。なぜなら，現場にノウハウがあり，現場で意見交換を続ければ，成果が創造できるはずと考えたからだ。ミーティングを始めた頃は，ミーティングに3時間かかっていた（今は15分で終わる）。大事なことは，旗揚げした人が，"効率化に逆行するこの現実"に耐えられるかどうか，そのような状況の中で"私は耐えた"，組織を変えるために，やるしかなかったからだ。

　もう一つの要因は，難しいことを考えるのではなく，日常の業務の中で考えるようにした。そして，"自分の言ったことをちゃんと守る"，"改善の実感を持てる"ように，"従業員をフォローする"ことを心がけた。自分の行動が，改善の実感に結び付けば"うれしい"と感じて，内発的動機付けにつながり，新しい行動を起こす。あえて，やり方の教育をする必要がないのではないかと思う。そして，改善の実感を持つ対象が倉庫だった。さらに，もう一つの要因をあげるならば，社員もパート従業員も，平等に全員で活動した。だから，最初は，ギクシャクすることも多かったが，結果としてチームワークが生まれた。

　このように，5S活動が定着した要因はいくつかあげられるが，その底辺にあるものは，投げ出さないで続けたことに尽きる。従業員が主体的に改善のミーティングに取り組むまでに10年かかった。10年続けることができたのは，会社のことを理解し，経営幹部を叱咤激励してくれる伴走者がいてくれたことも，大きな要因であった。」

V　支援後の効果と今後の期待

1. 新たな経営理念の策定

　A社では，従業員の成長とともに，O社長をはじめ経営幹部も，事業に対する認識，従業員に対する認識を変えていった。その認識は，新たに策定された

A社の経営理念に表れている。A社では，あえて「表彰」といわずに「アワード」という言葉を使っている。日本語の「表彰」は，"善行・功労・成果などを公にし，ほめたたえること（大辞林）"とあるように，"特別な人"をほめたたえる意味が強い。しかし，A社では「表彰」の意味を，"一人ひとりが主役となって，感動・感謝を与え合うことによって，あらたなエネルギーや価値を産み出すもの"ととらえている。そのことを「アワード」という言葉で表現しているのである。

【A社の経営理念】

アワード（表彰）には，人を動かすエネルギーがあります。

人々の感動を呼び起こし，感謝の念を伝える役割も担っています。

私たちは，この事を念頭に次の理念を掲げ，アワードビジネスを我が日本に築き上げようと想っております。

アワードを通じて全ての人に夢と感動を！

●アワードを通じて新しい人や環境に出会い己を磨き高めていく

●人の役に立ち喜ばれ感謝される仕事をする

●物心両面で豊かになる

【A社のコーポレート・スローガン】

すべてはアワードのために

A社では，自社の商品・従業員の仕事への取組みを通じて，「アワード」が持つ，社会的な価値，社会を変えていく可能性を発信していこうとしているのである。

2. 受注後3日で納品

A社では，自社の理念を具現化するために，事業領域を「地域・団体の競技

【図表2-1-8】アワードを具現化

出所：A社提供資料

市場」から，「ビジネス・アワード（企業が導入する表彰）市場」にシフトしてきた。しかし，「ビジネス・アワード市場」は，企業ごとに特異性があり，一点の商品から短納期で納品しなければならない市場である。そのような市場に対して，A社では，特異性のある商品を，1点から，受注後3日で納品できる体制を構築してきたのである。3日で納品できる体制を構築するために，業務プロセスの変革，基幹システムの高度化，さらに新しい技術・素材の導入を進めてきたが，その背景には，5S活動に支えられた，従業員の「変化に対する意識改革」があった。

3. 業績への影響

　A社の業績は，カップ・トロフィーを扱う表彰業界の市場が縮小している影響を受けて，売上高は減収傾向が続いているが，収益は増益傾向を続けている。減収であっても増益を実現している背景には，①納期を重視する「A社の価値」を評価する顧客との取引が増加し，顧客構造が変化したことがあげられ

【図表2-1-9】アワードを具現化

出所：A社提供資料

るが，最も大きな要因は，②5S活動を始める前と比較して，売上高は80％に減少したが，60％の従業員で事業を展開することが可能となり，一人当たりの売上高で測った生産性が30％増加したことになる。さらに，現在では，全員遅くても，午後7時には退社している状態となっており，多くの企業で，働き方改革が経営課題となっている状況においても，A社ではまったく慌てることはない。顧客の納期に対応するために，夜遅くまで残業していた頃と比較すると雲泥の差である。

　さらに，O社長は，「5S活動の原点となった"倉庫の整理整頓"をする取組みは，"物が取りやすくなり，見やすくなった"という現象的な効果だけでなく，①作業効率が良くなったことから，作業者に余裕が生まれ，取り出しミスの減少につながっている，また，②システム上の在庫数と実際の在庫数の差異がなくなり，在庫数の修正にまつわる業務が軽減され，品質のチェックに時間が使えるようになったことから，製品・納品の品質向上に結び付いて，お客様

からの信頼が格段に向上した」と5S活動が，生産性だけでなく，顧客との信頼性に結び付いていることを強調する。

4. 従業員の成長

　A社では，毎年，全従業員に対して，方針発表会を行っている。私も毎年出席しているが，出席する毎に新しい従業員が増えていることに気づく。O社長をはじめ経営幹部の方は，「一度，ご縁があって入社をされた方は，本人がA社で働きたいと希望する限り，会社から辞めさせることはない」と断言しており，実際に，その通り実践されている。しかし，従業員数が減り，新しい従業員が増えるのは，「会社の変化に対応できない従業員の方は，自ら退職されていく。そして，新しい従業員が入社してくる」「新しい従業員は，会社が変化することを当たり前として入社してくるので，その新陳代謝が会社を変えていることも事実です」とO社長は言う。

　従業員の成長という側面からの成果では，5Sの改善ミーティング初期に発生した“ひとりの改善が，ほかの人には不都合”という状態に対して，仲介役が“一人ひとり役割や立場が違うこと”を説明し，“他人のことを非難しないこと”をルール化して，ミーティングを重ねていった結果，相手の意見を聴く，受け入れる文化ができあがっていった。また，一度改善した項目が，成果を生まずに失敗することもある。しかし，失敗をしてもやり方を替えることで，より大きな改善に結び付けることができるようになった。さらに，一度改善した項目でも，さらに新しい提案があれば，積極的に導入することによって，より革新的な変化を生み出している。失敗をしてもやり方を替える姿勢は，A社内においてトラブルが発生した時の再発防止につながるだけでなく，“このやり方をしていると，あとが大変になる”と先読みできる，トラブルの未然防止につながっている。

　また，相手の意見を聴く文化は，相手を認める姿勢を生み，現在，外国人労働者や高齢者のパート従業員を採用しているが，お互いに認め合い，切磋琢磨する文化を醸成するようになっている。

5. 5S活動のあらたな展開

　A社では，昨年度より，あらたな5S活動の展開を模索している。具体的には，社内での切磋琢磨から，5S活動に取り組んでいる異業種企業との相互交流であり，企業同士の切磋琢磨である。特に，他の企業における違う取組みを見て，本質を見抜き，自社の活動にどのようにしてつなげていくか，自社での活用を考えることが，変化への応用・付加価値をつけていくことになると考えたのである。

　そのために，O社長は，地域で5Sに取り組んでいる，複数の企業グループに接触を試みた。しかし，既存のグループは，業界で固まる傾向やノウハウを交換することを目的とする傾向が強く，相手の取組みに対して"キチンと指摘しあう活動"をしているグループに遭遇することができなかった。そこで，O社長は，本気で切磋琢磨するという志を同じくする数社で，新しいグループを立ち上げることにした。

　初めて，企業グループの5S担当者がA社に視察に来たとき，O社長は，自社の従業員に対して感動したという。他企業の担当者から，A社では重視されてこなかった"安全・衛生への取組み"や"社外からの訪問者への配慮"等，厳しい指摘を受けた。その時，外部からの指摘に対して，従業員から感謝の言葉が自然と発せられたのである。それだけではなく，指摘された事項に対する行動が，驚くほど速かった。指摘を受けた後，チームで話し合い，すぐにできること・すぐにできないことを明確にして，すぐにできることは，数日で改善されていたのである。O社長は，「明らかに，他人の話に対する，受け止め方が変わった」ことを実感したという。

6. ビジネス・アワード市場からパーソナル・アワード市場へ

　A社では，ビジネス・アワード市場だけでなく，パーソナル・アワード市場への進出にも取り組んでいる。パーソナル・アワード市場は，ビジネス・アワード市場以上に，依頼内容の複雑性，アワード商品の多様性，そして，短納期に対応しなければならない。O社長は，パーソナル・アワード市場で成功す

【図表2-1-10】パーソナル・アワード市場へ

出所：A社提供資料

る“重要成功要因”を，「今まで以上に，“デジタルとアナログが融合するビジネスモデルを構築する”こと」だと考えている。具体的には，制作・加工・組立・納品のプロセスは，デジタル化を推進するが，プロセスの品質を独自能力まで高め，さらに，アワードを日常に提案し，浸透させるのは，従業員の日々のアナログ的な取組みである。O社長は，「人の側面からいうと，デジタルにアナログが融合するためには，従業員が人として成長していくことが必要不可欠です。今，我が社においては，人として成長していく基盤をつくっているのが5S活動となっています。そして，お客様にお届けする商品を通じて，“一人ひとりが主役になる”という，従業員の想いが伝わるように努力していきたい。」という。

　5S活動を基盤として，革新を続けていくA社の成長に期待したい。

チャレンジ賞にかけるＯ社長の想い

　Ａ社には，経営理念を具現化する仕組みとして"チャレンジ賞"という表彰制度がある。5Sの表彰が，毎月，5S活動において成果をあげたチーム表彰であるのに対して，チャレンジ賞は，毎月行われる個人表彰である。チャレンジ賞の目的は，社員全員が主役であるという考え方に基づいて，社員一人ひとりが，公平に受賞できるチャンスを提供することにある。

　従って，チャレンジ賞の評価対象は，成果ではない。成果だとどうしても一定の人に，受賞が偏る傾向が強いからである。チャレンジ賞の評価基準は，成果が出ていなくても，①仕事において，新しい取組みにチャレンジしたこと，②ある仕事に，他人よりも努力したこと，③仕事に対する取組み姿勢を変えたこと，④その他，であり，要するに，"社員が自分の意志で行動を変えたこと"がチャレンジ賞の対象となるのである。この評価基準だと，社員の誰もが，自分の意思を持って，行動を変えれば，公平に表彰の対象者となれる。

　私も参加する経営会議で，チャレンジ賞の選考が行われるのであるが，経営幹部の方々が，社員の行動の細部まで観察している姿に，いつも驚かされる。その背景には，社員全員を主役にしたいという気持ちがこもっているのだが，その姿勢が自然体となっている。さらに，公平性を重視することから，同じ社員に偏らないように選考が続く，選考の過程では，「ここで，チャレンジ賞をあげたほうが，彼のモチベーションアップにつながるだろう」とか，「彼の頑張りは認めるが，もう一段高いレベルを目指してもらうために，今はやめておこう」といった，恣意的な判断が行われる場面も散見されるが，社員を想っての恣意的な判断が中小企業の良さだと認識している。

　チャレンジ賞が決まると，Ｏ社長が，表彰商品のプレートに書き込む"選考に込めた想い"を記述する。Ｏ社長は，「この想いを表現することにチャレンジ賞の意義がある」といって，必死で言葉を探すのである。その結果，今まで，家庭に持って帰らなかった表彰商品を，受賞者全員が持って帰るよ

うになったという。O社長自身が，アワードの意味を体現しているのである。

【参考文献・資料】

小野知己（2008）『我が社は，なぜ顧客から選ばれているのか』かんぽうサービス

小野知己・日高安則・林浩史（2015）『100年企業創り〜少しずつ常に変革〜』コントロール社

アキツ工業株式会社HP（https://www.wininc.jp/）

イーエムイーコンサルタンツ株式会社HP（https://www.emejp.com/）

製造業（生産財）

I　はじめに

　ここでは生産財を作るものづくり企業の事例としてO社の事例を紹介する。いわゆるBtoBビジネスを行っている中小製造業である。

　中小製造業で一般的な受託製造形態の事例であり，受注も概ね一品一様であるため，実際に企業を支援する際に参考にしていただきやすい事例と考える。用いた改善手法も生産管理改善を皮切りに，コスト見積，5S，品質改善と，特殊なものではなく，一般的な手法を組み合わせたものである。教科書等でよく見かける手法を規模の大きくない中小製造業の現場において，近年，実際に適用した例として見ていただきたい。

　生産性の向上としては「効率の向上」（分母）の内容も「付加価値の向上」（分子）の内容も含まれている。

II　企業概要

①名　　　称：O株式会社
②所 在 地：滋賀県
③取扱商品：銅製品
④従業員数：19名
⑤売 上 高：（年）約30,000万円

【図表2-2-1】工場の外観

出所：許可を得て筆者撮影

　O社は滋賀県の湖西（琵琶湖の西側）に主要な事業拠点である工場がある。大阪や京都といった関西地方と名古屋を中心とした中京地方の両方に近い位置に所在している。近隣は特に製造業が集積している地域ではなく，工業団地に立地している訳でもない。工場の敷地は広く，スペースには余裕がある。

　主力製品は大電流を流すことのできる銅製のケーブルやフレキシブルな銅板である。大電流による発熱を水で冷却しながら使用できる水冷ケーブルも取り扱っている。O社では，こういった銅製品の新規製造に限らず，使用に伴い劣化してきた大電流用ケーブルを顧客から送ってもらい，レストア（老朽化した機材の修復）して返すことにも対応している。

Ⅲ　支援前の現状と経営課題

　製品はほとんどの場合，産業設備や工場ラインに組み込まれて使用される。組み込まれる対象は多岐にわたるが，例えば，溶接機や電気炉等が挙げられる。

　製品の設計は行っていない。基本的には，製品が組み込まれる対象の設備を

【図表2-2-2】製品例（ケーブル）

出所：O社ウェブサイト（http://oumi-kogyo.jp/）より許可を得て転載

つくる顧客が設計を行い，設備に組み込むケーブルやフレキシブル銅板の図面を作成する。同社は図面を顧客から示してもらい，その図面の指示の通りに製造する。いわゆる受託製造の事業形態である。

　顧客からの受注は，同じ図面の製品を繰り返し受注するリピートオーダーもあるが，ケーブルの長さや銅板のサイズが異なるなど，基本的には受注の都度，図面は異なる。従って，大量少品種生産ではなく，多くの小規模な製造業がそうであるように一品一様あるいは小量多品種の生産形態となっている。

　役員は2名，社員数は19名である。役員は社長と社長の後継者であり，19名の社員には嘱託社員やパート社員も含まれている。

　社内組織としては主に製造部門と事務部門に分かれる。事務部門には主に営業を担当する後継者と総務経理部長が所属し，他はパートタイムの事務担当者2名で構成されている。残りの社員は全て製造を担当しており，社長は工場の統括を兼務している。事業形態が受託製造であるため設計や技術の専任担当者はいない。

【図表2-2-3】製品例（フレキシブル銅板）

出所：O社ウェブサイト（http://oumi-kogyo.jp/）より許可を得て転載

　会社の経営に関する事項など重要な判断や意思決定は社長，後継者，総務経理部長の3名で担っている。

　年商は約3億円である。2015年頃に後継者が入社して，積極的な営業活動を展開しはじめたため取引顧客数，受注ともに拡大してきている。さらに，以降で述べるように生産性向上に取り組んだ結果，生産能力，生産効率がともに向上したことから，売上高は年々増加している。

Ⅳ　生産性向上のための支援内容

　筆者は2017年から経営陣（社長，後継者，総務経理部長）の要請で生産性向上に取り組むことになった。当時，営業面では後継者がすでに積極営業を開始しており，経営陣が営業・販売面だけではなく，社内の製造面についても改善の必要性を感じたことが要請のきっかけであった。

　支援開始時は，事業形態が受託製造の小規模製造業でよく見られるように，

【図表2-2-4】支援の概念

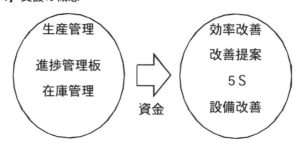

※後述するような，工場で生産計画や生産実績を見える化し，情報共有するための表示板を
　ここでは「進捗管理板」と書いている。
出所：筆者作成

工場の運営，管理面で改善の余地が大きい状況であった。また，それに加え
て，工場と営業，いわゆる製販で協力して取り組むべきコスト見積や生産管理
や，工場と経理とで取り組むべき棚卸資産圧縮についても改善の余地が大いに
ある状況だった。

1. 棚卸資産圧縮

　取り扱う製品が銅製品であるため，一般的な製造業と比較して材料在庫，仕
掛在庫，製品在庫の金額が大きく，ここに大きく資金が拘束されていた。支援
開始時に，工場における改善の余地は他にも多くの項目で見られたが，製品特
性からこの点を優先順位の高い改善項目に位置付けて改善活動に取り組んだ。
これは直接的には効率化の取組みで，「効率の向上」（分母）の改善にあたる。
　銅製品を扱う業界の慣行として，製品の販売価格は銅の相場価格に連動する
ため，相場変動のリスクは原則的に負わずに済む。このこともあってか，棚卸
資産の資産効率改善の視点が不十分な状況となっていた。
　主には棚卸資産に計上される金額規模の大きい銅に対して優先的に取り組ん
だが，消耗品費等，異なる勘定科目で処理される銅以外の品物に対しても，会
計上の取り扱いは異なっても本質的な改善の意味は同様であるため同じ考え方
で取り組んだ。

　まず，はじめに棚卸資産を少なくしても問題なく工場の生産活動ができるようになれば，現預金がその分増加するという認識を経営陣と共有した。現預金が増加すれば，それをさらなる売上拡大のための仕入に使用することもできるし，改善活動を進めるための備品や道具の購入に充てることで生産性向上を加速することもできることを確認したのである。

　その上で，容易に取り組みやすい材料在庫とケーブルの在庫から取組みを始めた。材料在庫については従来，時期についても，量についても余裕を持ちすぎた発注となっていたため，これを改めた。さらに端子等の一部の部材については入出庫管理が不十分であったため，材料置き場に受け払い台帳を設置し，在庫量の把握を容易に行えるようにした。

　ここでいうケーブルの在庫とは，大電流を流すための銅のケーブルで，このケーブルは細い銅線を撚ったり編んだりして製造する。まとまった長さで製造して在庫しておき（図表2-2-5），受注に応じて要求される長さで切り出して製品を完成させる。このケーブルについても，従来，多くの種類を在庫しており，その在庫量の把握も不十分だった。そこで，受注があまりない，在庫の回転の悪い品種については受注生産に切り替えることで常時在庫を保有しなくても良いようにした。比較的頻繁に受注のある，回転のよい品種の在庫については，顧客からの受注を受け付ける事務所でケーブルの残量を把握することにした。その上で，現場でケーブルを切り出した際に一定の長さを下回ると事務所に残量を連絡する仕組みを構築することで事務所においてもタイムリーに在庫量を把握できるようにした。

　棚卸についても月次で実施するようにした。上述の材料在庫，ケーブル在庫に関する改善策は棚卸を効率よく実施するためにも役立つ。

　これらの改善策は効果が表れるまでのスピードが速く，狙い通り，他の改善策を実施するための資金源を生み出すことにもつながったため，これを優先的に実施したことは，迅速な生産性改善に大きく寄与した。

　残る仕掛在庫については，直接削減を図るのではなく，他の改善策によって工期を短くし，工程を効率化することで間接的に圧縮を図った。

【図表2-2-5】ケーブルの在庫

出所：O社ウェブサイト（http://oumi-kogyo.jp/）より許可を得て転載

2. 生産管理

　支援開始時点では，受注があったことを事務所から製造現場に伝えたら，以後の作業は現場任せであった。どのような順番で，いつどの案件を処理するのかは個々の現場作業者に任され，現場作業者がどの案件に対してどんな作業を実施するのかは見える化も情報共有もされていない状態であった。改善の進んでいない中小製造業でよく見られる状況といえる。

　そのため，効率の良い順序での作業の段取り，機動的な工程間の応援，事前の繁閑の波の把握とその対策といったことを組織的に行えず，その結果として残業が多くなったり，納期遅れが発生したりするという問題があった。また，受注を製造現場に伝えるだけでは，工夫するとしても作業者個々人での属人的な工夫にとどまってしまう。

　このように生産管理に問題があると仕掛品はスムーズに工程を流れなくなってしまうため，上述した仕掛在庫の圧縮についてもうまく進まないことになってしまう。

　そこで，工程ごとに現在処理しなければならない案件がどれだけあるのかをホワイトボードを用いて可視化し，現場全員で情報共有できるようにした。そして，工程ごとに社長や後継者の参加の元で朝礼を実施し，その日の作業予定

【図表2-2-6】ホワイトボードによる受注案件の可視化①

出所：許可を得て筆者撮影

を確認することにした。図表2-2-6と図表2-2-7は2つの工程それぞれで用いているホワイトボードの様子である。ホワイトボードに貼り付けたマグネットは個々の受注案件を示している。

　いわば，作業者個々人での納期管理から，工程ごとの生産計画による管理に進化させたのである。これにより，先々までの受注残の状況が見えるようになったため，計画的に作業を行えるようになった。その結果，各工程の繁閑の予想がつくようになり，工程間の応援による対応も行いやすくなった。そして，作業者の増員や設備投資に頼ることなく，生産性向上を果たすことができたのである。

3. コスト見積

　O社における見積価格回答は当初，いわゆるKKD（経験，勘，度胸）に頼ったものであり，根拠に基づく系統的なコスト見積を行った上での価格回答にはなっていなかった。そのため，本来であれば高く受注できる案件を安く受注しすぎて得られるはずの利益が得られなかったり，また逆に，安く受注しても利益を出せる案件なのに価格を高くしすぎて失注したりするケースがあった

【図表2-2-7】ホワイトボードによる受注案件の可視化②

出所：許可を得て筆者撮影

【図表2-2-8】納期のみの管理と生産計画と実績による管理

出所：筆者作成

と思われる。さらには，価格面で顧客と折り合いがつかない時の仕様や設計変更の提案も合理的に実施することが難しくなっていた。

　また，材料費や外注費といった案件ごとに把握しやすい変動費については金額を定量的に把握できているものの，労務費や製造経費といった固定費の各個別案件への割り付けがうまくできていなかった。これは，小規模製造業でよく見られる課題である。

　そこで，最新の年間の経営数値計画から時間チャージを用いて各見積案件に固定費を割り付けることで，変動費と合わせて案件ごとのコストとその内容を定量的に見える化できるようにした。具体的には，営業を担当する後継者と協力して，表計算ソフト上で案件ごとのコスト内容が自動的に計算できるシートを作成，運用したのである。

　O社の後継者は営業の能力が非常に高く，個々の案件でコストを定量的に把握できるようになったことを営業活動に有効に活用している。単純に見積価格回答に活用するのみならず，顧客への原価低減提案にも活用しているのである。顧客から示された図面を元に加工方法を決めて，そのコストを計算して価格回答をした時に，顧客の求める価格と合わないことはしばしば発生する。その時に，図面で示された設計のどこをどのように変えれば，価格をどの程度下げられるかが定量的にわかるので，顧客に対し，価格にインパクトのある設計変更の提案が出来る，という訳である。

　このコスト見積の改善により，製品に付与する価値を価格として正当に評価してもらいやすくなったことに加えて，営業活動において付加価値を生み出すことにもつながったといえる。従って，この取組みは「付加価値の向上」（分子）に該当する。

4. 5S活動の展開

　工場の改善においては，その基礎として5Sへの取組みが欠かせない。しかしながら，当初はこの点の取組みも不十分であった。そこで，社長を筆頭に5S活動を展開した。

【図表2-2-9】端材のストッカー

出所：許可を得て筆者撮影

【図表2-2-10】ゴムホースのストッカー

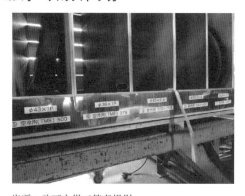

出所：許可を得て筆者撮影

　例えば，写真のように使用材料の端材を立てて置くことができるストッカーを作って活用するようにした。このことで端材の活用が進んで材料費の抑制につながる他，端材を重ねて置いておく場合に比べて端材の取り出しにかかる時間が改善し，工程の効率化にもつながっている。横展開として，ゴムホースに対しても同様のストッカーを作製して活用している。

　トップである社長が掛け声だけではなく，自ら先頭に立って5Sに取り組ん

でいるため，ここで挙げた他にも多くの成果が得られている。その効果も安全衛生，品質向上，効率化，見学者の印象向上等々広範にわたって挙がってきており，現在も継続的に取組みを続けている。

5. 品質チェックリスト

　O社においても，一般的な製造業と同様に，顧客クレームや不良品の発生が生じていた。それらに対して対策は取られていたものの，一度発生した不具合を繰り返さないための組織的，系統的な再発防止の仕組みとしては不十分なものであった。不良品の抑制を作業者の注意力に頼る場合が多く，作業者個人の属人的な対策にとどまっていたのである。

　顧客クレームや社内で発生する不具合は作業工程の特性から，大半は特定の工程で発生している状況であった。そこで，その工程において，これまであいまいだった各作業で検査すべき内容を明確化し，それをチェックリスト化することで誰にでもわかるように明示した。そして，そのチェックリストはその工程で製造する案件については全件記入して添付することを義務づけて，チェックリストには担当者のサインも入れてもらうようにした。

　このチェックリストは検査や確認の"うっかり忘れ"を防止するとともに，品質履歴を残すことにもなり，顧客クレームや不良が発生した際の原因究明にも役立つ。また，再発防止対策の内容をこのチェックリストに盛り込むこともできるようになった。この改善により顧客クレームや不良の発生は徐々に抑制されてきている。

　品質改善は品質ロスの低減によって効率改善にも寄与する上に，顧客にとって品質が向上することは付加価値の向上と言えるので，「効率の向上」（分母）と「付加価値の向上」（分子）の両面で生産性向上に寄与するものである。

6. 自動化の取組み

　棚卸資産圧縮で生み出された資金を改善活動に活用する対象として，現場で作業者ができるだけ効率よく動けるようにする設備の改造もすすめた。監視作

【図表2-2-11】監視業務改善のために設備に付加したカウンタ①

出所：許可を得て筆者撮影

【図表2-2-12】監視業務改善のために設備に付加したカウンタ②

出所：許可を得て筆者撮影

業が目立ったため，この点のムダの解消を図った。実際に，一定のタイミング
で装置を止めるためだけに作業者が動いている設備を監視するという業務が複
数あった。そういった監視業務から作業者を開放してその間他の業務を行える
ように，カウンタを装置に付加して，一定のカウントで自動停止するように改
造を行った。

　また，まれに発生する断線等のトラブルで設備が停止していないかの監視を

【図表2-2-13】 監視業務改善のために設置したネットワークカメラ

出所：許可を得て筆者撮影

要する工程もあった。しかし，工場が広いため，その設備がある場所は，担当者が通常業務を行っている場所から遠く，いちいち見に行くために移動するムダも生じていた。この工程はボトルネック工程の一つでもあったため，長時間停止した状態で設備を放置するわけにもいかず，作業者はムダな移動を強いられていた。そこで，市販のネットワークカメラを導入し，移動しなくても通常業務を行っている場所からカメラ越しに設備の状況が確認できるようにすることで効率化を行った。

7. 改善提案

　当初，現場での作業は従来の前例を踏襲するのみで，現場作業者には業務内容をより良く改善しようという雰囲気は見られない状況であった。また，現場の作業者がそうしたことを言い出せる雰囲気でもなかった。当時は，現場作業者に自らの業務を自らの発案で改善しようという意識が薄く，丁寧にヒアリングしないと自分の担当業務でも改善案が出てこない状況になっていた。

　しかしながら，経営陣からのトップダウンの改善だけでなく，現場作業に精通した現場作業者からのボトムアップの改善が具体的に現場作業の改善を進めるためには不可欠である。

　そこで，改善提案の制度をつくった。具体的には改善提案の用紙を作って社員に配布し，提案回数の目標を設定して提案を募った。経営陣から粘り強く呼びかけることで提案の提出を促し，その結果，実際に提案を出してもらえるようになっていった。作業現場，作業内容をよく知っている作業者ならではのきめ細かく，具体的な提案が得られ，主に効率改善に効果を発揮している。

8. 個人面談

　経営陣に社員との個人面談を定期的に行ってもらうようにした。普段の業務の中ではなかなか聞けない，話せない内容についても落ち着いて話すことができている。会社と社員の相互理解を通じて，社員のモチベーション向上につなげている。

　生産性向上を実行するのは結局のところ経営陣であり社員であるため，社員のモチベーションやモラルの向上は改善活動の成否に大きな影響を及ぼす。O社では人事処遇制度の見直しも行うことで社員の能力ややる気を引き出そうと努力している。

9. 予実管理

　ここまで述べてきた改善活動について，PDCAサイクルをうまく回すために，改善策の効果確認も行ってきた。その一つの手段として，月次の試算表の活用がある。総務経理部長がまとめる毎月の試算表を定期的に経営陣が確認し，勘定科目ごとに事業の状況や改善施策の実行状況と照らし合わせてチェックしているのである。筆者も同席してこの活動を支援している。

　これにより改善施策の実行状況や事業の状況と，試算表に示された損益，資産状況とが因果関係としてつながり，PDCAサイクルにおけるCの一つとして機能している。その場で次のAについても議論することでサイクルを回すことができている。もちろん，効果の確認は試算表だけで行っている訳では無く，作業者へのヒアリングや財務数値以外の指標も用いているが，試算表の確認は主要な手段の一つとなっている。

V　支援後の効果と今後の期待

　ここまで述べてきた改善施策の結果，O社では3年間で売上高は約1.8倍に向上し利益も大幅に向上した。ここまで述べてきたように社長，後継者，総務経理部長で構成される経営陣が，社員と協力して真摯に改善に取り組んだことが成果につながったといえる。

　ただ，改善活動はまだまだ途上で，ここで述べてきた各項目もすべてやり切ったという項目は少なく，まだまだ改善の余地があったり，発展させる余地があったりするものが多いのが現状である。経営陣も社員の皆様もそれを理解しており，今後も引き続きさらに改善を進めていく予定である。

デザインレビューの活用

　ここでは，中小企業診断士が支援する機会が多いと考えられる，事業形態が受託製造の製造業の事例を紹介した。しかし，中小製造業において，設計業務を行っている企業も多く存在し，製品の設計までは行っていなくても，金型の製作手配など生産の前に準備が必要な事業を行っている中小製造業も多くある。そういった中小製造業において，生産性向上に非常に強力な仕組みでありながら，意外に活用が進んでいないと筆者が感じる仕組みにデザインレビュー（DR）がある。

　デザインレビューは日本国内においてもデザインレビューやDR（ディーアール）と呼ばれることが多いが，日本語に訳すと設計審査などとなる。「設計審査」と聞くと，製品設計に関するだけの仕組みと思ってしまうかもしれないが，DRの対象はその製品の事業性にまで至るものである。つまり，いわゆる設計はもちろんのこと，事業のグランドデザインまで含まれると理解する方がより適切である。

　このDRにおいては，製品の設計開発のプロセスを複数の段階に区切って，それぞれの段階で実施，確認すべきことを定める。そして，各段階から次の段階に進むときに定められた項目をクリアしているかをチェックすることで実現されることが多い。そしてそのチェックは関係者が集まって実施するレビュー会議で行われることが一般的となっている。

　DRが生産性向上に有効なのは，生産・販売に至るまでの過程のノウハウや教訓を仕組みとして今後に活用することができるようになるためである。ノウハウや教訓は段階の区切り方や各段階で確認すべき項目としてDRに盛り込んでいく。製造業において製品の収益性が悪かったり，品質トラブルが発生したりした時にそれが製造ではなく，そもそもの設計や金型に起因していることはよくあることである。製造起因の問題でなければ，基本的には製造部門での対策ではなく，設計や金型手配時に対策を盛り込むべきであり，その対策を盛り込む具体的な対象がDRの仕組みとなるのである。

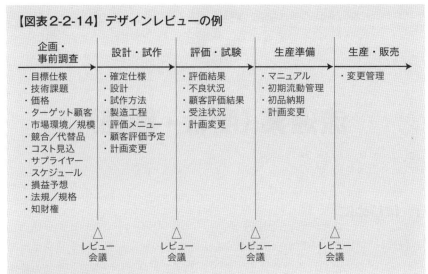

【図表2-2-14】デザインレビューの例

企画・事前調査	設計・試作	評価・試験	生産準備	生産・販売
・目標仕様 ・技術課題 ・価格 ・ターゲット顧客 ・市場環境／規模 ・競合／代替品 ・コスト見込 ・サプライヤー ・スケジュール ・損益予想 ・法規／規格 ・知財権	・確定仕様 ・設計 ・試作方法 ・製造工程 ・評価メニュー ・顧客評価予定 ・計画変更	・評価結果 ・不良状況 ・顧客評価結果 ・受注状況 ・計画変更	・マニュアル ・初期流動管理 ・初品納期 ・計画変更	・変更管理
△ レビュー 会議	△ レビュー 会議	△ レビュー 会議	△ レビュー 会議	

出所：筆者作成

　設計や，金型手配等の製造に至るまでの準備が必要な製造業の関係者の方々は，会社で十分にDRを活用できているか点検してみて欲しい。そもそも仕組みがなかったり，仕組みがあっても十分に活用できていなかったりする場合はDRの構築や改善に取り組むことが生産性向上の大きな武器になりえるので試してみることをお勧めする。

【参考文献・資料】

近江工業株式会社ウェブサイト（http://oumi-kogyo.jp/）

第 3 章

流通業（商社・卸売）

Ⅰ　はじめに

　C社は，雑貨の卸売業から事業を立ち上げ，その後自社開発のオリジナル商品の販路拡充のために小売業にまで業態を広げてきた会社である。商品の特性は，関西の地場産品を材料にした観光客向けの土産品を数多く手掛けており，訪日外国人の増加とともに事業を拡大してきたが，経営者の意志決定を支援する経営管理機能が不十分な状況で多店舗展開の投資を短期間に実行した結果，店舗投資の失敗で多額の損失を抱えてしまった。

　本事例は，その後の事業再生を果たすために，「経営戦略」「事業戦略」「機能戦略」の階層別に経営課題を抽出し，課題の解決と再発防止を目指して支援を行った内容である。本事例の支援内容だけが正解ではないが，卸売業者の事業特性及びおよび業態拡大の問題点，経営の戦略階層別の課題の把握と支援方法の一事例として参考にして頂ければ幸いである。

Ⅱ　企業概要

　①名　　　称：C商事
　②所 在 地：大阪府
　③取扱商品：雑貨の卸売，小売業
　④従業員数：65名（内パート40名）

⑤売　上　高：（年）95,000万円（ピーク時は168,000万円）

1. 沿革

　C社は，現代表が約10年務めた雑貨卸の会社から独立開業し個人経営していた雑貨卸売業を1998年に法人成りした企業である。

　設立当初は，海外市場から仕入調達できる雑貨のサンプル品を展示会に出展して卸販売の受注を獲得するというビジネスモデルであったが，2002年頃から自社オリジナルデザインの雑貨を企画販売することも開始した。

　2004年に関西地場産品の素材を用いた自社オリジナル商品を開発したことを機会に，オリジナル商品のアンテナショップとして関西の観光客をターゲット客層とした路面型直営店舗を2店舗出店して小売業態にも進出した。その後2007年までに路面型の直営店舗を10店舗まで拡大し，オリジナル商品の認知度向上とともに卸販売の売上も順調に伸びてきた。

　その後さらに新規出店の機会を検討していた所，高い集客力で定評のある大手GMS（総合スーパー）のテナント誘致の話に飛びつき，2009年までの2年間で大手GMS内に合計14店舗出店する大型投資を行った。しかしGMS内テナント店舗の客層が同社のターゲット客層である「観光客」とズレていた為，新規出店したGMS内テナント店舗はほとんど赤字に陥った。

　その後2013年までにGMS内テナント店舗から完全撤退したが，撤退した店舗設備の廃棄損と多額の借入金を抱えてしまった。

2. SWOT分析

　まず，C社の事業再生の可能性を検討するために，外部環境の統計資料や内部データ分析および経営陣へのヒヤリングを通じて収集した情報でSWOT分析（事業の外部環境や内部経営資源を強み，弱み，機会，脅威の4つのカテゴリで要因分析し，事業の環境変化への対応に必要な経営資源の最適活用の方針を検討する手法）を行った。

【図表2-3-1】タイトル

【機会】	【脅威】
・観光業界は,「訪日外国人3,000万人プログラムの影響で成長期待産業であり観光客も年々増加傾向である。 ・土産物ランキングでは,工芸品,アクセサリが全体の34%以上を占めており,当社の商品にも商機がある。 ・修学旅行客は,円高の修正と海外旅行の現地リスクの関係で国内旅行の比率が増加する見通しもある。	・GMS内店舗は,殆どの店舗で充分な利益を出せず撤退している。 ・観光客の中でも修学旅行客は少子化等の影響で減少傾向である。 ・人気商品には,模倣品の出回るリスクが常に存在する。
【強み】	【弱み】
・土産物雑貨の卸・小売業として業界に知名度がある。 ・オリジナル商品企画力で様々な商品を横展開のできる実績がある。 ・海外(中国)協力工場と長年の取引があり,商品調達のコスト競争力に優位性がある。 ・小売店舗の運営で売れ筋商品の情報収集力がある。 ・直営店長人材に,店舗運営オペレーションのスキルが高い人材がいる。	・店舗投資戦略等の経営方針について経営者の意思決定支援・牽制機能が不足している。 ・中国協力工場への委託生産は安価であるが,小ロットでの受注に柔軟に対応してもらえないため,過剰気味の発注量となっている。 ・小売店の商品別の販売実績等の経営情報の共有と活用が不足している。 ・販売員の接客スキル等の教育制度が確立されておらず,直営店舗の従業員定着率が低い。

出所：筆者作成

Ⅲ　支援前の現状と経営課題

1. 支援前の経営状況

　C社は,1998年に雑貨の卸売業として設立された会社である。社長は,雑貨卸売業会社に10年以上勤務した経験の中で同業他社に先駆けて売れ筋の商品を見つけて市場に投入し販売機会を創出する営業センスがあり,その才能を自身の事業に活かすために30代で独立開業した。その後,2004年に直営小売店舗1号店を開業し小売業にも進出した。

　当時のビジネスモデル(図表2-3-1)は,自社のオリジナルデザインの雑貨を海外協力工場で安価に大量生産して輸入し,小売店で先行販売して売れ行き

【図表2-3-2】 ビジネスモデル

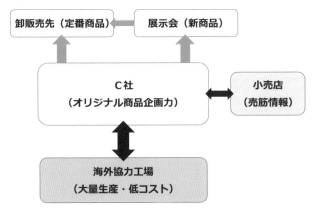

出所：筆者作成

を確認し，毎年2回（春と秋）に行われている展示会に新商品を出展して卸販売の注文機会を得る「企画製造卸」という業態であった。

　当時のC社の強みは，①商品企画力（オリジナルデザイン），②海外協力工場の安価な労働力を背景としたコスト競争力，③小売店の販路を活用したマーケティング能力（売れ筋商品の把握力）であり，ピーク時の売上は16億円以上あったが，売上の内訳は卸販売80％，小売販売20％程の割合であり，粗利益率は35％前後であった。

（2）店舗拡大戦略と撤退

　業容の拡大に伴い，粗利益率の確保とマーケティング力向上を目指して，2007年までに路面型の直営店舗を拡大してきたが，C社の店舗集客力に着目した取引先からの仲介で，大手スーパー（GMS）へ出店の誘いがあり「新規出店で売り場面積を拡張すれば，商品の露出機会が増えて売上がもっと伸ばせる」と考えた社長は，2年の間に約20店舗（うちGMS内店舗は14店舗）を立て続けにオープンするという多店舗展開戦略を実施し，銀行借入で多額の店舗設備投資を行った。

【図表2-3-3】店舗数と1店舗当たり平均売上高の推移

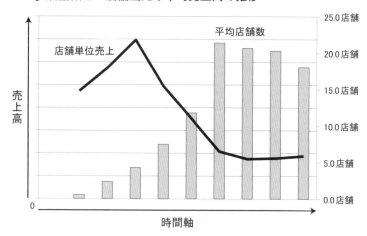

出所：C社のデータを元に筆者作成

　しかし，路面店舗と比較するとGMS内店舗には，当社商品（土産物雑貨）の中心ターゲット顧客である観光客の来店が少なかったことから，多店舗展開に伴い名目上の売上合計額は増えたものの，小売店舗の売上合計を店舗数で除した1店舗当り平均売上高は，店舗数の増加と反比例で低下を続けていた。

　また，路面型店舗と比較してGMS内店舗は初期投資額（内装工事＋店舗設備＋店舗保証金）が大きくROI（投資収益率）が低いこと，GMSの店舗運営ルールの知識・経験不足から店舗運営が非効率（商品の搬入は営業時間外，営業時間帯が路面型店舗と比べて2時間以上長い等）であったことから，人件費や経費が嵩んだため，GMS内店舗は殆どが赤字に陥ってしまった。

　その後，2012年までにGMS内店舗を9割閉鎖し，2013年には完全撤退したが，大量の店舗設備の廃棄損（約6億円）と在庫の増加（約2億円）で財務内容に大きな打撃を受ける状況に至った。

3. 課題の抽出

　当社の窮境原因（事業が窮地に陥った原因のこと）の再発を防止するため

【図表2-3-4】経営の戦略階層図

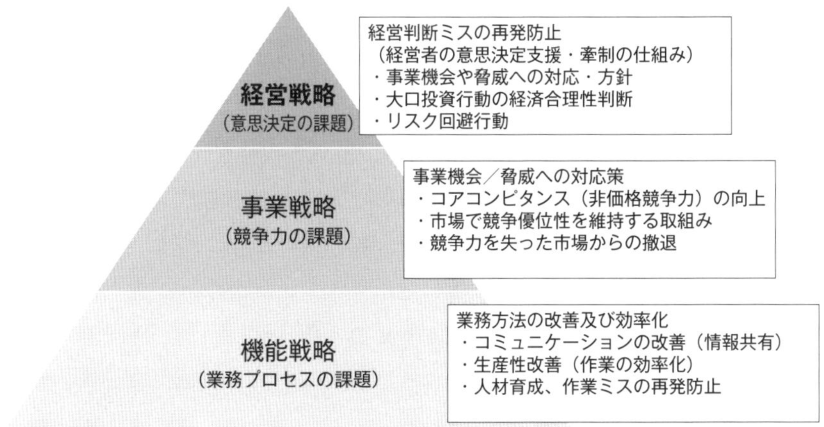

経営戦略
（意思決定の課題）

経営判断ミスの再発防止
（経営者の意思決定支援・牽制の仕組み）
・事業機会や脅威への対応・方針
・大口投資行動の経済合理性判断
・リスク回避行動

事業戦略
（競争力の課題）

事業機会／脅威への対応策
・コアコンピタンス（非価格競争力）の向上
・市場で競争優位性を維持する取組み
・競争力を失った市場からの撤退

機能戦略
（業務プロセスの課題）

業務方法の改善及び効率化
・コミュニケーションの改善（情報共有）
・生産性改善（作業の効率化）
・人材育成、作業ミスの再発防止

出所：筆者作成

に，経営戦略・意思決定，事業戦略，機能戦略（業務プロセス）の3層で窮境原因を引き起こした要因を分析した結果，以下の4つの経営課題を抽出した。

（1）経営戦略・意思決定（投資判断ミスの再発防止）

赤字店舗の閉鎖と並行して，直接の窮境原因である「店舗投資の判断ミス」の再発防止策を検討する必要があった。

（2）経営戦略・意思決定（在庫の削減）

多店舗展開の影響で膨れ上がった在庫を削減する方針を立てる必要があった。

（3）事業戦略（営業体制の見直し）

当社の営業体制は，展示会に出展して商談で新規注文を獲得するか，既存顧客からの注文を処理するだけのルーティン活動が中心であった。中長期視野で営業方針を検討し実行する事業戦略機能が不足していたため，市場環境の変化でいつの間にか低成長で非効率な市場分野に偏っていた人的経営資源（人員，時間）を成長期待の高い市場分野にシフトするための対策が後手に回っていた。

（4）機能戦略（業務プロセスの見直し）

　当社の営業体制は担当者別の縦割りであり，各担当者が受注管理と仕入発注をバラバラに行っていたので仕入発注内容の重複が発生しやすいこと，取引先からの受注の小ロット化及び多頻度小口配送の要求による作業時間増加等で営業社員の労働生産性が低下傾向（売上高に占める人件費比率の上昇）であった。また，大口販売の機会が多い卸販売の仕入発注が優先で，店舗小売部門からの発注依頼は後回しにされる様な状況が続いていた。これは，業務プロセスが卸売業態の大口仕入・販売を前提に運用されていたためなので，卸売と小売の両方を前提に業務プロセスの見直しが必要となった。

Ⅳ　生産性向上のための支援内容

1. 経営戦略・意思決定（投資判断ミスの再発防止策）

　店舗投資等の重要な意思決定を，外部専門家をメンバーに含む経営会議での合議制案を導入し運用の支援も行った。大口の投資や借入については，社長の独断で決定せずに経営会議で合議を行ってから実行する（場合によっては中止する）方針に改めた。

　この支援は，投資の失敗による不良資産の発生を抑制することが主な狙いなので，「効率の向上」（分母）に類する支援内容である。

2. 経営戦略・意思決定（在庫の削減）

　在庫の現状分析を行い，削減目標を立案した。具体的には，在庫商品を（A）毎月出荷が有る「売れ筋商品」，（B）2か月に1回以上出荷の有る「準売れ筋商品」，（C）3カ月毎に売れる「季節商品」，（D）それ以外の「低稼働商品」の4ランクに分類・集計し，過剰な在庫を抱えているC，Dランク商品の在庫削減目標値の設定（年間2,000万円以上）及びC，Dランク商品の新規仕入調達の抑制方針を設定した。

　また，年に1回しか行っていなかった実棚卸を年4回行う方針とし，3か月

【図表2-3-5】売上高対仕入比率の推移

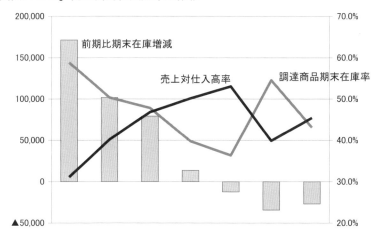

出所：C社のデータを元に筆者作成

毎に月次決算で在庫削減目標の達成率と損益状況をモニタリング出来る体制を整える様に助言と指導を行った。

　なお，在庫削減の目標達成度と仕入の抑制効果を「見える化」するために，3か月毎に以下の3つの指標をモニタリングした。

　①売上高対仕入高比率（仕入高÷売上高×100）」

　②調達商品期末在庫率（期末在庫÷（期首在庫＋仕入高）×100）」

　③前期比在庫増減額（当期在庫額−前年同期在庫額）

　この支援は，在庫投資のムダによる不良資産の新規発生を抑制することが主な狙いなので，「効率の向上」（分母）に類する支援内容である。

3. 事業戦略（営業体制の見直し）

　卸販売の売上を販売先の市場分野別に分類し，3年前と比較して卸売上高の伸び率が高い分野と低い分野を調べた結果，物産卸（地域特産）と小売向けの売上成長率は200％超であったが，それ以外の分野（2次卸業者）の卸売上はマイナス成長であったことが明らかになった。

【図表2-3-6】卸業態別売上高伸び率

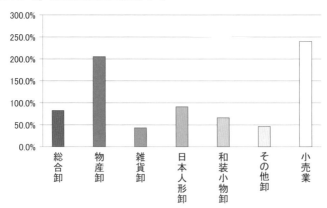

出所：C社のデータを元に筆者作成

　また，営業社員へのヒヤリングで，売上高マイナス成長の卸販売先からの値引交渉，小ロット注文，多頻度小口配送の要求に応えるための作業に業務時間の大半が費やされていた実態が浮かび上がった。

　そこで営業社員の担当替えを行い，売上高マイナス成長の卸販売先のうち，当社の利益率が低い卸販売先とは取引縮小または撤退方針とし，成長期待の高い「物産卸」「小売業」への営業時間を増やす方針とした。

　この支援は，営業活動の付加価値向上が主な狙いなので，「付加価値の向上」（分子）に類する支援内容である。

4. 機能戦略（業務プロセスの見直し）

　C社は，卸売がメイン業態の会社であったが，総売上高に占める店舗売上高比率が年々上昇しており，多店舗展開した時期以降，店舗売上が卸売上を逆転している状況が続いていた。

　C社は，卸売営業担当者が発注責任者を兼任しており，店舗小売部門の仕入責任者も配置していたものの，大口販売の機会が多い卸販売の仕入発注が優先で，店舗小売部門からの発注依頼は後回しになることが多かった。

【図表2-3-7】売上構成比の推移

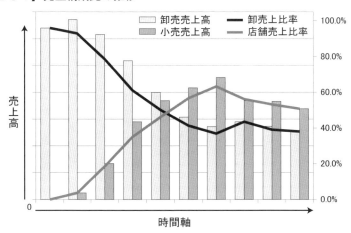

出所：C社のデータを元に筆者作成

　卸業者向けの卸売上の粗利益率は約30%であるが，消費者チャネルに近い店舗売上高の粗利益率は約70%以上なので，店舗販売活動をより活性化させれば売上総利益率を向上させる効果が期待できる他，「売れ筋商品」のマーケティング調査効果により，卸販売で提案営業の機会が増えるという効果も期待できる。

　しかし「売れ筋情報」の元ネタである店舗小売の日報報告（売上実績，店頭顧客の動向情報）は，紙媒体のものをFAXで本社の総務部経由で社長に報告するという方法で行われており，仕入調達の担当者との情報共有も困難な状況だった。そこで，卸売業務に偏重していた仕入調達の意思決定方法と業務プロセス全般の見直しの提案を以下の通り行った。

（1）仕入発注業務プロセスの見直し

　まず仕入発注の業務プロセスの改善に着手した。

　具体的には，仕入発注業務の中間管理職としてマーチャンダイザー（購買担当者）を設置し，従来各営業担当者がバラバラに発注していた発注書をマー

【図表2-3-8】マーチャンダイザー（購買担当者）設置

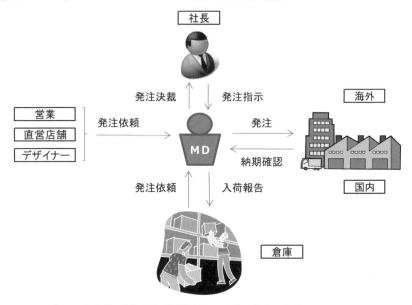

※MDマーチャンダイザー発注や入荷情報が，一元的に集まる仕組み
出所：筆者作成

チャンダイザーが取りまとめ，社長が決裁してから仕入先にまとめ発注する方式に改めた。

　この方式に変更したことで，仕入発注と入荷情報が一元管理され，卸売部門の重複発注や店舗からの注文に対する予定納期回答もスムーズに行われる様になり，店舗の発注依頼が後回しにされる状況も解消された。

　この支援は，仕入・発注プロセスの意志決定方法見直しによる在庫投資のムダを排除することが主な狙いなので，「効率の向上」（分母）に類する支援内容である。

(2) 倉庫の整理（ロケーション管理と入出荷業務の効率化）

　同社の営業倉庫は，仕入発注業務プロセスの見直し前は，各営業担当者が発

【図表2-3-9】整理前の倉庫イメージ

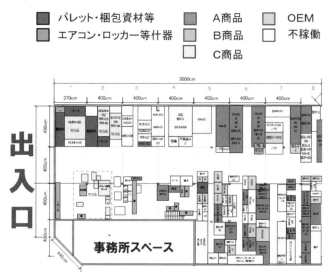

出所：C社のデータを元に筆者作成

注責任者を兼任しており縦割りとなっていたため，倉庫の使用方法も縦割り
で，地番管理もできておらず「空いている場所に詰め込む」という運用を続け
てきたため，倉庫内作業が非効率的になっていた。まず倉庫内荷物の動態調査
（動きの多い場所と少ない場所）を約1カ月間行い，マッピング分析を行った
結果，A，B商品が倉庫の中奥に保管され出入口近くにはパレット，梱包資材，
ロッカーや什器等の商品以外のモノが置かれており，倉庫作業の導線となる通
路も荷物で塞がれている非効率な状況であった。

　倉庫整理の改善策として，卸商品と店舗用商品の保管場所を通路の左右に振
り分けて各保管場所に大まかな地番を設定し，入口近くにA・B商品を配置し
て出荷作業スペースを十分に確保する運用に改める様に支援を行った。

　この支援は，倉庫の入出荷作業の効率化が主な狙いなので，「効率の向上」
（分母）に類する支援内容である。

【図表2-3-10】整理後の倉庫イメージ

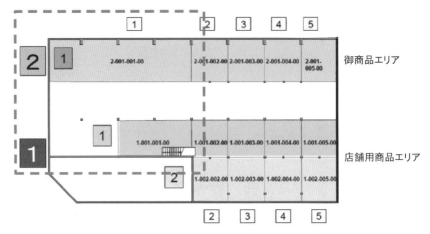

※ ①〜⑤ は柱毎のブロック記号
出所：C社のデータを元に筆者作成

（3）小売店舗の日報報告業務のデジタル化

　先述したように，小売店舗の日報報告（売上実績，店頭顧客の動向情報など）が紙媒体をFAXで本社に報告する方式で，本社に紙媒体でしか保管されていなかった。そのため，仕入調達の担当者との情報共有が困難なばかりか，店舗と総務部の日常業務も煩雑だったので，全店舗にwifi接続型のタブレット端末を導入し，手書きだった日報を表計算ソフトで作成して本社に電子メールで報告する方法に改めた。

　この結果，店長の日報作成業務時間が半分以下に削減され，本店総務部の日次の売上集計作業も1日がかりだったのが2〜3時間で行える様になった。

　また，小売店舗の活動状況をデジタル日報で営業と情報共有化が進み，外出中でもスマートフォンやタブレットで前日の店舗の運営状況（客数，商品別の売上）と売れ筋商品の動向を詳しく知ることができるようになった。

　この支援は，小売店舗の日報データの情報共有による経営データの有効活用と売れ筋商品の把握による店舗運営業務の付加価値向上が主な狙いなので，

「付加価値の向上」（分子）に類する支援内容である。

（4）在庫管理システムの導入支援

次に，各営業担当が手作業と手書きで行っていた在庫管理（主に欠品防止）を合理化するために，初期導入費用が安いクラウドサービス型の在庫入出庫管理システムの導入を支援した。

在庫管理システムは，在庫商品の現物と入出荷情報データ処理が同時に行われる作業環境（標準化とマニュアル化）が整っていなければシステムの導入効果が出ないので，在庫の入出庫に係る業務プロセスの見直し，倉庫の整理とロケーション管理などの作業方法の改善と同時並行して行う必要があった。

導入を支援した在庫管理システムは，商品単位の入出荷数量を無線型バーコードリーダーハンディ端末で読み取りして記録するタイプであり，全商品にバーコードを設定する必要があったので，JANコード（世界共通の商品識別番号）の無い商品のインストアコード体系の設計支援，バーコードを印刷するバーコードプリンターの導入支援，商品をピッキングし易い様に倉庫レイアウトの商品配置方法の提案及び商品のピッキングデータを送信するための倉庫内wifi通信設備導入支援とシステム運用マニュアル作成支援も行った。

在庫管理システムの導入により，倉庫内在庫数量の情報共有と検索機能，品薄の商品発注漏れの防止，実棚卸作業の効率化，在庫表月報等管理資料の作成効率化などの成果が出てきている。この支援は，在庫管理情報の精度向上と作業効率化による在庫回転率の向上が主な狙いなので，「効率の向上」（分母）に類する支援内容である。

（5）業務運営マニュアルの作成支援

これまでの支援過程で，各業務プロセス（意思決定方法や作業内容）に多くの変更を加えて来たので，受注・販売，仕入発注，入出荷（在庫管理），請求及び回収の各業務プロセスの運用マニュアルを作成し，従業員毎にバラつきのあった業務方法を標準的なルールに基づく業務方法に定着させる支援を行っ

【図表2-3-11】業務マニュアルのイメージ図

発注-入荷マニュアル	整理番号102	業務プロセス図	
内　　容			備　　考

発注～入荷

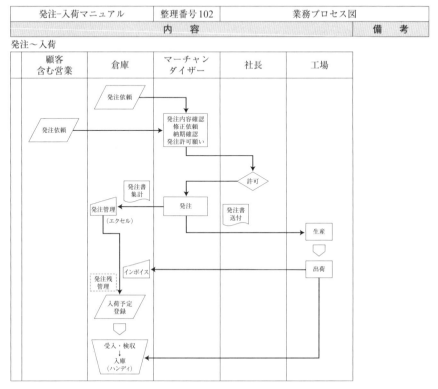

出所：C社用に筆者が作成

た。

　この支援は，業務方法の標準化とマニュアル化を通じて作業ミスの防止と作業効率化による作業時間とコスト削減が主な狙いなので，「効率の向上」（分母）に類する支援内容である。

【図表2-3-12】経営資源（人数・時間）の配分状況

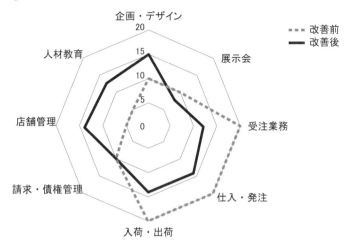

（注）アンケートデータ収集方法は，本社の従業員（16名）を対象に1週間の就業時間中の活動時間をアンケートの8項目に分類した時間割を昨年（支援前）1週間と今年（支援後）の1週間の2通りのデータを回答用紙で収集し，集計結果を8項目別の時間小計÷活動時間合計の比率で指数化した。
出所：C社のデータを元に筆者作成

Ⅴ　支援後の効果と今後の課題

1. 従業員の意識改革と人的経営資源の再配分

　同社の事業運営に必要な従業員の活動内容を「企画・デザイン業務」「展示会の運営」「受注業務」「仕入発注」「入出荷」「請求・債権管理」「店舗運営管理」「人材育成」の8項目に分類し，アンケート調査でデータ収集し分析した結果，支援開始前（点線）は「受注業務」「仕入発注」「入出荷」の作業時間の配分率が高く，支援後（実線）では，事業競争力の維持・強化に必要な「企画・デザイン業務」「店舗管理」「人材育成」の活動内容へより多く人的経営資源が配分されている傾向が明らかになった。

【図表2-3-13】労働生産性の推移

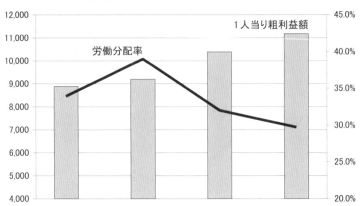

出所：C社のデータを元に筆者作成

2. 労働生産性

　これまでの支援の結果，支援前と比較した労働生産性の指標は，1人当りの粗利益額が約1.25倍に増加し，労働分配率は約5.6ポイント低下した。

3. 今後の課題

　これまでの支援を振り返って，今後の課題を考えてみると，まず第1に，人材の採用・育成（後継者育成を含む）が大きな課題である。

　同社は，観光客の多い立地に路面型の店舗を新規出店することで事業規模を拡大できる機会があるが，将来店長となりうる人材や優秀な販売員を育成する仕組みが未だに弱いため，人材不足が成長機会の制約になる可能性がある。

　今後は，従業員のモチベーションを高める人材育成制度（キャリアプラン）と公平な人事評価の仕組みを計画的に構築していく必要がある。

　また販売員の離職理由にも，教育訓練の十分な機会を与えられずに，いきなり現場に出されて失敗する度に怒られてストレスを感じていたことが理由として判明しているので，新規採用した人材を現場配置前に教育訓練する仕組みや，中堅人材を店舗間で交流させる仕組みを実現して頂きたい。

　第2に，店舗運営オペレーションの効率化である。同社の店舗運営は，標準的な業務マニュアルがなく，現場のOJTで販売員を指導しているので，店舗によって接客品質等の業務効率のバラつきが多いので，店舗運営業務マニュアルを作成・定着させて，接客品質を一定の水準に底上げしていく必要がある。

　また，会計レジスター機も店舗によってバラバラで古い機種もたくさん残っているので，税率の変更やキャッシュレス会計の対応が遅れている。

　店舗現場からは，外国人観光客のニーズが高いキャッシュレス会計に対応できる設備導入の要望もあるので，顧客目線で一部の店舗から段階的にでも導入を図っていくことを検討し実現していくことが望まれる。

卸売業のICT活用

コラム

　1990年以降の情報技術進展により流通業界の大規模再編が進み，中小卸売業（常用雇用者100人以下）は，事業所，従業者，売上ともに漸減傾向が続いている。その背景には，EC（電子商取引）の拡大によって生産者と消費者の距離が縮まり，物流プロセスで生産者と消費者を繋いでいた卸業者の「中抜き」が進展していることがある。「中抜き」が行われる最大の目的は，中間コスト（卸売業への支払い）の削減と，流通時間の短縮だ。

　中小卸売業は，コスト競争と流通時間短縮という相反する2つの課題に立ち向かわなければならず，従来の「物流効率化機能」や「金融危険負担機能」だけでは，規模の大きな同業他社との競争に勝てない時代になった。

　しかし，卸売業には，物流サービスだけではなく情報を伝達していく「情報提供機能」という重要な役割がある。生産者と小売業の間を繋いでいる卸売業には，ビジネスに有益な様々な情報が集まる。それらの情報の中から「耳より」の情報を取引先に提供することで事業者間の「情報格差」を埋めるという役割が，差別化するために今後ますます重要になってくると思われる。

　生産者には新商品開発に役立つ消費者ニーズ情報を提供し，リテールサ

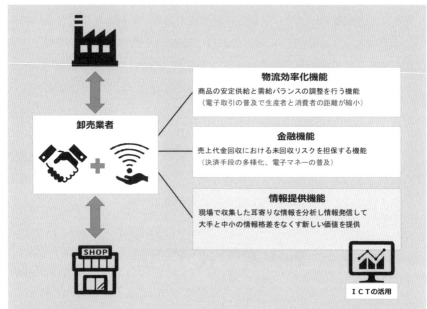

物流効率化機能
商品の安定供給と需給バランスの調整を行う機能
（電子取引の普及で生産者と消費者の距離が縮小）

金融機能
売上代金回収における未回収リスクを担保する機能
（決済手段の多様化、電子マネーの普及）

情報提供機能
現場で収集した耳寄りな情報を分析し情報発信して
大手と中小の情報格差をなくす新しい価値を提供

卸売業者

ICTの活用

出所：筆者作成

ポートでは，商圏分析，季節・地域ごとの販売データをフル活用して実際の売り場を企画・提案する等の活動領域が卸売業の競争力維持に必要になっている。

卸売業が「情報提供機能」で競争力を高めるには，ICT（情報通信技術）の活用が欠かせない。中小企業のコンピュータの活用には「導入コストを負担できない」，「知識のある従業員が居ない」というお金とヒトの問題が大きな障壁だったが，近年は月々の使用料だけで利用できるクラウド型サービスが主流になっており，知識面でもスマートフォンやタブレット端末が1人1台まで浸透した結果，マニュアルが無くても操作できる端末も沢山普及してきた。

中小卸売業者が生産性を高めて行くためには，従業員の活動現場にICTを導入して，会社の中に眠っている「情報」という経営資源を記録・整理，分析し，「耳より情報」を発信する活動領域への投資行動が重要だと思われる。

第4章

流通業（小売）

Ⅰ　はじめに

　コンビニエンスストア（以下：コンビニ）は最も利用されている小売業であり，一番身近な存在の小売店と言えるのではないだろうか。

　元々はドリンクや日配品，雑貨，タバコを販売する店舗として始まったが，その後，おにぎりやパン，弁当といったデイリーの食材を扱うようになり，店内調理やチケットなどの販売，銀行ATMの設置，住民票の取得など，取り扱う商品とサービスの幅は非常に広くなっている。

　商品においても販売力を生かして，プライベートブランド（以下：PB）の開発を積極的に行っており，割合はチェーンによって違うものの，売上の40～50％を占めるまでになっている。

　小売業としては最もシステム化されており，利益率も高く，生産性も高い業種であることは間違いないが，近年はドラッグストアの台頭，人員不足，人件費の上昇といった逆風環境にあることも事実である。

　本章では，このようなコンビニの状況を踏まえつつ，事例を基に小売業の改善点について考察したい。

Ⅱ　企業概要

　①名　　　称：株式会社B

②所　在　地：大阪府

③取扱商品：コンビニエンスストア運営

④社　員　数：320人（内パート：300名）

⑤売　上　高：（年）250,000万円

　社長はコンビニチェーン本部（以下：本部）でスーパーバイザー（以下：SV）として経験を積み，ノウハウを得たうえで独立して，店舗の運営を始めた。本部のノウハウを持った上での運営力は高く，初めての店舗の立地についても主要街道沿いのコンビニとしては非常に良好な場所であったことから，非常に売上，利益とも好調となった。規模の拡大を目指し，金融機関から出店費用を借り入れて，店舗の拡大を進め，最終的には10店舗を超えるまで拡大した。

　ちょうどコンビニの成長期と重なり，ある程度までは順調に進んでいたが，立地の思惑が外れた不採算店の発生，競合となるコンビニやスーパーの出店による収益性の悪化，人員不足による店舗魅力の低下による売上減少など様々な要因により，収益性が悪化していった。

　組織としては各店舗の店長に加え，立地別に3人の統括部長を置き，複数店舗の運営管理を任せるという理想的な状態だったが，人員不足によりシフトを埋めるために，統括部長が現場に立つことが日常になっており，時間を取ることができないことで，本来の業務である教育や改善活動といった店舗管理にまで手が回らない状態になっていた。

　また，店舗が増加すると共に当該企業の組織も大きくなり，人員不足の中で特性が違う店舗が増えるにつれて，十分に目が届かなくなっていった。結果，コンビニという商品や取組みなど幅広い分野において変化頻度が多く，更に変化に準備する時間もほとんどないという中で，同社は本部の方針に会社が対応できない状態になっていた。結果として，会社として明確に店長・統括部長に提示する方針をまとめられず，コミュニケーションも悪化していき，収益を拡大するための改善活動に繋げることができない状態となっていた。

Ⅲ　支援前の現状と経営課題

1. コンビニの基本的な仕組み

　本章ではコンビニの事を記述するが，契約など業界の特徴的な部分を理解する上で必要となる基本的な知識をまず記載する。

　コンビニ店舗を出店したいという事業者は本部とのフランチャイズ契約を結ぶこととなる。本部はフランチャイザー，事業者はフランチャイジーと呼ばれる。本部は各種のITシステムや商品調達，看板，ノウハウを提供する一方で，事業者は粗利に対する一定割合を本部にロイヤリティ（チャージとも言う）を支払う。契約タイプは複数あり，違いは事業者の初期負担である。①少額の費用を支払う場合，②多額の出店費用を自分で負担する場合，③土地・出店費用を用意する場合の3タイプが基本的なものであり，契約タイプによってロイヤリティ率が変わってくる。ロイヤリティ率もいくつかの条件によって低下する。ロイヤリティ率を優遇される代表的なものは店舗の出店数を増加させることであり，これが複数の出店を促す強いインセンティブとなって，コンビニの店舗増加にも大きく役立っている。

　上記の契約の下で，事業者はコンビニを運営し，本部にロイヤリティを引かれた上で残った金額から，人件費や廃棄ロス，レジ袋などの資材費用，電気代などを支払い，最後に残った金額が収入となる。つまり，本部の利益は店舗の粗利額で決定され，事業者の利益は粗利額と経費額で決定されるという仕組みになっている。

　本部はできるだけ良い商品や効率的なシステムを開発することで，チェーン全体の魅力と売上を高める活動を行い，事業者は本部のシステムを最大限活用して収益改善を図りながら，運営コストを最小限に抑えて利益を拡大するという明確な役割分担を行う仕組みとなっている。この役割分担がその他の小売業に比べてコンビニの生産性を高めてきたことは間違いない。

2. コンビニ契約の問題点

　上記の内容だけを見ると，非常に良い制度であるが，現実には問題点も多い。

　一つ目は，廃棄に係るものである。前述の通り，本部の利益は粗利額で決定されるため，粗利額を高めるためには機会損失を減らすことが一番重要であるという発想になる。商品を陳列しなければ売上は絶対に上がらないため，多数の商品在庫を店舗に持ってもらいたいと考える。

　しかし，事業者にとっては多数の商品在庫は廃棄や売れ残りに繋がる。商品には販売期限が設定されており，強制的に廃棄となってしまう。事業者にとっては，おにぎりを10個仕入れて7個販売できたとしても廃棄を3個出すと，図表2-4-1の通り，赤字になるため，販売よりも廃棄を出さないことを主眼に置いてしまう場合が多い。

　本部が廃棄ロス費用を一部負担するという形式も取られてきているが，本部と事業者との対立の最大点はこの部分になる。また，値引きを基本的に許さないことも，廃棄ロスに関わりなく値引き販売によって粗利益額が減少することで，本部の取り分が減少することに起因している。値引きして販売を行った場合は図表2-4-2のように仕入価格を割り込んだ赤字部分を本部と事業者で案分することになる。前の図と比較してもらえば，本部の取り分が減少していることがわかる。

　二つ目は，契約期間について15年が一般的となっており，契約期間中に退店する場合には多額の違約金が発生する点である。事業者と本部両方にとって，安定的に経営戦略を進めていけるというプラス面はあるが，違約金は1,000万円前後となるため，不採算店でも簡単に撤退ができないという問題がある。

　三つめは，競合の出店が制限できない点である。都心部や駅前など複数のコンビニが並んでいるのはよく見る光景である。売上の高い自分の店舗の傍に同じチェーン店が出店してきたという場合がある。本部からすれば売上が高い店舗の傍に出店できる場所があれば，自社が出さなければ他のコンビニやドラッ

【図表2-4-1】販売数量と廃棄の関係

項目	設定	項目詳細
販売価格	100円	定価100円とする
仕入価格	65円	仕入価格を65円とする
粗利益率	35%	定価と仕入れの関係から粗利益率は35%となる
粗利益額	35円	粗利益額は35円となる
ロイヤリティ率	50%	本部のロイヤリティは50%と設定する
ロイヤリティ額	17.5円	35円（通常粗利額）×50%（ロイヤリティ率）※本部利益と同一

	条件	合計利益	本部利益	計算根拠	事業者利益	売上（＋）	仕入（▲）	ロイヤリティ（▲）
	完売時	350.0円	175.0円	(17.5×10)	175.0円（売上−仕入−ロイヤリティ）	1,000円（100円×10個）	650円（65円×10個）	175.0円
粗利益額	1個ロス時	250.0円	157.5円	(17.5×9)	92.5円	(100円×9個)	650円	157.5円
	2個ロス時	150.0円	140.0円	(17.5×8)	10.0円	(100円×8個)	650円	140.0円
	3個ロス時	50.0円	122.5円	(17.5×7)	▲72.5円	(100円×7個)	650円	122.5円
	4個ロス時	▲50.0円	105.0円	(17.5×6)	▲155.0円	(100円×6個)	650円	105.0円
	5個ロス時	▲150.0円	87.5円	(17.5×5)	▲237.5円	(100円×5個)	650円	87.5円

出所：筆者作成

【図表2-4-2】値引き販売時の本部の取り分

項目	設定	項目詳細
販売価格	100円	定価100円とする
仕入価格	65円	仕入価格を65円とする（仕入合計額：10個の場合は650円）
粗利益率	35%	定価と仕入れの関係から粗利益率は35%となる
通常粗利益	35円	粗利益額は35円となる
値引き後粗利益額	▲15円	半額値引き後の粗利益額は50円（販売額）−65円（仕入価格）で▲15円となる
ロイヤリティ率	50%	本部のロイヤリティは50%と設定する
通常ロイヤリティ額	17.5円	35円（通常粗利額）×50%（ロイヤリティ率）
値引き時ロイヤリティ額	▲7.5円	値引き後粗利益額（15円）×ロイヤリティ率（50%）

	条件	合計利益	本部利益	計算根拠	事業者利益	通常売上（+）	値引売上（+）	仕入（▲）	ロイヤリティ（▲）
粗利益額	値引なし	350.0円	175.0円	(17.5×10)	175.0円	1,000円(100円×10個)	0円(50円×0個)	650円(65円×10個)	175円
	1個値引き時	300.0円	150.0円	(17.5×9)+(▲7.5×1)	150.0円	900円(100円×9個)	50円(50円×1個)	650円(65円×10個)	150円
	2個値引き時	250.0円	125.0円	(17.5×8)+(▲7.5×2)	125.0円	800円(100円×8個)	100円(50円×2個)	650円(65円×10個)	125円
	3個値引き時	200.0円	100.0円	(17.5×7)+(▲7.5×3)	100.0円	700円(100円×7個)	150円(50円×3個)	650円(65円×10個)	100円
	4個値引き時	150.0円	75.0円	(17.5×6)+(▲7.5×4)	75.0円	600円(100円×6個)	200円(50円×4個)	650円(65円×10個)	75円
	5個値引き時	100.0円	50.0円	(17.5×5)+(▲7.5×5)	50.0円	500円(100円×5個)	250円(50円×5個)	650円(65円×10個)	50円

出所：筆者作成

グストアに場所を取られてしまうという理屈で出店するわけだが，事業者からすると心情的にも収益的にも非常に悪影響が大きい。2018年2月末時点において大手3チェーンの国内店舗数は50,557となっており，計算上2,500人に1店舗となっており，安定した収益を得るためには1店舗当たり1日800〜1,000人の来客が必要なビジネスとしては完全に飽和状態となっている。

　近年は店舗数の増加に伴い，収益が悪化している事業者が増加しており，中小企業診断士がコンビニ事業者の支援に入るケースも増加しているが，この問題点を理解していないと経営者と会話ができない。

3. コンビニ支援の特徴

　基本的にコンビニを支援する場合は，業務プロセス改善の余地は非常に小さい。これはコンビニが非常に効率化されているためである。

　コンビニのフランチャイズに加盟している会社であるので，基本的な業務は決まった形になっており，ほとんどの商品については発注，納品，検品，陳列，販売という流れで進む。

　発注に関しては，発注端末で決まった時間までに発注すれば，特別な商品でなければ，注文した数が決まった時間に納品される。レジ袋や清掃用具，ユニフォームといった店舗運営に必要となる商品も発注が可能である。発注ロットも小さく，2つや3つといった通常の小売店では発注が不可能な小ロットでも文句を言われることもなく，納品がされる。

　検品もハンディターミナルという機械でバーコードを読み込むだけで納品予定数量が表示され，その場で個数を確認すれば終了するため，用紙と突合することに比べれば非常に効率的になっている。

　POSレジも非常に高性能であり，多数の処理ができるにも関わらず，操作もわかりやすく，ほとんどの人が1日あれば最低限の業務は十分こなすことができる。

　また，本来であれば新商品を導入する際には登録が必要となる商品マスタが自動的に登録されており，バックで行う業務負担もほとんどない。

　普通の中小小売店では，管理部門の負担が大きく改善ができていないようなプロセス上の問題点も，本部が全てフォローしてくれる。

　また，売上増加についても，よほどひどい店舗であれば店舗運営による改善も可能であるが，基本的には本部のSVがいることに加え，立地産業であり，特別な取組みが困難な仕組みになっているため，売上は安定しやすく，通常は大幅な売上増加を狙えない。

　仕入値や売価といった価格設定についても，事業者が交渉等を行うことで変更することは困難であり，その他の小売業とは異なっている。

　上記の特徴があるため，中小企業診断士が支援に入る場合は個別の業務プロセスではなく，全体の業務プロセスの見直し，発注方針，人員教育などといった経営全体を捉え，業務効率性を向上するための支援に特化することが必要となる。

4. 問題分析の手法

　実際の支援を行う場合には必ず，どの業態でも数値の分析を行う。コンビニにおいてもこれは同様であり，業種としての特殊性はあるが，他の店舗と画一的なつくりをしているので，比較的分析としては行いやすい。ただ，立地特性による販売構成比の違いは考慮をする必要がある。

　また，データについても本部のシステムがあるため，販売・仕入に関するデータは非常に高いレベルで整っている。普通の小売店支援では困難となることが多い時間帯売上・客数分析や単品売上管理も完全に行われており，分析の精度も上げやすい。一方で，分析に活用できる資料が多いため，目的に合わせて必要な部分に絞り込んでいくことも重要になる。

　また，現地訪問も基本となる。該当企業は10店舗以上を運営していたが，全ての店舗を回り，店舗のオペレーションレベルを確認するとともに周辺環境を調査した。立地についてはWeb上で確認することも簡単にできるが，現地に行くまでの道のりや周辺環境などでわかることも多い。

　現地調査とデータ分析の順番はどちらでもよい。ただし，両方を実施するこ

[図表2-4-3] 店舗分析時に使用する周辺の人口動態表

単位：人	年齢								合計
	0~9	10~19	20~29	30~39	40~49	50~59	60~69	70~	
北区	9,429	6,665	18,023	24,777	22,644	15,447	12,374	17,401	126,760
南森町2丁目	105	34	134	266	212	83	58	81	973
天神橋2丁目	35	46	110	150	142	112	89	139	823
天神橋3丁目	167	131	369	424	487	322	274	354	2,528
東天満2丁目	147	81	122	266	239	173	93	76	1,197
紅梅町	70	28	170	193	145	54	61	69	790
与力町	169	148	112	187	305	248	199	251	1,619
末広町	23	20	112	155	125	64	42	46	587
松ヶ枝町	67	31	181	222	159	97	59	61	877
同心1丁目	220	123	313	476	415	222	144	189	2,102
9地域合計	1,003	642	1,623	2,339	2,229	1,375	1,019	1,266	11,496
大阪市	204,732	210,067	331,645	372,684	425,720	335,280	320,586	502,693	2,703,407

単位：人	年齢								合計
	0~9	10~19	20~29	30~39	40~49	50~59	60~69	70~	
北区	7.4%	5.3%	14.2%	19.5%	17.9%	12.2%	9.8%	13.7%	100.0%
南森町2丁目	10.8%	3.5%	13.8%	27.3%	21.8%	8.5%	6.0%	8.3%	100.0%
天神橋2丁目	4.3%	5.6%	13.4%	18.2%	17.3%	13.6%	10.8%	16.9%	100.0%
天神橋3丁目	6.6%	5.2%	14.6%	16.8%	19.3%	12.7%	10.8%	14.0%	100.0%
東天満2丁目	12.3%	6.8%	10.2%	22.2%	20.0%	14.5%	7.8%	6.3%	100.0%
紅梅町	8.9%	3.5%	21.5%	24.4%	18.4%	6.8%	7.7%	8.7%	100.0%
与力町	10.4%	9.1%	6.9%	11.6%	18.8%	15.3%	12.3%	15.5%	100.0%
末広町	3.9%	3.4%	19.1%	26.4%	21.3%	10.9%	7.2%	7.8%	100.0%
松ヶ枝町	7.6%	3.5%	20.6%	25.3%	18.1%	11.1%	6.7%	7.0%	100.0%
同心1丁目	10.5%	5.9%	14.9%	22.6%	19.7%	10.6%	6.9%	9.0%	100.0%
9地域合計	8.7%	5.6%	14.1%	20.3%	19.4%	12.0%	8.9%	11.0%	100.0%
大阪市	7.6%	7.8%	12.3%	13.8%	15.7%	12.4%	11.9%	18.6%	100.0%

出所：住民基本台帳データより筆者作成
※網掛け部分は自治体平均（この場合は大阪市）よりも高い割合の部分

117

とが重要である。現場に行き，状況を詳しく理解していないと具体的な生産性向上に向けた提案はできない。店舗数が非常に多い場合は売上の大きい店舗やタイプを代表する店舗だけでも訪問している。

　また，立地についてのデータ分析を行うことも効果的である。周辺住民数やどういう年代の人が多いのか，ということについては国勢調査や自治体のデータを基に分析を行うことができる。

Ⅳ　生産性向上のための支援内容

1. 小売業における生産性向上の基本方針

　小売業において生産性を向上させるためには，①販売数量を増やす（粗利額の増加），②手間を省く（労務費の削減），③ロスを減らす（原価削減）の3つが基本となる。

　販売数量を増やすのは分かりやすい。売上を上げれば付加価値額は増大する。しかし，取扱アイテム数を増やすと手間がかかるようになる。手間がかかっている代表例としては，新商品の陳列がある。

　コンビニでは毎週，50～100種類の新商品が入ってくるため，新商品を入れ込んだ陳列を作ることが必要になる。基本的には週初めに新商品が納入されるため，準備として昼間にガラガラになっている棚を見ることもあるのではないだろうか。

　新商品はコンビニの魅力の源泉の一つであり，一定の売上が期待できるため，積極的な取組みがなされるが，新商品が入ってくる陳列を作ることは非常に時間がかかるため，陳列の変更に時間をかけることが，実は付加価値と経費のバランスにおいてプラスにならない場合も多い。そのため，一つの商品を出来るだけ多く，そして長く販売することが最も効率的に付加価値を高めることになる。しかし，毎週新しい商品が発売され，利用者もほとんどがヘビーユーザーであるため，新しい商品を望んでおり，定番商品を継続して陳列することは困難で，結局，時間と手間がかかる新商品の陳列が優先されてしまってい

る。

　また，前述の通り，コンビニで廃棄商品が多数出るというのはコンビニ事業者にとっても非常に問題となる。基本的に廃棄の負担はコンビニ事業者が負担するものであり，利益に大きなインパクトを与えるためである。廃棄問題は色々なニュースでも取り上げられており，一部商品においては社会的な問題となることもある。

　見込発注で販売期限があるため，ある程度の発注を行うと廃棄は必ず発生するが，仮説を立て，需要予測をすることで，廃棄数を抑えつつ販売数をどこまで増やせるかが事業者の経営力となる。

　ただし，予測は外れやすく，無理をすると余計に負担が大きくなる。そのため，販売数よりも廃棄数の削減を優先させ，都度都度の対応ではなく仕組みとして廃棄削減を図ることが，改善方針の基本となる。

2. 具体的な支援

（1）事例企業の支援方針

　店舗のオペレーションレベルにおいては，店員の接客態度や店の清潔度について一部店舗で気になる部分は見られるものの，全体としては問題のないレベルであり，教育もできていた。

　基本的な数字においても全体で赤字ではあるが，全体の構成比では一般的なコンビニの数字と大きくは変わらない状態だった。複数店舗の場合は事業主の店頭業務が少なくなるため，個人の事業主が管理も業務も行い，人件費として計上されない単独店舗運営時よりも損益計算書の人件費が高くなるという部分はあるが，多店舗展開によるロイヤリティの割引があり，割引分を考慮すると全体では変わらない数字になっていた。

　しかし，店舗別でみると非常に黒字となっている店舗もあるものの，ロイヤリティの割引を除くと大赤字となっている店舗もあり，かなり厳しい状況であり，大幅な改善が必要だった。しかし，人員不足にも悩んでいる状況であるため，手間をかけずに確実に効果が期待できる改善方法を提案した。

（2）戦略商品の集中展開

　コンビニには3,000〜3,500種類のアイテムがあり，毎週のように変わる。一方で，コカコーラのように定番と呼ばれる商品については変わらず陳列されており，手間もかかりにくい。更には廃棄となる可能性も非常に低い。

　定番商品の販売拡大を目指すことで，コストを上げずに付加価値を拡大するように進めることが一つの有効な収益拡大の手段となる。しかし，定番商品だけでは売上の拡大は見込みにくく，本部の戦略をうまく活用していくことが重要となる。

　支援当時は夏前であったが，展開している商品を一通り分析し，具体的には「フラッペ」という商品を積極的に展開するように提言を行った。実際に現在も販売されている商品であり，食べたことがある方も多いとは思う。

　新しい商品としての本部による積極的な打出しがされており，長期販売可能であるため，廃棄の恐れが極めて低く，他チェーンで取り扱いがないということで，店舗の利益を拡大するために優れた商品であると判断し，現状以上に販売拡大を提案した。

　また，全店舗を回った中で気になった点としてPOP展開がほとんど実施されていない状態であり，陳列幅も十分に取られていない状態だった。原因を聞いていくと販促用POPを作ることが有効であることは全員が理解しているが，時間がないためにできないという回答である。

　まず，時間を費やす時間が余りかからないように展開する商品を「フラッペ」だけに絞り込むことを伝え，展開方法も陳列幅を出来るだけ大きくし，赤枠などで囲うだけの簡易なもので十分とし，時間があれば手書きのPOPを作るように話をして，取り組みやすさを最重視して提言を行った。取り組みやすい提言であり，各店舗の状況を統括が店舗を回る際にチェックしてもらうようにしたことで，販売は増加し，収益も向上するという結果が表れた。

　本部の商品戦略により，注力できる商品が異なってくる。また，大手3チェーンには得意分野，全体の商品力に明確に差があることも事実である。実際に他チェーンの商品がうらやましいなどという話が会議で出ることは日常風

景である。しかし，与えられたカードで最大限の利益を上げる必要がある。

　どの商品に注力するのか，多店舗展開をしているため，各店舗のパートさんの意見を集めていくことや他の店舗の展開状況の写真をLINEなどで共有することも実施した。これらの施策は，「付加価値の向上」（分子）の改善と言える。

（3）廃棄ロスの削減と業務時間の短縮

　廃棄ロスに関しては前述の通り，数値改善においては非常に重要な要素となる。支援企業の場合，年間7,200万円の廃棄が発生しており，企業全体の赤字額よりも遥かに多い金額となっていた。

　廃棄ロス削減に取り組む上で現状分析として店舗別に調べた廃棄率は図表2-4-4のようになっていた。ロス率を分析すると，廃棄がなく単価も高いタバコの取り扱い有無が一番の要因となるが，デイリー商品においても売上が大きい方がロスは発生しにくくなる。廃棄が1個発生するとしても，これは10個仕入れる店舗（10%）と5個仕入れる店舗（20%）でロス率が変わるということによる。上記の理由もあり，売上の高い店の方が基本的には廃棄率が下がるのだが，一部例外も見られた。

　ただ，廃棄ロスに手を入れる場合には本部との関係性に十分に気を付ける必要がある。何度も触れている通り，本部にとって廃棄は問題ではない。これは廃棄を減らすことが担当者の評価に繋がらないことからも明確である。本部担当者の興味は売上向上と本部注力商品の販売数量である。

　しかし，支援企業において廃棄を減らすことは喫緊の課題であり，金融機関からも廃棄を絞るようにということは強く言われていた。社長も統括者・店長に対して廃棄を減らすように何度も伝えてきているが，結果は出ていない状態だった。

　支援に入った中で，廃棄を減らす提言としては商品廃棄を減らすカテゴリをファーストフード商材（以下：FF）に絞り込むことを提案した。従前からの社長の指示と違う点としては，漠然とした削減目標を無くし具体的なターゲットを示したことである。

【図表2-4-4】支援企業の月次売上／廃棄率分析

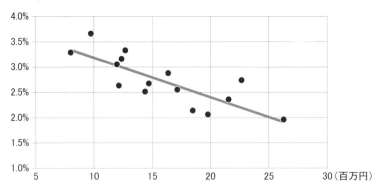

出所：筆者作成

　コンビニにおけるFFとはおでん，フライドチキン，中華まんなどのレジ横で展開される商品である。声掛けなどで販売を伸ばすことが可能な商品であり，実際に声掛けされて購入した経験もあるのではないだろうか。

　一般的にプラスワンを狙える商材であり，売上向上において有効なものとなっているため，本部は力を入れてCMなども活用してPRを行っている。販売を伸ばすために加盟店舗間で販売数を競わせるキャンペーンも度々行われている。実際に軽食として人気があるため，売上も増加傾向となっている。

　しかし，事業者側から見ると，見かけの利益率は高いものの，仕込みや什器の清掃準備に非常に時間がかかる。あわせてケチャップなどの調味料や容器や袋といった必要資材は店舗持ちであるため，経費も掛かる。そして販売時間が短いため，廃棄の割合も非常に高い商材であり，実際に利益を生む商品とはなっていない。

　次に記載する図表2-4-5で確認できる通り，全体としては利益が出ているのだが，事業者にとっては人件費や資材費用を考慮すると廃棄が少しでもあると赤字になるので利益を確保することはほぼ不可能であり，人員不足の昨今においては人員を儲けの出る飲料補充業務に優先的に当てた方が収益は間違いなく確保できる。完売時でも事業者利益は本部利益に比べてかなり少ないことが分

【図表2-4-5】FFと廃棄の関係

項目	設定	項目詳細
販売価格	80円	定価80円とする
仕入価格	40円	仕入価格を40円とする
粗利益率	50%	定価と仕入れの関係から粗利益率は50%となる
粗利益額	40円	粗利益額は40円となる
資材費	5円	1個販売時の資材費として5円を見込む　※容器・出汁代・調味料など
ロイヤリティ率	50%	本部のロイヤリティは50%と設定する
ロイヤリティ額	20円	40円（粗利益額）×50%（ロイヤリティ率）　※本部利益と同一
人件費	1,000円	仕込みに1時間かかり、時間単価は1,000円とする

	条件	合計利益	本部利益	ロイヤリティ	事業者利益	売上（+）	仕入（▲）	資材費（▲）	人件費（▲）	ロイヤリティ（▲）
利益額	完売時	4,000円	2,000円	20円×100個	500円	8,000円（80円×100個）	4,000円（40×100）	500円（5×100）	1,000円	2,000円
	5個ロス時	2,125円	1,900円	20円×95個	225円	7,600円（80円×95個）	4,000円（40×100）	475円（5×95）	1,000円	1,900円
	10個ロス時	1,750円	1,800円	20円×90個	▲50円	7,200円（80円×90個）	4,000円（40×100）	450円（5×90）	1,000円	1,800円
	20個ロス時	1,000円	1,600円	20円×80個	▲600円	6,400円（80円×80個）	4,000円（40×100）	400円（5×80）	1,000円	1,600円
	30個ロス時	250円	1,400円	20円×70個	▲1,150円	5,600円（80円×70個）	4,000円（40×100）	350円（5×70）	1,000円	1,400円
	40個ロス時	▲500円	1,200円	20円×60個	▲1,700円	4,800円（80円×60個）	4,000円（40×100）	300円（5×60）	1,000円	1,200円

出所：筆者作成

【図表2-4-6】FF廃棄確認表

項目	販売金額	廃棄金額	廃棄率	廃棄構成比	前月廃棄金額	前月差異
廃棄全体						
おでん						
フランク						
中華まん						
おにぎり						
弁当						
サンド						

出所：筆者作成

かる。

　しかし，単純にFFの削減をしましょうと言っても，実際にはなかなか動かない。そのため，全体の商品廃棄の中からFFの廃棄額を抽出して認識することと廃棄率の構成比を出すことで，どの商品分類で廃棄を出しているのかを見えるようにすることで，問題点を明確に気付いてもらえるようにした。その後で，FFのみの廃棄削減の目標を決定した。

　特におでんについては販売時間が短いため，廃棄率が高くなりやすいことに加え，油抜きなども必要で仕込みの時間が長い。販売を拡大するために必要となる美味しそうに見せるための仕込み量も多くないといけないという特徴もあり，最も利益率が出にくい商品であるため，SVとも相談して，早期に販売を取りやめるように働きかけるなど，一番削減を目指す対象とした。そして，FFの製造に掛かっていた時間をコンビニにおける収益の源泉となる飲料の補充やおにぎりや弁当と言った陳列の手入れに振り向けるように提言した。前述の通り，FFはコンビニチェーンにとって重要商材であるため，販売数量は本部社員のノルマとなっている場合が多い。取扱中止などで販売数量を減らすことは本部社員との関係性を悪化させるものであり，店長などから反対があったものの，経営状況からも早期に着手する必要があることを伝えていった。

　廃棄を減らす対象を総額ではなく，FFの廃棄額に絞り込んだことで，目標と対策を明確にしたことで担当者の動きも良くなった。SVとも調整して，お

でんの仕込みを止めるなど積極的に取り組んだ店舗ではFFの廃棄額を6割ほど減らし，全体の廃棄も大幅に減らすことができ，売上も減ることがなかったため，大きく利益が改善した。しかし，SVとの調整が上手くいかず，FFの取組みを減らせなかった店舗は廃棄も変わらず，収益も改善できなかった。

これらの施策は，「効率の向上」（分母）の改善と言える。

（3）不採算店舗の閉鎖

前述の通り，不採算店舗を閉店することは契約上，実際には難しい。しかし，不採算店舗は経営を非常に困難にすると共に，小売業における不採算店は，基本的に生産性向上が困難な環境にある場合が多い。資源が限られている昨今，生産性が上がらない店舗に資源を注力することはできるだけ避けたい。

閉店する際に考慮対象となる多店舗展開のインセンティブは非常に重要であるが，実際は赤字分をカバーするだけのものにならない場合が多い。支援事例では全店舗の半数が不採算状態となっており，資金繰りの問題もあるが，早急に不採算店を閉めることが重要な状態であった。

元々，いくつかの店舗については閉店したい旨を社長は本部に伝えていたため，どの店舗を優先して閉店するかについて助言をすることで後押しをするという形を採った。基本的に店舗の閉店については店舗別の収益，立地，契約期間，他の店舗と合わせた人繰りということを考慮に入れて提言を行った。

本部との交渉の結果，不採算店を4店舗閉店することができ，赤字額の削減と人繰りの改善が実現できた。

小売業支援において，店舗の閉店提言は避けて通れない事象となる。基本的には社長には各店舗に思い入れがあり，どの店舗も閉店したくない場合が多い。不採算店舗を抱えている場合は契約の問題ではなく，思い入れの方が邪魔をしている場合も見られる。

「よそ者」であるからこそ言えるものであることを意識して，厳しいことは分かっているが，収益改善のために実施する必要があると伝えることに，中小企業診断士が支援する価値がある。

125

V　支援後の効果と今後の期待

　FFを減らす提案を行い，取り組むという話になったが，実際に廃棄が大幅に減少した店舗と全く変わらない店舗が見られた。内容を確認すると，廃棄が減った店舗は店舗全員に話をして，目標を示して取り組んだ店舗であり，廃棄が減らなかった店舗は取組みを行わなかったということであった。

　実際に廃棄を減らす取組みをした店舗の廃棄額は確実に減少し，売上の減少も見られなかった。結果として，利益額は増加していた。

　取組みを行うことで確実に成果が出ることは，同じ会社にあるため，一目瞭然なのだが，結局，取り組まない店舗は何カ月も取組みをしない。この理由はやはりSVとの関係性にある。社長とSVの二人の上司がいる状態となるため，命令系統がおかしくなりやすい。特に社長の求心力が高くない場合は顕著となる。

　SVは本部の人間であり，売上の増加のみが至上命題となり，利益の向上や経費の削減は二の次になる場合が多い。売上拡大が重要と考えている店長に対してSVは会社の方針よりも店長の考え方が正しいと積極的に応援し，FF商材に積極的に取り組んでしまい，全体としての生産性向上を目指す上での障害となってしまう場合も度々発生する。

　廃棄ロスの削減や業務の減少といった効率化による生産性向上を目指す上では，このような状況を放置するわけにはいかないため，社長が方針として明確に示し，SVとも話をして，妥協点を見つけていくことが重要となる。

　また，注力商品への取組みについても，ある程度の結果が見られた。手間のかからない商品の販売量が拡大し，効率的な販売も少しではあるが実現できた。課題としては継続して商品を目利きして活動を続けるという点にある。今回はコンビニ経営における生産性向上の取組みについては，具体的な動きに繋げることができたが，企業のみで毎週新しく出る商品の中から適切に注力商品を決定し，手間を出来るだけかけず，販売を拡大していけるかが重要なポイントとなる。継続ができないということが一番の問題であり，手帳に先に1年間分の予定として記載することを一つの解決法として提案する場合もある。

126

変化対応

　"変化対応。"日本のコンビニの形を作り上げた鈴木敏文氏が常に言い続けたことばである。小売業の現場は現在も変化が続いている。

　既に日本は高齢化，人口減少時代に入っており，利用者もパートも外国人が増えている。原料価格の上昇によって商品単価も上がってきている。コンビニの競合としてドラッグストアやホームセンターが台頭しており，Amazonやuber EATSを始めとするIT企業による通販事業にも大きく影響されている。また，人件費の上昇や地価の上昇も事業者にとって深刻な問題である。店舗が負担する部分が上昇している状態で，収益性が悪化しており，事業者への金銭・身体・精神面での負担が増加している。

　環境変化に対応するため，コンビニのシステムは常に変わり続けており，生産性で見た時，特に発注関連，POS関連において地域小売店が勝つことは不可能なレベルとなっている。また，このコンビニ本体のシステムの変化に対して，事業者側も上手く対応しなければ安定した収益を獲得することは困難となる。

　しかし，コンビニ本部も実は現在，苦戦をしている。これまでは飲食や銀行などといったサービスの幅を広げることで，集客力を高めて売上の増加を図ってきたが，近年は大きな構造変換やヒット商品を生み出せておらず，一店舗当たりの売上は5年程変わっていない。

　負担を減らすための無人レジなどの取組みは行われているが，決済環境が整えやすい都心のビルなどを除けば，無人では売上の減少は避けられず，構造的な問題も発生することが予想される。

　小売業は元々参入障壁が低く，生産性向上のために規模の経済が働きやすいという特徴があり，結局は大規模化が進んでいる。今後もこの傾向は変わらないため，IT技術を中心とした新しい変化に対応し続けて，収益力を改善する企業のみが生き残ることになると考えられる。

流通業（物流）

I　はじめに

　本章で紹介するＭ運輸株式会社（以下Ｍ社と称する）は，近畿圏内において，中村和夫氏（仮名）が昭和40年に創業した倉庫業・貨物自動車運送事業会社である。

　近年，取り沙汰されている人手不足は，低賃金，長時間労働が常態化されている運送業界にあっては特にその影響が顕著である。特に，働き方改革の実現・実行が叫ばれる中，多くの運送事業者においては必然的に労働時間短縮に向けて業務の改善・改革による生産性向上に取り組まざるを得ない状況にある。しかし，現実には同業界を取り巻く経営体質は，一部の例外的な先進的事業者を除き旧態依然とした土壌にさらされており，Ｍ社も例外ではなかった。同社の経営陣及び幹部社員も総じて年齢が高く，当初は，生産性向上への取組み意欲は必ずしも高いとは言えない状況であった。

　しかし，労働法関連の法的規制の強化，荷主企業からのコンプライアンス遵守の要請，採用活動への影響等を考えると，従来からの業務スタイルでは事業の継続が覚束ないとの認識が高まり，具体的な対策として，従来1人運行で行っていた長距離運行（関西〜関東）を中継地点（静岡）で人と車を交換させる輸送方式に替えることにより，収益を下げることなく労働時間の短縮に結び付けた事例である。

　以下は，Ｍ社が生産性向上に向けた具体的な取組み事例を紹介するもので

ある。

Ⅱ　企業概要

　M社の概要は以下のとおりである。

①名　　　称：M運輸株式会社

②所 在 地：【本　　　　社】大阪府

　　　　　　【奈良営業所】奈良県

　　　　　　【静岡営業所】静岡県

③業　　　種：運送業，倉庫業

④従業員数：75名

⑤売 上 高：（年）125,000万円

　同社が扱う商品は，自動車部品・住宅資材・プラスチック・システムキッチン・電子部品・OA機器・業務用機器・大型金庫・パチンコ台・飲料水・酒類・空き缶など，多岐にわたっているが，現在では主として自動車部品がメインとなっている。主要取引先については，大手自動車部品メーカーJ社及びその関連会社が売上の約8割を占めている状況にある。

　業務の内容は，主として大型トラック（10t車）による関西～中部～関東圏の中・長距離輸送であり，一部周辺の地場配送及びそれらの輸配送に伴う倉庫業務を行っている。

　社長は，年齢は70歳を超えているものの日々の健康管理に気を遣い心身ともに若々しい。会社業容の拡大への思いは異常なまでに強く，年度替わりには傍から見ればやや強引とも思える経営計画を居並ぶ幹部社員に発表することを常としている。典型的なワンマンタイプである。

　組織の概要は図表2-5-1のとおりである。

　会議体系としては，社長方針に基づき毎月1回土曜日に経営幹部（6名及び外部コンサルタント1名）を対象にした経営協議会を開催，前月の業務実績報

【図表2-5-1】組織概要

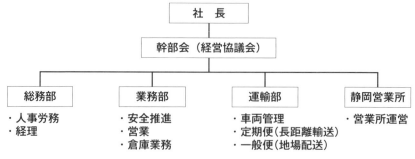

出所：M社資料より

告及び今後の検討課題，現場における諸問題を協議することを習わしとしている。同社の最大の収益源は，大型車による関西地区～関東地区の定期便（長距離輸送）であり，その大半はJ社及び関連会社からの受注によるものである。

Ⅲ　支援前の現状と経営課題

　M社は数年前から，過重債務による資金繰りの悪化から，複数の取引先金融機関の返済を猶予している状況にあった。旧知の外部コンサルタントの勧めにより，顧問税理士の協力のもと，それまでに数行あった取引先金融機関を主力銀行に一本化するために，同社の置かれた事業環境分析及び過去5年間の実績数値並びに今後の経営方針を計画書としてまとめた。

　図表2-5-2は，その一部である。

　平成29年3月期は売上高が前年比で107％増加しているが，労務費が大幅に増加したため経常利益は前年対比で約4,200万円減少している。尚，最終損益は5,200万円の当期純損失となっている。企業の収益性を示す総資本経常利益率については，平成29年3月期は1.8％と以前の決算期の数値と比べて大きく落ちており，収益力は急激に弱体化している。

【図表2-5-2】事業環境分析

内部環境	
S（強み）	W（弱み）
・主要荷主企業J社及びその関連企業との密接な関係づくりが構築ができている ・総合物流サービス機能（直集・直配のパーソナル便，24時間対応の倉庫等）を保有している ・多様な車両（10t～2t等）を保有し，ホーム高に合わせた迅速な入出庫が可能	・財務体質が脆弱（借入過多） ・主要取引先への依存体質（営業力，価格交渉力が弱い） ・従業員の高齢化 ・事業経営について従業員の不満が募っている ・経営方針が不明瞭 ・社長の独断性が強く，ワンマン体質
外部環境	
O（機会）	T（脅威）
・大型車両の需要が増加し，運賃が上昇機運にある ・貨物取引量の安定（円高修正により自動車の輸出競争力が強化） ・荷主企業の物流集約化へのニーズの高まり	・原油価格の先行きが不透明 ・荷主からの物流コスト削減要請 ・乗務員の人材不足，高齢化 ・労働環境の不備 ・行政による法的規制，社会的規制の強化

出所：筆者作成

　総資本経常利益率の落ち込みの主な原因は売上高経常利益率の低下によるものである。その推移は平成27年3月期は6.4％，平成28年3月期は5.3％，平成29年3月期は1.6％である。因みに同業他社平均は3.6％でありそれと比較すると低水準にあると言える。収益力が低下している要因は，コストの大幅な増加であり，その主たるものとしては，①給与・賃金（対前年比で3,170万円増），②法定福利費（対前年比で1,450万円増），③賃借料（対前年費で1,450万円増）が挙げられる。これら①～③については，今後とも継続するものと考えられる。

　同社の課題は，過去における本社・営業所社屋，用地取得のための過大な設備投資により生じた財務の脆弱性とトラック長距離輸送をメインにした業務体質に起因する長時間労働によるコンプライアンス上の問題や輸送品質の低下及びそれらに伴う乗務員の健康障害等である。

　大型トラック運転者の労働時間数は，図表2-5-4のとおり突出している。

【図表2-5-3】過去5年間の業績の推移

項　目	H25.3	H26.3	H27.3	H28.3	H29.3	業界平均
売上高（百万円）	1,130	1,211	1,160	1,167	1,249	―
経常利益（千円）	2,341	47,157	74,256	61,874	20,136	―
総資本経常利益率	2.8%	5.8%	8.2%	6.7%	1.8%	4.4%
売上高経常利益率	0.2%	3.9%	6.4%	5.3%	1.6%	3.6%
自己資本比率	2.6%	3.4%	5.2%	8.1%	2.0%	33.1%

※業界平均：TKCデーターベース
出所：M社資料より

【図表2-5-4】大型トラック運転手の労働時間

労働時間数	大型トラック運転者	全産業平均
年間平均労働時間数	2,604 時間	2,124 時間
年間平均所定外労働時間数	468 時間	156 時間

出所：国土交通省：H29.6自動車運送事業の働き方をめぐる状況について

　同社において日常的に大型トラックによる長距離運行の業務を行っているA乗務員の標準的な運行ケジュールは図表2-5-5のようになっている。

【図表2-5-5】A乗務員の某日の運行スケジュール

14：00	（奈良営業所）点呼・出庫
15：00	奈良輸送センターへ移動後積込み作業を行う
17：00	出発
0：30	東京都H市到着　荷主倉庫周辺にて待機（仮眠）
5：00	倉庫にて積下ろし作業開始
6：00	作業終了後神奈川県A市物流センターへ移動（途中で休息）
16：00	神奈川県A市物流センター到着後積込み作業
17：00	出発
2：00	枚方輸送センター到着・積下ろし作業
3：30	奈良営業所　入庫・点呼

（総拘束時間：37.5時間，総走行距離：約1,200km）
出所：M社資料より筆者一部修正

　A乗務員は，このような運行スケジュールを1ヶ月に10回こなす。

　帰着日に当日配送業務の要請があれば奈良営業所で仮眠（休憩）後，周辺地域（往復100km～400km）の地場配送にも従事する。

　繁忙期は1か月の総拘束時間は350時間，残業時間は100時間に及ぶ場合もある。賃金の約50～60％を歩合給が占めるため，その分だけ収入が増え乗務員自身も喜んで働く。

　A乗務員自身も家に帰るのは週末だけである。長距離運行の合間にスポットの仕事があれば進んで引き受ける。平日は社内の休憩室で仮眠したり，トラックの車内で時間を過ごすことにより勤務時間を確保する。

　トラック運送業務におけるこのような実態に対し，行政側においても労働基準法による規制とは別に「改善基準告示」（図表2-5-6）においてトラック運転手の長時間労働について一定の歯止めを設けているが，多くの運送事業者において遵守されていないのが現実である。

【図表2-5-6】「改善基準告示」の概要（厚生労働省）

拘束時間 （始業から終業までの時間）	・1日原則13時間以内（最大16時間以内15時間超は1週間2回以内） ・1ヶ月293時間以内 ※荷待ち時間，荷役作業時間も含まれる
休息時間 （勤務と次の勤務の間の自由な時間）	・継続8時間以上
運転時間	・2日平均で1日あたり9時間以内 ・2週間平均で，1週間あたり44時間以内
連続運転時間	・4時間を超えないこと （30分以上の休憩等の確保（1回10分以上分割可））

出所：改善基準告示（トラック運転者関係）の概要　厚生労働省より一部抜粋

　長時間の勤務状況において避けることのできないのが，頻繁に発生する品質事故，交通事故等の事故問題である。トラック運転手の長時間労働と事故との関連は極めて深い相関性があり，長時間労働の是正は，事故防止の有効的な対策でもある。事故が頻繁に発生する同社においても，事故対策は大きな経営課題となっている。事故に伴う，経済的，時間的，精神的な損害は計り知れないも

のがあり，業務の生産性を大きく阻害すると同時に荷主企業に対する評価にも悪影響を与える。

　M社に対して長時間労働改善の取組みを進めるための引き金となったのが荷主企業であるJ社の勧告であった。かねてから，同社は主要荷主であるJ社に対し再三にわたる運賃値上げの要請を行っていた。人件費，燃料費の高騰による輸送コストの上昇により採算が厳しくなってきた事由による。一方，車両価格についてもデジタルタコグラフやドライブレコーダ等の装備により全体的に上昇し，5年～6年ごとに車両の買い替えを基本にしているM社にとっては大きな負担となっていた。

　某月某日，J社物流統括部長から中村社長を名指しで，「できるだけ早く当社に来られたし」との要請を受けた。理由は，最近頻繁に起きている品質事故，交通事故にある。普段からJ社の現場担当者にはしばしば事故の多さを指摘されていたが，たまたま直近の大きな荷物破損事故に対し，現場の管理者を飛び越え本社の統括部長の逆鱗に触れたことによる。

　J社によると，主要委託先8社の中で，M社の引き起こす品質事故，交通事故の割合は飛び抜けて多く，J社社内でも問題になっているとのことであった。然るに，J社から同社に支払う運賃については，J社の主要な協力会社の中では最も割高な状況であった。理由としては，同社の長年にわたる労使紛争に起因する経営状況の窮状をみかねてのことである。

　面談の席上「とりあえず今後○○便については他社に乗り換えることとし，現在の状況が今後とも継続するようであると，取引そのものを見直していく」との厳しい勧告を受けた。減便の影響は月間約600万円に及ぶ。

　M社にとっては大きな打撃である。

　さらに，「貴社は古い体質の社長の独断による経営が続いており，社内の体制が旧態依然としている。聞くところによると乗務員の長時間労働も放置したままでありコンプライアンス上，大きな問題がある。当社としてもコンプライアンスを無視する企業との関係構築はできない。また貴社は値上げ要請をしばしば言ってくるが，生産性を上げるための企業努力の跡がみられない。乗務員

134

教育も不十分である。事故多発の原因も一過性のものではなく貴社の構造的な理由によるものと思える。これらの事情を，しっかりと分析し然るべく具体的な対策を至急に講じるように」との厳しい叱責（助言?）があった。

「このままJ社から見放されれば会社が潰れる」と中村社長の不安は募る一方であった。早急に具体的な改善策を講じる必要があるが，問題が複雑多岐に渡り，当初は何から手をつけていいか思案に暮れる状況であった。

折から，「働き方改革と生産性向上」の推進がTV・新聞紙上等で報じられ，働き方改革関連法案の施行を踏まえ労働時間短縮に向けて体質改善についての抜本的な取組みの必要性もあった。さらに直近においても所轄労働基準監督署からトラック運転手の長時間労働について是正勧告書が下され，それに対する改善報告書の提出も迫られていた経緯もある。大型トラックでの長距離運行を主要業務とする同社では，今回のJ社の指摘を待つまでもなく乗務員の長時間労働は常態化しており，過重労働に起因する生産性の低下並びに疲労からくる事故及び乗務員の健康障害は大きな問題であった。新たな乗務員の採用面にも悪影響を及ぼしている。

一般的にトラック乗務員の長時間労働の原因としては納品時における荷主側の時間指定，集荷先や納品先での待ち時間の発生，道路事情の混雑による運行時間の変動等が挙げられる。

他にも積み込み，荷下ろし時の付帯作業の有無，帰り荷の確保のための迂回による走行距離の延長等の問題もある。

また運送業界では多くの企業において乗務員の給与体系のかなりの部分が歩合給で構成されている。いわば一部の乗務員にとっては「走ってなんぼ」の世界である。中には寝る間も惜しんで働くことを志向する乗務員も少なくない。行政サイドも現実を踏まえ，トラック乗務員については，今般の改正労働基準法（2019年4月施行）の労働時間の上限規制については上限設定の枠組みから除外し一定の猶予措置を設けている。業界の置かれた環境に配慮せざるを得ないということである。

しかし運送業界に蔓延する長時間労働の放置は，事故やトラブルの発生，コ

スト削減取組みへの遅れ等，各事業者における生産性向上の大きな阻害要因となっている。M社にとっても，J社のみならず他の荷主企業との良好な信頼関係を構築し，事業の継続化を図るためには生産性向上への取組みは不可欠である。年々深刻化するトラック乗務員の高齢化による健康障害にも歯止めが必要である。長時間労働が常態化しているM社は若年労働者の入職率が低く，40歳以下の乗務員の割合は全体の数％に過ぎない。生産性向上による労働時間の短縮は待ったなしの状況にあった。

　M社における生産性向上への具体的な取組み課題として挙げたのは長距離運行の中継輸送システムの導入である。

　前述のごとく運送業におけるトラック運転手の長時間労働は，業務の性質上，構造的な要素を包含し，改善には多くの制約要因が生じる。とりわけ大きな問題は乗務員の人手不足と採算性にある。

　通常は，出発地から目的地まで1人乗務で運行し，目的地で荷を下し，帰り荷を積んで戻る。業界を規制する改善基準告示を遵守するためには目的地で荷を下した後，当地で最低8時間以上の休息時間を確保する必要がある。その間，人も車も休止した状態にある。乗務員の人手は恒常的に不足し，荷主から支払われる運賃も限られている中，人と車が休止する状況はできるだけ避けたいのが事業者の本音である。また歩合給制度においては，乗務員は1回の運行ごとに決められ手当が支払われる仕組みになっている。できるだけ早く帰り，次の運行に備えることを望む。事業者もできるだけ早く戻ってもらい人と車の稼働率を上げたいと思う。

　コストの上昇を抑え，人と車の稼働率を維持するために検討されたのが中継輸送である。中継輸送そのものについては，既に一部の大手運送事業者を中心に数年前から導入済みであり特に目新しい方式ではない。しかし実際の導入にあたっては，コスト面，体制面，制度面等それぞれ実施するための制約要因があり，中小事業者レベルでは普及しきれていないのが実情である。M社では荷主企業と交渉の上，中継輸送を提案しコンプライアン遵守を前提に運賃の見直しを受諾してもらったのも追い風となった。

　中継輸送システムの導入にあたり，具体的な取組みを次の手順に従い検討した。

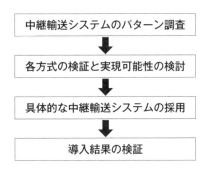

　長距離運行における中継輸送のパターンは様々である。

　出発地をA地，中継地をB地，目的地をC地とするとA地からC地（またはC地からA地）までの輸送依頼の荷主が同一であるか異なる荷主であるか，A地の事業者とC地の事業者が同一であるか異なる事業者であるか，車両はA地からC地（またはC地からA地）まで同じ車両で運ぶのかB地で交換するかである。それぞれのパターンによって導入の難易度も異なってくる。難易度が低いのは，A地，B地とも同一荷主，同一事業者で中継するパターンである。B地で人と車を交換すれば済む話である。

　逆に難易度が高いのが，異なる荷主，異なる事業者間，同一車両（単車）による中継パターンである。事業者間相互の収受運賃の取り決めについても問題が生じやすい。

　M社の場合，往き荷と帰り荷は荷主が一部異なる場合もあるが多くは同一荷主である。中継地での車両交換については最も容易なトレーラ車は所有しておらず，目的地であるC地点での営業免許も所持していない。目的地のC地に自社の拠点はなく，人も車も自社で調達しなければならない。

　先発企業としてM社の関西における主要荷下ろし先周辺事業者にK物流がある。同社もM社と同じく，関西〜関東間の輸送をメインにしている運送事業者であり以前から中継輸送については熱心に取り組んでいる。金曜日の夜に

乗務員を出発させ中間拠点で乗務員を交代させ土曜日の朝に出発地に戻ってくるシステムになっている。このケースでは乗務員が異なる車両に乗り替わるため，当初は直前に乗務していた車内に私物を置き去りにするケースも多く，不満が出ていたとのことである。しかし，実践を重ねるにつれ乗務員の理解も進み，車両もトレーラ車に替え現在では長距離便の半数以上が中継輸送を実施しているとのことであった。K物流は，M社に比べ規模も大きく着地地点の関東地域に支店があり関西地域にも複数の営業所がある。

同社の場合は，トレーラ車の購入，関東地域での新たな拠点開設については，資金的に不可能であった。

関東～関西間の長距離輸送を行っているいくつかの事業者は，関東～関西間の中継輸送の拠点に新東名高速道路浜松サービスエリア（SA）隣接地に設置された「コネクトエリア浜松」を活用している例も判明した。同施設は，地理的に関西吹田IC～東京ICまで（約470km）のほぼ中間点に当たり，関西～関東地区輸送の中継拠点としては格好の地であるが施設の制約上荷物の積み替えが不可能である（コネクトエリア浜松ホームページ参照）。同施設の利用を検討したが，トレーラ車を所有しないM社にとって，現時点での利用は難しいとの判断であった。トレーラ車の購入も検討したが費用面だけでなく車両に見合う荷量の安定確保という点でも不安があった。

Ⅳ　生産性向上のための支援内容

前述の問題点を踏まえ，M社が具体的に検討した中継輸送のパターンは次の2つであった。

X乗務員がA地を出発し，中継地のB地でC地から来たY乗務員がそのままC地へ運ぶ。X乗務員はB地から日帰りでA地へ戻るパターンである。

この場合，X乗務員，Y乗務員は当日発着が可能であり，労働時間に関する法的な問題は解消可能である。車両については1人運行の場合は，C地で原則8時間以上の休息が必要となり，その間車両は休止状態となり稼働率が低下す

【図表2-5-7】中継地で，乗務員のみ交替させ車両は単車によるパターン

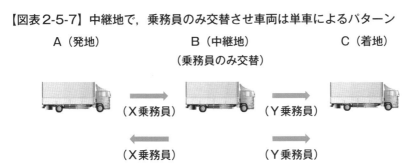

A（発地）　　　　　　　　B（中継地）　　　　　　　C（着地）
（乗務員のみ交替）

（X乗務員）　　　　　　（Y乗務員）

（X乗務員）　　　　　　（Y乗務員）

出所：筆者作成

るが，この場合においては，中継地点で休止する時間は短く，稼働率の向上に
も繋がる。問題は到着地であるC地からB地までの乗務員の確保とA地への帰
り荷の確保である。常に帰り荷が確保されている状況でなければ，人・車とも
に無駄が生じることになる。またC地（関東周辺）で新たな荷主確保のための
拠点が必要となるが，設置のための経済的な負担が大きい。

　C地で信頼できる提携事業者を見つけることも模索したが，これといった事
業者の選定はできなかった。

　検討の結果，同社が導入したのは，図表2-5-8の方式であった。効率的な中
継輸送の実施には中継地または着地での拠点設置が有効である。前述のとおり
最近では高速道路沿いのサービスエリア施設を利用しての輸送方式も広がりつ
つあるが，発地（着地）から中継地までの相互の時間差や乗務員の健康管理面
を考えると，休憩所を兼ねた施設が必要であるとの思いであった。また乗務員
の確保面においても中継地が設置されている方が有利に働き易い。

　たまたま中継地において，取引先荷主企業の紹介で手頃な倉庫（約2,000㎡）
が見つかり，新たに営業所を設置し中継地での荷物交換方式（上記の方式）を
採用することにした。中継地での拠点設置に要するコスト負担は，毎月約150
万円である。同社にとっては大きな負担であったが，拠点先（中継地）での新
規荷主の開拓で補う計画であった。倉庫業務（入出荷・保管業務）と運送業務
の組み合わせでもって地元運送事業者からの受注が見込めた。

【図表2-5-8】異なる車両で中継地で荷物を積み替える輸送パターン

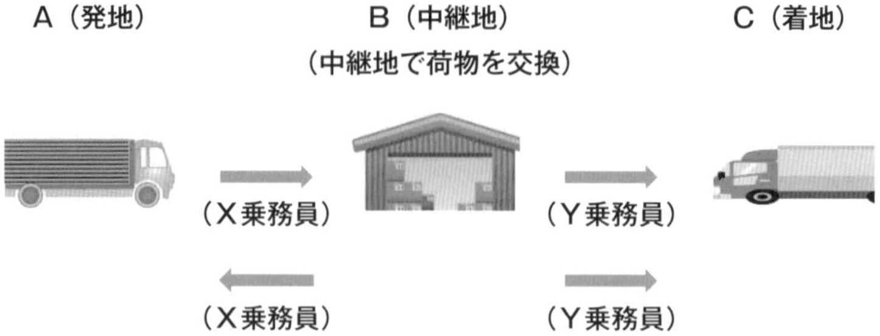

A（発地）　　　　　　　　B（中継地）　　　　　　　C（着地）
（中継地で荷物を交換）

（X乗務員）　　　　　　　（Y乗務員）

（X乗務員）　　　　　　　（Y乗務員）

出所：筆者作成

　問題は，M社から見て着地先である関東周辺地域での乗務員人材の確保である。同社における大型免許所持者は限られており，C地での新たな乗務員の補充は困難であった。結果採用したのが人材派遣方式である。中継地（B地）からC地を往復する車両はM社所有の車両とし，乗務員については着地地域周辺の運送事業者Z社から派遣で補うというものである。

　運行車両は全てM社，A地からB地の往復についてはM社乗務員，B地からC地までの往復については派遣先のZ社からの派遣乗務員である。Z社はC地周辺で運送事業を経営しており，過去にM社の備車先として協力してもらった経緯がある。幸い，Z社は人材派遣業の免許も所持していた。

　中継輸送を始めるとなると，中継地点での往き荷と帰り荷の時間差も問題となる。時間差が大きくなればなる程，中継地での乗務員，車両の両方が休止状態となり，無駄が生じることになる。対策として考えたのが相互の綿密なダイヤ編成である。ヒントは長距離バスの運行管理システムにあった。発地（着地）から中継地までのダイヤと着地（発地）から中継地までのダイヤをきめ細かく設定（図表2-5-9）することにより中継地での待ち時間を必要最小限度に抑えることが可能となった。

平成○年○月○日作成
業務担当：山田義男

[図表2-5-9] 定期便運行ダイヤ表

幹線便 便名	本社 発着	YG物流 発	YG物流 着	○○センター 発	○○センター 着	○○工場 着	○○工場 発	着発	静岡DP (中継地)	着発	KT物流 着	着発	TK工場	Rロジ 発	Rロジ 着
○○2便【上り】	10:00	10:30	11:00	—	—	12:30	13:00	15:30	↺	16:30	20:30	21:30	—	—	21:40
○○6便【下り】	23:30	21:10	22:10	21:30	20:30	18:00	19:00	16:30	↺	15:30	11:30	10:50	10:45	10:30	10:00
○○3便【上り】	10:30	11:00	11:40	—	—	13:30	13:40	16:00	↺	17:00	22:00	23:00	—	—	23:10
（中継地label）	本社	YG物流		○○センター		○○工場			静岡DP		KT物流		TK工場	Rロジ	
○○7便【下り】				22:00	21:00	19:00	20:00	17:00	静岡DP						
（中継地label）	本社	YG物流		○○センター		○○工場			静岡DP		KT物流		TK工場	Rロジ	
○○4便【上り】	15:30	16:00	16:30	—	—	17:30	18:00	21:00	↺	22:00	2:00	3:00	—	—	3:10
○○8便【下り】	4:30	4:10	3:10	2:30	1:30	0:30	0:00	22:00	↺	21:00	17:00	16:00	—	—	13:20
○○6便【上り】	20:00	20:30	21:30	—	—	23:00	23:30	1:30	↺	2:30	6:30	7:30	—	—	7:40
○○2便【下り】	9:00	8:40	7:40	7:00	6:00	5:00	4:30	2:30	↺	1:30	20:40	20:30	21:30	20:45	20:20
○○7便【上り】	22:30	23:00						4:00	静岡DP	5:00					
○○3便【下り】	11:30	11:10	10:10	9:30	8:30	7:30	7:00	5:00	↺	4:00	0:00	23:00	—	—	22:50
○○8便【上り】	0:30	1:00	1:30	—	—	3:00	4:00	6:00	↺	7:00	11:00	12:00	—	—	12:10
○○4便【下り】	13:00	12:40	11:40	11:00	10:00	—	—	7:00	↺	6:00	1:25	1:00	2:00	1:30	0:50

（静岡DP欄の点線囲み内注記：○○便　静岡中継場所）

出所：M社資料より

V　結果と今後の課題

　長距離運行トラックの中継輸送の実施については，様々な問題が生じる。最も効果的な方式は，発地と着地に営業拠点を設置し，トレーラ運行により中継地において乗務員とヘッド部分を交換することである。トレーラ車の導入については，経済的負担とは別に，牽引免許を有する乗務員及び行き帰りの一定の荷量の安定的確保が課題となる。

　前述のM社の場合においても荷量の確保は大きな問題であった。特に，下り便（帰り便）の荷量が不安定になりがちである。荷物の確保のために，必要とすれば目的地から大きく迂回する場合も考えられる。結果，これらの動きが中継地での時間差につながり，運行面での効率化を妨げることになる。中継輸送は一定区間での大量輸送，発地と着地での1箇所下しの場合が最も効果的である。M社の場合は，以上の条件を考慮し，とりあえず便を限定して実施した。車両は自車とし，乗務員については中継地から着地の間は他社からの人材派遣によるものとした。

　輸送品質の面から言えば乗務員は人材派遣ではなく直接雇用によるのが好ましい。一般的に派遣乗務員については，安全教育が徹底しにくい面があるからである。しかし，中継輸送の導入により，1人あたりの月間労働時間が大幅に短縮された。担当乗務員については，長距離運行が中距離運行となり，着地での泊まりがなくなった。以前は1運行に約40時間近くを費やし月間の総拘束時間が350時間，残業時間についても月間100時間超えるケースがしばしば起こり，前述のごとく所轄労働基準監督署から是正勧告を受けたこともあった。しかし，現在では中継輸送従事乗務員については，1日の標準的な拘束時間（労働時間＋休憩時間）は最大13時間，実労働時間は12時間である。1か月換算（21日）では，総拘束時間は最大273時間，総労働時間は最大252時間（残業時間79時間）である。一般企業と比べると，まだまだ過重労働の範疇を超えるものではないが，長時間労働が常態化している運送業界にあっては及第点と言える。

142

　懸念していた採算性についても，荷主企業の運賃値上げの影響もあったが，従来の1人乗車の場合の収益と殆ど変化はなかった。図表2-5-10は，中継輸送を実施した車両及び乗務員1人当たりの収支明細と従来型の1人乗車の場合の収支明細及び平均的な所要労働時間の比較である。それぞれ輸送形態が異なり，項目ごとの単純比較そのものについては一部正確性に欠ける面はあるが，走行1km当たりの車両別及び人別利益については殆ど変わらず，車両及び人の稼働率は向上した。最大の成果は労働時間を含めた拘束時間の減少である。

　M社にとって大型トラックによる長距離輸送は，重要な収益源である。一方，働き方改革によるワークライフバランスの実現は国の命題でもあり，労働時間削減による労働者の心身両面に亘る健康保持の推進は，企業の存続にとって不可欠である。長時間労働が当然視されているトラックの長距離輸送についても生産性向上による労働時間の短縮は避けることのできない課題である。中継輸送への取組みの必要性についても益々高まるものと予測される中，同社においても今後とも自社の経営資源，荷主環境を検討した上で，多様な中継パターンを工夫していく必要がある。

【図表2-5-10】 中継輸送収支表

項目	中継輸送車			1人乗車	
	合計 （6運行）	1運行当たり （2人）	1人当たり	合計 （9台）	1台（1人） 当たり
売上高	20,270,200	3,378,367	1,689,183	14,323,460	1,591,496
人件費	6,665,545	1,110,924	555,462	4,327,713	480,857
高速代	2,179,602	363,267	181,634	1,501,062	166,785
燃料費	3,331,571	555,262	277,631	2,179,484	242,165
車両経費	3,990,000	665,000	332,500	3,200,000	355,556
当月利益	4,103,482	683,914	341,957	3,115,201	346,133
走行距離	124,658	20,776	10,388	94,423	10,491
1km当たり利益	32.9	32.9	32.9	33.0	33.0
月間平均拘束時間	1人当たり270時間			1人当たり320時間	

※1人乗車に比べ中継輸送車の拘束時間は1人平均50時間の減少（2018年10月実績）
出所：M社資料より筆者一部修正

数値化の設定と従業員の理解 コラム

　運送業界の大きな課題は，乗務員人材の不足である。若手人材の採用が覚束なく，トラック運転者の高齢化は進む一方である。特に総じて労働時間の長い大型トラック運転者についてはより深刻である。M社においても例外ではなく55歳以上の高齢乗務員が全体の70%以上を占める。

　原因として挙げられるのが長時間労働と低賃金である。長時間労働を是正し，賃金水準を上げるためには生産性を上げる必要がある。

　各都道府県の運送事業者で組織するトラック協会の上部組織である全日本トラック協会においても傘下会員事業者の生産性向上について取組みを支援している。同協会では具体的な取組み対策として下記項目を掲げている（トラック運送業界の働き方改革実現に向けたアクションプラン（平成30年3月公益法人全日本トラック協会））。

　①パレットの出荷施設内だけの利用でなく，流通全体を通しての利用促進（一貫パレチゼーション化）
　②荷主の理解を得ての高速道路の有効利用
　③長距離輸送における中継輸送システムの導入
　④デジタルタコグラフの導入と有効活用
　⑤運送契約内容の書面化，記録化の推進
　⑥綿密な原価計算による適正運賃の収受

　これらの取組みを実のあるものにするためには，現状の問題点を具体的に数値化することが重要である。改善のためのゴール指針となるKPI（目標達成度を測定するための主要経営指標）が設定できていなければ取組みの効果検証が覚束ない。問題点の数値化については多くの企業において不十分な場合が多い。また実施に当たっては従業員の理解が必要である。労働密度だけが高まり，その成果が従業員にも十分に反映されなければ対策の継続性に疑問がつく。生産性の向上を実現するためには，課題事項についてのKPIの設定と従業員の理解及び協力は不可欠である。

第6章

サービス業（ホテル・旅館）

I　はじめに

　旅館業が属するサービス業では，「中小サービス事業者の生産性向上のためのガイドライン」（経済産業省平成27年1月）の中で，図表2-6-1のように生産性向上を示している。

　今回の事例では，大規模リノベーションによる宿泊環境・サービス提供プロセスの改善による取組みが分母の"効率の向上"への取組みとなっている。またこれにより（1）新規顧客層への展開，（2）商圏のさらなる拡大，（3）老舗

【図表2-6-1】サービス業の生産性向上

$$生産性向上 = \frac{付加価値の向上、革新ビジネスの創出}{効率の向上}$$

付加価値の向上	(1) 新規顧客層への展開 (2) 商圏の拡大 (3) 独自性・独創性の発揮 (4) ブランド力の強化 (5) 顧客満足度の向上 (6) 価値や品質の見える化 (7) 機能分化・連携 (8) IT利用（付加価値向上に繋がる利活用）
効率の向上	(9) サービス提供プロセスの改善 (10) IT利活用（効率化に繋げるための利活用）

出所：『中小サービス事業者の生産性向上のためのガイドライン』（経済産業省平成27年1月）

旅館としての独自性・独創性の発揮，更には（4）ブランド力の強化につながることで，分子の"付加価値の向上"への取組みに繋がっている。

　一般的に事業を構成する要素として"ヒト，モノ，カネ，情報"といったものが重要であり，これらの要素を"経営資源"と呼ぶ。企業は事業実施にあたり，これら経営資源を活用することにより収益を上げる。ただ業種・業態によりこれら各経営資源の持ち方（投資）も異なるし重要度も変わる。例えばソフト会社では，"ヒト，モノ，カネ，情報"という経営資源の中で，特に"ヒト"と"情報"に高いウエイトを置いた経営資源の持ち方になる。また製造業では，工場や機械設備といった"モノ"と技術力のある"人"に比重を置いた持ち方になる。事業の業種・業態により，特に重要な経営資源をより効率よく活用することが，企業の生産性を高め，収益に貢献することにつながるのである。

　本章では生産性の低かった旅館業を事例として取り上げている。この業種で重要な経営資源は，宿泊のための施設である「モノ」と，お客様をもてなす「ヒト」だが，特に生産性に直結する「モノ」に焦点を当て，改善した取組みを紹介する。また後半では「モノ」の生産性が改善する一方で，他の経営資源の生産性が相対的に低くなり，企業の成長を阻害する新たなボトルネックが現れる。このような状況になるのは経営資源に制約のある中小企業では致し方のないところである。そのため，中小企業の経営では常に生産性向上への取組みが必要であり，新たな課題への対応一つ一つが自社の成長につながっていくことをご理解いただきたい。

II　企業概要

　①名　　　称：F旅館株式会社
　②所 在 地：京都府
　③取扱商品：宿泊，飲食，物販
　④従業員数：従業員18名（内，パート13名）
　⑤売 上 高：（年）8,970万円

京都市内の中心5区と言われているエリアにあり，最寄り駅（JR及び地下鉄）から徒歩10分程度のところに立地している。周辺には神社・仏閣が点在し，F旅館は古い町並みが続く街路の中にある。創業から100年以上続く老舗旅館で，創業当時から料理自慢の宿として事業を継続している。宿泊客には京都の文化を感じていただけるように，当社が所蔵している書画骨董品等を展示するとともに，体験型のイベント等も提供している。

Ⅲ　支援前の現状と経営課題

1. 運営状況

　事業運営の主体となるのは，当館の所有者であり経営者であるF旅館の社長家族（3名）である。それ以外はすべてパートの従業員で，施設内の清掃等を行っている。業歴は長いが家族経営の旅館で，規模で分類すると小規模企業者に分類される。料理旅館の重要な商品である料理は，社長が料理長を兼ねている。社長は有名な日本料理店で修業を積み，宿泊客にはその技術力を生かして京懐石を提供している。

2. 商品・サービス

　主要商品は多くの旅館同様，1泊2食付を基準とした宿泊で，夕食は何れの宿泊者にも同じ京懐石を提供している。価格は平日1名14,700円，土日・祝祭日前日で1名16,800円，ゴールデンウィーク・お盆・クリスマス・年末年始で1名18,900円である。その他，片泊まり（1泊朝食付）にも対応しており，その場合の価格は9,600円となっている。また，宿泊客の状況によるが，対応に余裕がある場合には，予約を前提に昼食，夕食のみの提供も行っている。

3. 施設

　旅館業はお客様に宿泊していただき，快適に過ごしていただける時間と空間を提供する事業である。そのため宿泊施設としての客室は当然のこと，風呂，

【図表2-6-2】大規模リノベーション前の状況

出所：（写真提供）F旅館

洗面，トイレ等の設備は旅館にとって重要な接客施設となる。当館では12の客室があり，風呂とトイレは1部屋を除いて室内には設置されていない。そのため，ほとんどの宿泊客は別に設置された共同利用の風呂，トイレを利用することになる。いわゆる古いタイプの旅館施設となっている。

4. 主な顧客

　取組み前の客層を国内と海外のお客様の割合で見ると，55：45でやや国内のお客様が多くなっている。海外のお客様ではフランス人の割合が高い。お客様の年齢層は国内のお客様の場合60歳以上が主要顧客となっており，若い方の利用者は多くない。リピート客は全体的の5％未満で，ほぼ一見客となっている。

5. 集客（販売）

　主に国内大手の旅行会社に集客を依頼している。仕組みとしては3カ月前から全ての空き室を旅行会社が仮予約状態で保持し，段階的に確定した部屋から本予約となる。未確定な空き室については，20日前に仮予約が解除されるのだが，予約解除後の20日間で宿泊客の獲得は難しく，当館では自ら積極的に

【図表2-6-3】大規模リノベーション前10年の業績推移

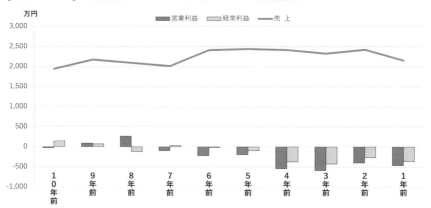

出所：F旅館提出資料から筆者作成

集客をすることはしていなかった。ただ旅行社には時々客室の稼働率を上げるよう集客の強化を依頼したこともあったが，集客をするためには価格の引き下げが必要と言われ，更なる収益悪化を懸念し旅行会社に頼ることはできなかった。そこで1年前から旅行会社以外の集客を行おうと，Webによる宿泊斡旋事業者への依頼や，ホームページよる当館の情報提供の実施。また宿泊名簿を整理し顧客データベースを作成し，リピート客を求め年数回のDMを送る取組みを行っていた。

6. 年間の売上高推移

　10年間の業績を確認すると，平均売上高は年間2,200万円で営業利益▲220万円。また経常利益は▲140万円となっていた。とくに直近4年間は赤字幅が大きく，4年間の累積赤字は約1,500万円となり，経営的には大変厳しい状況が続いていた。

7. 客室の稼働状況

　過去3年間における客室の定員稼働率（以下，稼働率と言う）は平均14.3％

で，前年は13.1％と最も低い。宿泊客総数でみても，前年は2年前に比べ186人減少している。閑散期と言われている夏季と冬季（正月を除く）では，宿泊客がゼロという日も多い状況であった。

【図表2-6-4】過去3年間の宿泊者総数，客室稼働率，定員稼働率

	3年前	2年前	1年前
宿泊者総数	1,624人	1,631人	1,432人
客室稼働率（12部屋日）	18.3％	18.3％	16.1％
定員稼働率（30人／日）	14.8％	14.9％	13.1％

出所：F旅館提出資料から筆者作成

8. 経営課題

　当社には多くの課題があるが，その中で生産性に焦点を当てると何といっても客室の稼働率の悪さが目につく。稼働率が年平均14.3％ということは，毎日を満室と仮定した場合，1年間で僅か1.7カ月しか稼働していないということになる。言い換えれば約10.3カ月は休館状態ということである。因みに平成26年9月に厚生労働省から出された「旅館業の実態と経営改善の方策」では，旅館業における地域別客室稼働率が掲載されており，その中で京都府下旅館業の年間稼働率は40％を超えている。この数値と比べると当館の稼働率は半分にも満たない。このような状況に陥った原因はどこにあるのか。旅館業において重要な商品であるおもてなしに代表されるサービスと快適な空間提供が前提となる宿泊施設の視点から，経営課題の抽出を行った。

　まずサービスだが，長年京都市内で旅館業を営んでおり，"おもてなし"の心が代々家族の中で大切にうけつがれており，旅行会社や宿泊客から高い評価を得ていた。一方施設においては，トイレや洗面の共同利用ということで，学生の合宿施設や民宿といったレベルになっていた。F旅館では適切な設備更新が行われていなかったのである。そのため宿泊施設としての整備レベルが低く，京都の老舗旅館ではありながら魅力を訴求できていなかった。その結果，客室が低稼働となり，売上高も低い水準にとどまっていた。F旅館の課題は，

【図表2-6-5】大規模リニューアル前のF旅館間取り図

1階

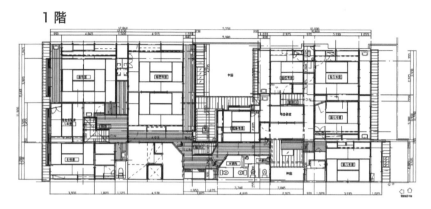

2階

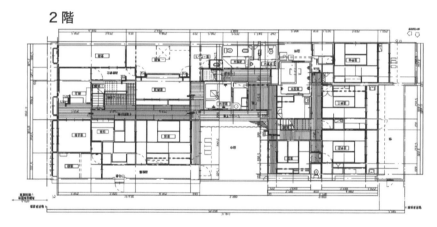

出所：F旅館提供（作成：大野アトリエ）

重要な経営資源である宿泊施設の魅力を高め，利用効率を高めることである。
そのためには施設への大規模なリノベーション投資が必要であった。

Ⅳ　生産性向上のための支援内容

1. 経営ビジョンの再設定

　企業が大規模な投資を行う場合は「投資の回収」を大前提としながら，その投資により企業のあるべき姿を想定したビジョンを示すことが重要である。このビジョンがステイクホルダー（利害関係者）に理解され賛同を得ることで，ビジョン実現に向けた取組みが始まる。F旅館にとっても実現したい経営ビジョンを持つことは大変重要であり，特に現状からの大きな変革を伴う場合は必須であると言って良い。ただ老舗企業では，何代にもわたり受け継がれた企業文化があり，厳しい経営状況が続く企業では，変化を好まない保守的な傾向を示す場合が多い。F旅館においても"京都の旅館業とは，かくあるべき"とか，"当館のような老舗旅館では，そのようなことはできない"といったような思考に陥り，経営環境の変化への対応を知らず知らずのうちに拒絶するといったことが起こっていた。まさに「ゆでガエル」現象である。このような状況を正しく，また客観的に伝えることから支援は始まる。

　F旅館では社長の持つ"旅館業"に対する捉え方の枠組みを広げるべく，様々な専門家や協力者と共に長時間の話し合いが続いた。その結果，ただ単に宿泊を提供するといった従来型の旅館から，多様な京都の文化を発信するコミュニティー拠点でありながら，宿泊することで京都そのものを体感し，食の文化も楽しんでいただける施設を目指すという経営ビジョンを描くに至った。

2. 事業計画の作成

　企業が行う大規模な投資は，大企業であっても大変慎重に検討しなければならない。投資を間違うと事業が破たんする危険を招くからである。経営資源も脆弱で資金調達の難しい中小企業にあっては，尚のこと慎重な上にも慎重な事業計画の策定が求められる。実際の事業計画づくりでは，当館の施設を生かしながらも魅力のある宿泊空間づくりを行っていただける建築家と連携し，事業計画作りに着手した。

　策定にあたっては，①経営ビジョンを実現するための施設コンセプトに基づくリノベーション案の作成，②そのために必要な投資金額の算定と資金調達力の確認，③新たな施設を有効に活用できる組織・人材の検討，④そしてリノベーション投資を行うことで得られるF旅館の売上高・利益の算出，を主要項目とし，この4つの項目それぞれが相互にバランスしていることに留意した。

（1）施設コンセプトに基づくリノベーション案の作成

　一般的に旅館と言うカテゴリーは，お風呂に入り，食事をして，宿泊するのが基本だが，F旅館では訪れるお客様が，「時間の経過，流れ」，「空間に身を委ねる」，「文化に触れる」，「素養を磨く」，「食を愉しむ」を楽しんでいただくことが出来ることを主題とした。

　建物の基本機能としては，「寝る」「食べる」「くつろぐ」「癒す」「学ぶ，磨く」「話す」などの機能を持てるスペースを盛り込む一方，機能していない無駄な空間は減築する。また，足りない機能は増やす。上記のようなコンセプトの下，建物全体を2分割にゾーニングし，玄関から中庭までを「食べる，学ぶ，磨く，話す」等の能動的空間に，また中庭から奥まった側は「寝る，くつろぐ，癒す」等の静的空間とした。

（2）必要な投資金額と資金調達力

　レイアウト案は3案作成しそれぞれの投資額を確認した。第1案は22,000万円，第2案は12,000万円，第3案は17,000万円と試算された。F旅館の売上高が2,200万円程度であることから，何れの案も大変高額な投資であることが分かる。投資については様々な考え方はあるが，F旅館においては資金調達の限界に加え，リノベーション後は未知の課題も多く出てくるものと予測した。検討の結果，一番負担の少ない第2案を採用することとなった。

（3）新たな施設を有効に活用できる組織・人材

　当館のこれまでの組織は，日常の居室掃除や繁忙期に必要な仲居等のパート

従業員を適宜雇用し，正社員はすべて家族従業員であった。繁忙期においては，家族従業員の特徴を生かし，“阿吽の呼吸”と言えるような連携により，宿泊客に対応してきた。しかしリノベーションを実施するとなると，少なくとも現在の稼働率は2倍以上（京都府の標準稼働率）になることを見込むことになる。組織計画としては，少なくとも客室・フロント担当，調理場担当として正社員が数名必要と算出した。また社員の採用は遅くともリノベーション完成二ヶ月前とし，リニューアルオープンまでの期間で適切な訓練を組み込んだ教育計画も作成した。更に正社員以外のパートの配置についても無駄をできるだけ排除し，最も効率的なレイバースケジュールを作成した。このように当館に関わる人材の質・量を整え，サービスの維持，向上を図るとともに，このような体制に基づく適切な人件費を計画の基本とした。

(4) 売上高・利益計画

　売上高・利益計画で一番重視するべき点は，何といっても“実現性”である。特にリノベーション後の1年目の売上高は堅実な計画が求められる。F旅館では売上高・利益計画を作成するにあたり，営業日数を360日（5日間は修繕等のため休館）に決めるとともに，1年間をシーズンインとシーズンオフに分け，更に休日や祝祭日の前日，また正月，ゴールデンウィークやお盆休みと言った特別な期間などの日数を正確に捉え，その上で，その各々の営業日における客室稼働目標を設定した。これにより目標とする年間の平均稼働率は，リノベーション1年目で47％，2年目は46％，5年目には51％を目指す計画とした。

　一方，当館の宿泊価格については，京都市内の競合旅館を調査し検討を行った。その結果，基準料金としてオフシーズンの平日を1泊2食17,000円（1室2名様）とし，土曜日・休日・祭日の前日はプラス2,000円，正月はプラス5,000円とした。これに月別の目標顧客数を掛け合わせ売上高を設定し，更に月別・勘定科目別の費用予算を立て利益計画を作成した。

154

【図表2-6-6】シーズンイン・オフ別，平日，祝・休日別稼働率計画

	1泊2食付宿泊価格	1年目	2年目	3年目	4年目	5年目
正月	22,000円	85%	85%	85%	85%	85%
インの平日	17,000円	60%	60%	60%	65%	70%
インの金・土・祭日の前日	19,000円	80%	75%	75%	75%	75%
オフの平日	17,000円	20%	20%	25%	25%	25%
オフの金・土・祭日の前日	22,000円	40%	40%	40%	40%	40%
年間平均稼働率		47%	46%	48%	49%	51%

出所：F旅館提出資料から筆者作成

【図表2-6-7】5年間の目標売上高，営業利益，経常利益計画（単位：千円）

	1年目	2年目	3年目	4年目	5年目
目標売上高	51,300	57,800	65,800	70,700	73,300
目標営業利益	▲1,200	3,100	5,600	5,800	7,300
目標経常利益	▲2,400	2,000	4,600	5,000	6,500

出所：F旅館提出資料から筆者作成

Ⅳ　支援後の効果と今後の期待

1.訪日外国観光客の状況

　下記グラフは，年別訪日外客数の推移である。F旅館のリノベーション実施の過程で，訪日外客数は急激に増加した。

　それに伴い，京都市の宿泊客数も2011年の東日本大震災で一時落ち込みはあるものの，それ以降は右肩上がりの上昇となり，2017年には1,557万人となった。

2.リノベーションによるF旅館の生産性向上結果

　訪日外客の急増による京都府下の宿泊客が右肩上がりになるという追い風を受けて，リノベーション後の売上高は初年度から計画を超える伸びを見せ4年

【図表2-6-8】年別訪日外客数の推移

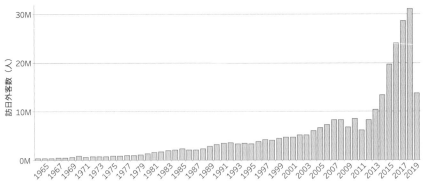

データ更新日:2019/08/27 6:34:03

(注) 訪日外客とは，国籍に基づく法務省集計による外国人正規入国者から，日本を主たる
　　居住国とする永住者等の外国人を除き，これに外国人一時上陸客等を加えた入国外国
　　人旅行者のことである。駐在員やその家族，留学生等の入国者・再入国者は訪日外客
　　に含まれる。なお，上記の訪日外客数には乗員上陸数は含まれない。(注書きの一部抜
　　粋)

出所：日本政府観光局 https://statistics.jnto.go.jp/graph/#graph--inbound--travelers--transi-
　　tion（2019/07/05）

　目には8,970万円に達した。また，客室の稼働率も季節変動はあるものの平均
61.2％となり，4年目目標である49％を12.2％（目標比約125％）も上回った。
F旅館の宿泊施設の環境を整えることで魅力が向上し，“もの”である施設の稼
働率が上がり生産性が向上したのである。ただこれは，当初の予想を大きく超
える結果であった。

【図表2-6-9】京都市の宿泊客数の推移

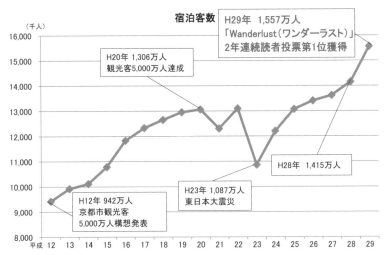

宿泊客数

（千人）

H29年　1,557万人
「Wanderlust（ワンダーラスト）」
2年連続読者投票第1位獲得

H20年　1,306万人
観光客5,000万人達成

H28年　1,415万人

H23年　1,087万人
東日本大震災

H12年　942万人
京都市観光客
5,000万人構想発表

（注）宿泊客数には，無許可民泊施設での宿泊客数は含まれていません。
出所：京都市産業観光局「京都観光総合調査」平成29年（2017年）1月～12月

【図表2-6-10】大規模リノベーション後の状況の

出所：F旅館提供

157

【図表2-6-11】目標売上高と売上高の推移

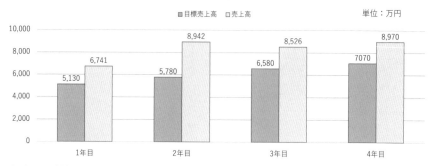

出所：F旅館提出資料から筆者作成

【図表2-6-12】4年目の客室稼働率

4月	86.2%	8月	40.6%	12月	54.4%
5月	83.9%	9月	43.8%	1月	43.8%
6月	30.5%	10月	80.2%	2月	42.9%
7月	44.7%	11月	86.2%	3月	67.3%
				年間平均	61.2%

出所：F旅館提出資料から筆者作成

　一方で外国人客の割合だが，リノベーション前は国内客と外国人客の割合は，55：45とやや国内の宿泊客が多かったが，リノベーション後は10：90と海外からの宿泊客が圧倒的に多くなった。特に欧米系の旅行者が多く，F旅館ではアルバイト含め英語に堪能な従業員を多数配置するなど，積極的な対応が行われた。

3. 今後の課題

　改めて，F旅館のリノベーション後の経営状況を収益面から確認すると，1年目の売上高は6,741万円で目標売上高5,130万円を1,611万円上回ったものの，経常利益については当初予定していなかった人材の配置等の支出が多く，計画以上の赤字が出た。2年目は売上高が更に増加し目標売上高5,780万円に対し実績は8,942万円と目標売上高を3,162万円も上回った。しかし，経常利

【図表2-6-13】目標売上高・利益と売上高・利益の比較と推移

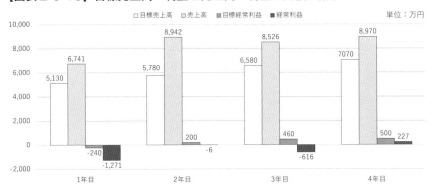

出所：F旅館提出資料から筆者作成

益を出すには至らなかった。3年目は，前年に比べ売上高が400万円ほど少ない中，経常利益は616万円の赤字となり，目標経常利益と比べ1,076万円少ない結果となった。4年目はリノベーション後の最高の売上高8,970万円となり，経常利益も227万円の黒字になった。しかしこの経常利益額は目標経常利益の半分に満たない。

F旅館の客室稼働率向上（生産性向上）への取組みは高い成果を上げたが，収益状況をみると未だバランスを崩した状態が続いている。その要因を大きく捉えると宿泊客の質と量の変化に対し，他の経営資源のバランスがとれていないことにある。まずは収益バランスを大きく崩している原因を突き止め，その改善を図り，更なる生産性向上の取組みがF旅館にとって必要となる。

（1）新たな課題

F旅館が直面している問題は，宿泊客が大幅に増加しているにも関わらず，利益が出ていないことである。早速，利益が出ない原因の探査を行った。

一般的には，企業が毎期作成する財務諸表の分析をすることにより，当社の問題点を見つけるといった手法が用いられる。早速F旅館の財務諸表を確認したところ，利益の出ない原因の一つが飲食部門の材料比率の高さであった。

159

【図表2-6-14】4年目の月別飲食部門売上と材料比率

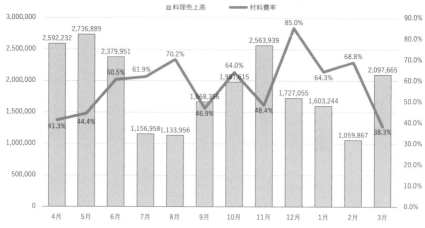

出所：Ｆ旅館提出資料から筆者作成

　一般的に飲食店における材料比率は30％～35％と言われているが，Ｆ旅館の4年目の材料比率の年間平均は57.7％で明らかに高い。また飲食部門の月別売上高と材料比率を比較すると，売上高が低い時期に材料比率が高くなるという傾向が見える。一般的に材料比率を下げるためには，①仕入先の変更による仕入れ価格の見直し，②材料ロスの低減，といった工夫が行われ，これでも材料比率が下がらない場合は，③提供する料理の品数の削減や，場合によっては，④使用材料のレベルを下げるか，⑤料理価格の値上げといったことが行われる。ただＦ旅館は“京懐石”が看板商品であることから，材料レベルを下げたり品数を少なくしたりといった対応は，今まで築いてきた信用にかかわるのでできない。仕入先については，新鮮な食材をより低価格で購入しようと野菜等については近隣の農家に出向き購入している。材料ロスについても廃棄物を少なくするように工夫しており，更なる材料ロス低減に向けた取組みを進めても，大きな収益の改善につながる状況ではない。

　そこで改めてF旅館の食材調達から始まる調理プロセスを確認した。F旅館では宿泊客で飲食ご利用のお客様は，全て事前に把握するようにしている。また，飲食だけのお客様も基本は予約であり，予約されていないお客様は通常断るといった対応が行われている。調理準備については，素材の鮮度を重視していることから3日前から順次仕入れ，仕込みが始まる。椀物や鮮魚の提供は，直前に仕上げを行うといった手順で行っている。

　このような調理プロセスの流れの中，食材の仕入れについては，予約された人数分の仕入を基本としている。主にコスト削減を重視し，仕入価格が安い時でも予約以上の購入は控え，予約に合った最小単位の購入を心掛けている。しかし，このような仕入れが理想的かと言えばそうではない。食材の価格は季節変動があり，天候等にも大きく左右される。例えば鮮魚では，鮮度や質が重要であることから，価格を無視した仕入を行わざるを得ない時もある。また夕食の利用客が少なからといって，京懐石に欠かせない造りを人数分（例えば二人分）だけ仕入れることはできない。生鮮は一定の単位での購入をしなければならないのである。これらの材料が1日で消費しきれないときは，鮮度の状況に応じて煮魚，焼き魚，味噌漬けといったように利用される。このため材料としての無駄は生じていない。しかしコスト面から考えると品質が高く材料費も高い食材が，本来の目的である料理に利用されず，結果として高い食材が順次次善の方法として利用されたとしたら，ロスは無いが材料価格は高いものになる。

　更に調理作業にも焦点を当て，当館の稼働状況から調理部門の状況を確認した。月別の当館の最大稼働率86.2％，閑散期では40.6％となっており，宿泊客の季節変動は激しい。調理部門では，先述のように予約に応じて通常3日前からの下準備となる。そのため繁忙期の仕事量は閑散期に比べて2倍以上の忙しさとなる。人員の配置をどの時期を中心に配置するかということになるが，人材不足と言われる昨今，その時々の繁閑で適宜人員を増減させるのは難しい。そのため，F旅館では，繁忙期に対応できる最小の人材配置になるよう工夫しているが，結果として閑散期には手待ち時間が多くなる。年間では調理場

【図表2-6-15】4年目の客室稼働率

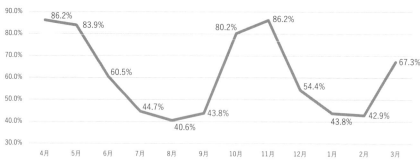

出所：F旅館提出資料から筆者作成

の1人当たりの生産性は高い状態とは言い難い状況であった。

(2) 今後の課題

①課題1　顧客数の増減によらない材料費の削減

　現状で行っている3日前からの下準備による必要な食材を必要な量だけ仕入れる当用買いは，材料の価格変動による影響を受けやすい。この状況を改善するためには，年間に必要な食材の数量をあらかじめ設定し，これをもとに品質，価格の最適な時期に一定量を購入するといった仕入が求められる。そこには材料のロスという問題はあるが最近の食材の研究では，細胞破壊を起こさない急速で立体的な冷凍技術を用いれば，材料の品質を落とさず冷凍保存ができるようになったとの報告がある。また一定期間冷蔵することで旨味が増す食材もあると言われている。このような技術や情報をもとに料理の質を落とさず，材料コストの低減を図ることができれば，それだけでF旅館の生産性は向上する。顧客数の増減に左右されない材料費削減への取組みが当社の課題である。

②課題2　季節変動に影響されない人材の効率的活用

　生産性の基本指標の一つが"1人当たりの付加価値額"である。現在の調理プロセスでは，宿泊客等が多いときはアルバイトを増員し対応している。一方暇な時は，正社員でも手待ちとなっている。このような繁閑による都度対応で

162

は，生産性の向上は図ることは難しい。調理に関わる従業員の業務をできる限り平準化し，手待ち時間を少なくするような仕組みが必要である。

　F旅館では，課題1にも関係するが，細胞破壊を起こさない急速で立体的な冷凍技術が活用できれば，暇な時期に下処理を行い保存することが可能となる。保存については真空パック機の利用となるが，最新の機械では，調理終了後の食材が熱いままで真空パックができる機械も出てきている。このような最新の技術や設備を導入し，閑散期に事前調理を行うことができれば，更なる生産性の向上に繋がる。ただしこのような設備を導入したからと言って，簡単に調理作業の生産性を上げることはできない。このような処理に適した食材の確認に始まり，食材毎の様々な事前調理方法の検討が必要である。また，最適な保存方法や保管期間の確認から，最終調理を行うための解凍手順などのノウハウの蓄積も不可欠である。F旅館では更なる生産性向上を図るため，最新の技術を活用するなど，積極的な取組みが求められるところである。

163

"やり抜く力"と生産性向上

コラム

　一般論としては「生産性向上」への取組みに反対する経営者は少ない。しかし，これはあくまで一般論である。それが自社の経営になにがしかの変更を伴う取組みとなると，途端に拒否反応を示される場合がある。経営者曰く，「当社のような業界は昔からのやり方があり，一般的な生産性向上の取組みは難しい」といった反応である。

　今回の事例企業は，今までの長い経営の歴史の中で培われた事業運営のノウハウがあり，その中には自社独自のこだわりがある。また今まで生産性向上に取り組もうとしなかったのかというとそうではない。試行錯誤しながら取り組んだが，うまくいかなかったのである。だから，生産性向上の必要性は分かっていてもできなかったというところであろう。

　では，なぜF旅館の生産性は向上したのか？事例では大規模リノベーションによる成果が記述されているが，実はこのような投資判断に至る取組みと，投資後においても，目標達成に向けた継続的な取組みが行えるような仕組みが大切なのである。特に後半の"目標達成に向けた継続的な取組み"は，言い換えれば企業の"やり抜く力"である。私たち中小企業診断士にとって，投資前の事業計画作り支援も重要な役割なのだが，"目標達成に向けた継続的な取組み"をサポートし，企業の"やり抜く力"を支えながら，更に経営力を鍛え続けることも重要な役割なのである。F旅館では生産性向上への取組みは，まだ緒についてばかりである。今後も多様な専門家と協力しながら，長期的な視点で実効性のある伴走支援を行いたいと考えている。

第 7 章

サービス業（飲食）

I　はじめに

　本章で紹介する事例では，中小サービス業の生産性向上のためのガイドラインが付加価値の向上策（分子）として示している「新規顧客層への展開」「商圏の拡大」「独自性・独創性の発揮」「顧客満足度の向上」「価値や品質の見える化」「機能分化・連携」「ITの利活用（付加価値向上につながる利活用）」，効率の向上策（分母）として示している「サービス提供プロセスの改善」の各要素について，できるだけ具体例を示しながら解説していく。詳細は本章の「Ⅳ.生産性向上のための支援内容」に記載している。

　非正社員について，最も人手不足と感じている業種は「飲食店」（84.1％，1年前比9.8ポイント増，2年前比3.6ポイント増）となり，他業種と比較すると群を抜いて不足感が続いている。

　飲食店の現場では，アルバイトをいかに確保し，可能な限り長期で雇用し，少ない人員でいかにオペレーションを回し，サービスレベルを維持するかが，利益を生み出し，経営を安定させるための最大の課題となっている。

　このような環境下で，飲食店は様々な課題に取り組んでいる。本章ではその取組み事例を紹介するとともに，中小飲食店でも可能な生産性向上とはどのような取組みなのかを理解していただき，現場改善に役立てていただきたい。また今回掲載した事例は，FC（フランチャイズ）加盟店の事例である。FC本部の制約がある中で，どのように店の個性を発揮していくか，後段では，SV

【図表2-7-1】深刻化する飲食店の人手不足（非正社員）

非正社員		2019年1月		2018年1月		2017年1月
飲食店	⇧	84.1	⬇	74.3	−	80.5
飲食料品小売	⇧	67.7	⇧	67.2	−	59.4
メンテナンス・警備・検査	⇧	61.7	⇧	59.7	−	52.5
各種商品小売	⇧	57.5	⬇	43.9	−	47.6
娯楽サービス	⬇	57.4	⬇	63.6	−	64.8
旅館・ホテル	⇧	54.2	⬇	46.2	−	53.3
人材派遣・紹介	⬇	52.1	⇧	66.7	−	51.1
電気通信	⇧	50.0	⇧	40.0	−	38.5
リース・賃貸	⇧	48.3	⇧	39.5	−	35.0
飲食料品・飼料製造	⇧	48.1	⇧	47.1	−	41.4

出所：人手不足に対する企業の動向調査2019年1月（帝国データバンク）
https://www.tdb.co.jp/report/watching/press/pdf/p190207.pdf

（スーパーバイザー）とどう付き合っていくかについても触れているのでぜひ参考にしていただきたい。

Ⅱ　企業概要

①名　　　称：Ｙ株式会社

②所 在 地：大阪府

③取扱商品：居酒屋

④従業員数：26名（内アルバイト25人）

⑤売 上 高：（年）11,000万円

⑥営業時間：11時〜15時　17時〜23時　定休日：日曜・祝日

⑦客 席 数：150席

　Ｙ社は複数の事業を運営する企業であり，居酒屋事業はその1つである。当

初は複数の店舗を運営していたが，現在は当店のみである。店長は日本料理店での修業を経て11年前に当社に入社。料理長を3年務めた後8年は店長として店の運営を行っている。人手不足は深刻で，アルバイトが1人でも休むと，店長自身も含めたシフトを組み直す必要があり，日々奮闘中である。

　当店はFCであるため，メニューやオペレーションなどに制約はあるが，本部の許可があれば店舗の独自性も発揮できる。当店は店長の人柄に魅力を感じてファンになるお客が多く，今後もその強みを生かせるよう可能な限り店の個性と独自性を発揮して，ファンを増やしていくことが課題となっている。

Ⅲ　支援前の現状と経営課題

1. 店舗業態の特徴

　Y社は全国に30店舗を持つFCの加盟店である。当店は全国でも有数の繁華街とビジネス街に挟まれており，最寄りの駅からはどちらも5分以内と利便性は高いが，多くの車が通る大通りに面したオフィスビルの地階にあり，一般的な居酒屋が立地する駅周辺とは異なり，夜間に人通りが多い環境ではない。

　当店が加盟しているFCの特徴は，「ごまそば」を名物料理としており，ランチタイムには丼物と蕎麦とセットの定食，ディナータイムは日本料理屋として集客ができることである。

　また蕎麦に鴨料理を添えることで，オリジナリティあふれる逸品を提供することができる。料理人が店内で料理を仕込み，手作りで調理するため，料理に関するお客様調査では75％が美味しいと評価し競合他社との差別化要因となっている。

　さらに独自の教育システムや定期的な研修会により，素人でもプロの料理人，プロのホールスタッフへ育てることが可能である。

2. 店舗の現状

　当店は，総席数が150席あるいわゆる大バコ（比較的多くの席数を保有する

店）であるが，1階のエントランスからはその規模感はわからない。

　開業当初は周辺企業の忘年会，新年会，歓送迎会，出張の際の打ち合わせや懇親会，接待などの需要があり，当店は高級感のある内装と，ゆっくりできる座席の幅に加え，個室も充実しているため，接待によく利用されていた。しかし最近は，商圏内の企業数こそ安定しているものの，大手企業の本店の他地域への移転や企業の経費節減に伴う接待需要の減少等が影響し，顧客数の減少に起因する売上高の減少，収益性の悪化が問題となっている。

　図表2-7-2は，ここ7か月の月別売上高の推移である，昨年に比較して12月，2月，3月の売上の落ち込みが大きいのがわかる。例年稼ぎどきとなる忘年会シーズンの売上の向上とともに，閑散期である2月，3月の売上をいかに落とさないかが課題である。

【図表2-7-2】月別売上高（昨対）

	10月	11月	12月	1月	2月	3月	4月
昨年度	7,758	6,740	12,219	7,468	7,383	8,505	7,932
今年度	7,174	6,520	10,672	6,851	5,886	6,384	7,406
昨　対	92.5%	96.7%	87.3%	91.7%	79.7%	75.1%	93.4%

出所：Y社のデータに基づき筆者作成

3. 店舗客数の推移

（1）昼客から夜客への誘導ができていない

　図表2-7-3は昼の客数と夜の予約客数を比較したものである。客単価の高い夜の客数を増やすためには，その告知の機会となる昼の客数を確保する必要がある。

　常連客が6割を占める当店では，昼の客数の減少は，夜の客数減少に直結するため，いかに昼の客数を確保するか，そして昼の利用客にいかに夜の利用を促すかが重要であり，そのための販促（仕掛け）が売上増加のポイントになる。

【図表2-7-3】客数の推移（ランチ）

昼客数	10月	11月	12月	1月	2月	3月	4月
昨年度	3,437	3,278	3,326	2,981	2,994	3,405	3,555
今年度	3,309	3,137	2,842	2,941	2,630	2,980	3,241
昨　対	96.3%	95.7%	85.4%	98.7%	87.8%	87.5%	91.2%

出所：Y社のデータに基づき筆者作成

【図表2-7-4】客数の推移（夜予約）

夜客数（予約）	10月	11月	12月	1月	2月	3月	4月
昨年度	874	635	1,731	833	849	970	897
今年度	740	658	1,542	853	599	615	839
昨　対	84.7%	103.6%	89.1%	102.4%	70.6%	63.4%	93.5%

出所：Y社のデータに基づき筆者作成

　図表2-7-5は，昼客と夜客の単純比較により算出した誘導率（夜客数÷昼客数）である。昼客と夜客が同じ客であるとは限らないが，常連客が過半数を占める当店では，一元客の多い店舗よりはるかに信頼性は高い。

【図表2-7-5】昼客から夜客への誘導率

昼対夜比率	10月	11月	12月	1月	2月	3月	4月	合計
昨年度	25.4%	19.4%	52.0%	27.9%	28.4%	28.5%	25.2%	29.5%
今年度	22.4%	21.0%	54.3%	29.0%	22.8%	20.6%	25.9%	27.7%

出所：Y社のデータに基づき筆者作成

　これを見ると，やはり忘年会シーズンである12月の誘導率が高い一方で，2月，3月の誘導率が低く，昨年に比べても6～8ポイントも低くなっている。

（2）夜の宴会の申込が少ない→「席のみ予約」が多い

　当店では，夜の予約客のうち，宴会メニューを予約する客と，席のみ予約の客のデータも把握している。店としては席のみ予約の方が客単価が上がるというメリットもあるが，宴会メニューを予約してもらった方が，食材の調達とロ

ス管理にも貢献するためメリットが大きい。

図表2-7-6は，夜予約のうち宴会メニューを予約した客の比率である。

【図表2-7-6】夜予約客のうち宴会予約比率

宴会予約比率	10月	11月	12月	1月	2月	3月	4月	合計
昨年度	62.0%	58.0%	69.6%	64.5%	59.6%	61.8%	55.7%	62.7%
今年度	68.8%	51.2%	72.3%	52.8%	42.2%	63.7%	62.5%	61.2%

出所：Y社のデータに基づき筆者作成

【図表2-7-7】来阪外国人の推移

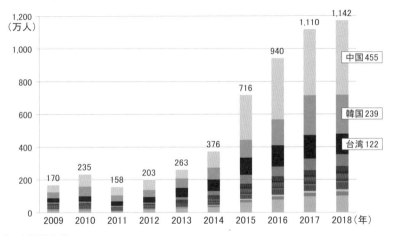

出所：大阪観光局

これを見ると，12月と3月，4月の宴会メニューの予約比率が高くなっている。忘年会，歓送迎会の時期は，やはり価格がわかりやすい，宴会メニューが支持されていることがわかる。

さらに昨年に比べてこの時期の予約比率が高くなっていることも，宴会メニューチラシによる仕掛けが当店にとって重要であり，ここに対策を打つことで売上・利益に貢献する可能性が高いことを示唆している。

170

（3）インバウンド客が多い立地であるが，当店の外国人客比率は5％程度であり，インバウンド客の誘客対策が十分とはいえない

図表2-7-7は，来阪する外国人の推移を表わしている。2015年から急速に増加しており，ここ2年は1千万人を超えている。今後も大阪万博の開催（2025年）に向けてさらに外国人が増えることは確実である。

当店もインバウンド観光客が多い立地にあることから，インバウンド客をいかに誘店させるかが課題であることは間違いない。

当店のアルバイトも中国，台湾，ベトナムなどの外国人が増えていることからも，積極的に対策を講じる必要がある。

4. 現状と課題のまとめ

当店では，食材原価と人件費についてはFC本部の指導方針もあり，毎月各30％を維持しており，FL比率に問題はない。店長の日々の一番重要な仕事はアルバイトの人手不足の中で，ホールとキッチンの配置をどうするかであり，それでも不足する場合は，社員や社員の家族の応援で何とかやりくりしているのが現状である。

コスト削減でできることはやり尽くしているとすれば，当店の喫緊の課題は売上増加であり，客数の増加である。

当店がいまやるべきことは，何としても客数を確保し，付加価値の向上，効率の向上により生産性向上を実現することである。

以下，中小サービス業の生産性向上のためのガイドラインが付加価値の向上策として示している「新規顧客層への展開」「商圏の拡大」「独自性・独創性の発揮」「顧客満足度の向上」「価値や品質の見える化」「機能分化・連携」「ITの利活用（付加価値向上につながる利活用）」，効率の向上策として「サービス提供プロセスの改善」の切り口から次節で支援内容を紹介する。

※次項のタイトルにある（　）内の表記は当ガイドラインのどれに該当するかを示している。

Ⅳ　生産性向上のための支援内容

1. 商圏内企業への営業（商圏の拡大）

（1）周辺企業への挨拶訪問

　当店では，法人会員制度がありよく利用いただくお客様とは名刺交換を行い，会員企業になれば10％割引の特典が受けられる。店舗の入口（レジ横）には，ざっと300社ほどの企業名が表示してある。企業名を伏せてほしいという企業もあるようなので，これ以上の会員が存在するようである。

　周辺企業への営業訪問は，平日のアイドルタイムである15：00〜17：00に時間を見つけて店長が訪問しているとのことであるが，既存客への表敬訪問が主であり，数十件程度のポスティングでは商圏内シェアの拡大にはつながらない。以前はアルバイトリーダーと一緒に訪問し，2回目からはアルバイトリーダーが1人で訪問していたようであるが，現在は実施されていない。

（2）DMから地域限定ポスティングへの変更

　そこで，既存顧客へのDMによる再来店誘導が主な対策となるのだが，単に宴会チラシだけでは効果が見込めない。そのためチラシとは別に500円の割引券（金券との引換券）を付けて発送している。実施したばかりなので，まだ回収はされておらず，効果検証まで至っていないが，DMの効果UPを図る上では有効な手段となる。

　また，郵便局のサービスである「タウンプラス」の活用を提案し，現在発送準備中である。このサービスは地域を指定して郵便局員がポスティングをしてくれるサービスで，ケースにもよるが，1通あたりの単価は切手代より安くなる。最寄り駅から店まで5分の距離は，ちょっと寄る距離ではなく，わざわざ行く距離である。常連客が6割以上であるという現状を考えれば，チラシの配布地域を拡大するのではなく，当店まで2，3分で来ることのできる周辺企業にアプローチする方が得策である。

2. アルバイトの名刺交換と手書きのお礼はがき（独自性，独創性の発揮）

　当店独自のサービスとして，アルバイトがお客様と名刺交換をして，後日手書きのハガキが届くというサービスがある。そのハガキには，来店のお礼のメッセージとともに，ハガキ持参の方に料理を一品サービスしてもらえるという言葉も添えてある。

　この施策は，新規のお客様を2度目の来店に誘導する効果が高く，来店時にそのハガキを出したアルバイトと再会すれば，当店のファンになってもらえる効果も見込める。

　しかし，どのようなお客様と名刺交換をするのか明確な基準がなく，せっかくの仕組みもほとんど実行されていない。店長によると，団体予約で来店された際の幹事役の方がその対象とのことであるが，その都度店長が指示するのか，アルバイトの判断なのかも曖昧である。つまり制度としては存在するが，積極的に再来店誘導策として活用されているとは言えない。店の独自性が発揮できる施策であり，新規客が固定客に繋がる効果的な施策であるにもかかわらず，当店の仕組みとして定着していない。

　実施するのか，廃止するのか，実施するのであれば明確な基準をつくって確実に実行するよう助言をしているところである。

3. インバウンド客の誘店対策（新規顧客層への展開）

（1）多言語メニューサイトへの登録と更新（IT利活用）

　図表2-7-8は大阪府が実施している多言語メニュー作成支援サイトである。現在では多くの飲食店が登録をしているが，具体的な効果が検証されているかは定かではない。やや登録に手間はかかるがメニューの写真データがあれば特別な知識がなくても1時間程度で完了する。掲載は無料なので掲載しない手はない。

　当店では，FC本部からメニューの写真データが支給されているので，鮮明な写真が掲載できる。目的は掲載することではなく，これを見たインバウンド客が来店してくれるかどうかである。それには掲載情報の更新が欠かせない。

【図表2-7-8】多言語メニューサイト「TasteOsaka」

出所：https://taste-osaka.com/（2019年7月7日）

　当店では，年4回季節ごとに宴会メニューとおすすめメニューが変更になる。その都度サイトに写真と食品ピクトグラム（宗教戒律上「食べてはいけないもの」のある方や，ベジタリアン，食物アレルギー等によって，「食べられないもの」のある方に向けて，料理に使用する食材を示すもので35項目ある）の登録が必要となる。またサイト内に「Hottest Restaurants」というコーナーがあり，更新が新しいものから順に掲載されるため日々更新が欠かせない。

（2）エントランスへの多言語対応店舗告知（新規顧客層への展開）

　大通りに面している当店にとって，入口での告知は重要である。多言語対応のメニューを揃えており，外国人のお客様を歓迎するメッセージを店頭の目立つ場所に掲示した。

　このPOPを掲示して以降，少人数ではあるが外国人観光客と思われるグループが昼夜を問わず，数組来店するようになった。前項のサイトと併せて相乗効果が発揮されているものと思われる。

　当店のホームページは，FC本部のものと当店のオリジナルがあるが，後者はまったく更新されていない。またGoogleマイビジネスの管理者も，以前Y社に勤務していた社員が登録して以降更新されておらず，ドメインも不明な状

【図表2-7-9】　多言語対応店舗の店頭表示

出所：筆者撮影

態であった。現在Googleマイビジネスは，現店長の管理になるよう変更手続きを行っているところである。

（3）店内おすすめメニューの多言語化（価値や品質の見える化）

季節ごとのおすすめメニューは全6品あり，店内に掲示するPOPはFC本部から支給される。ただし，最近は写真ではなくイラストで描かれているため，外国人にはわかりにくいPOPになっていた。

そこで前述の多言語メニューサイトに掲載したメニューをプリントアウトして，クリアケースに入れて日本語メニューと裏表になるよう工夫している。

また同サイト内には店頭に貼るステッカーや指差し会話シートなどもプリントアウトできるようになっており，サイトとしてだけでなく，店内外で利用できるツールがあるため利便性が高い。

（4）今後の展開

当店に隣接する場所に現在ホテルが建設中である。1年後には完成する予定

【図表2-7-10】多言語対応おすすめメニュー

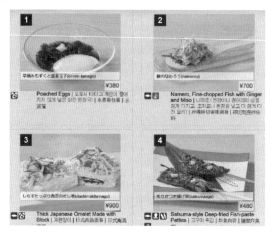

出所：「Taste Osaka」Y社の多言語メニューページ

であり，インバウンド客も含め，宿泊客の需要が見込める。その準備として，インバウンド対応力をより強化しておくことが，ホテルオープン時に役立つことは間違いない。

　また，現存する周辺のホテルに営業し，周辺のおすすめ飲食店マップに掲載してもらえれば，宿泊客の夕食需要を喚起することも可能である。店長は日々忙しく，訪問営業をする時間がないのが実態であるが，今後の当地域のインバウンド需要の増加を見据えれば，これらの取組みは，将来の店舗の客数増加に十分生かされる内容である。

4. 宴会予約客の増加策

（1）宴会チラシの見直し（価値や品質の見える化・顧客満足度の向上）

　FC本部支給の宴会チラシは，データ支給であるため加盟店で加工可能であるが，店舗にそれを加工できる人材がいなければ，そのまま印刷して配布するしかない。これも少し工夫をすれば訴求力のあるチラシに変更可能である。

　改善した内容は以下のとおりである。

①訴求ポイントの強調→お得な情報を2つに集約して☆マークで強調

②料理写真と価格表示の拡大→顧客視点で選びやすく

③文字数の削減→情報量が多いと読まれない

④使用する色数の削減→色数が多いと視認性が低下する

⑤バックの色を季節に合わせて統一→春は桜色など

【図表2-7-11】 春の宴会メニューチラシの改善

出所：改善後は，筆者作成（春の宴会メニュー）。改善前は，FC本部提供

この後，夏の宴会チラシも作成しているが，そこには新たに店長の写真入り
メッセージを掲載するなど，毎回バージョンアップしている。

後述するが，これによって席のみ予約から宴会メニュー予約への誘導効果が
確認されている。

ちょっとした改善であるがアドバイスだけで実行してもらえる可能性は極め
て低い。日々の定例業務で手一杯というのが中小企業の現場の実態である。助
言だけで実行していただけるなら何の問題もないが，ある程度の実務支援が必
要になる場面も多い。コンサルタントは業者ではないし，業者になってはいけ

ない。しかし，実際にやっていただけるようになるまでの一時的な支援であることを前提に，実務支援を行うことも必要である。

5. 宴会メニューの粗利率向上策（サービス提供プロセスの改善）

（1）宴会メニュー別の原価算出

　生産性向上の切り口として，複数の宴会メニューのうち，どのメニューが収益性が高いのか，実際に注文数が多いのはどのメニューか，店として注文してほしいメニューが実際に多く注文されているのか，チラシの改善で収益性の高いメニューへの誘導は図れないか，客に「おすすめはどれ？」と聞かれた際に，店員は収益性の高いメニューを認識しているか，アルバイトであっても的確におすすめできているかがポイントである。

【図表2-7-12】宴会コース別粗利計算表

コース	価格	原価	原価率	粗利額	順位
A（1）	3,000	681.4	22.7%	2,319	7
A（2）	3,000	667.9	22.3%	2,332	6
B（1）	3,500	841.4	24.0%	2,659	3
B（2）	3,500	869.7	24.8%	2,630	4
B（3）	3,500	895.3	25.6%	2,605	5
C	4,000	1,242.4	31.1%	2,758	2
D	5,000	1,373.6	27.5%	3,626	1

※（　）内は同コースのメインメニューの選択肢
出所：Y社のデータに基づき筆者作成

（2）付加価値の高いメニューへの誘導

　図表2-7-12は宴会メニュー別の原価表である。価格の高いC，Dコースは当然粗利も高いので，店としてはおすすめコースである。

　A，Bコースは，比較的価格が低いコースになるが，メインメニューを選べるコース設定になっている。ではお客様にどちらがおすすめかを聞かれた際に店としておすすめすべきは，Aコースなら（2）を，Bコースなら（1）をおすすめすべきであることがわかる。

宴会メニューは季節ごとに変更になる。その都度コース別の粗利額を算出することで、お客様におすすめメニューとして自信を持って推薦できるようになる。些細なことであっても積み重なれば店の利益を大きく左右するのである。

6. FC本部・SVの活用（機能分化・連携）

（1）FC本部との連携強化

FC本部には膨大なデータが蓄積されている。現場では日々のオペレーションに追われ、データ分析の時間は取れないのが現実であり、せっかくのデータが生かされていないことが多い。

ではどうすればデータを生かした経営ができるのか。FC本部の支援として、SVが定期的に店を訪問し、助言をしてくれる。この費用はロイヤリティに含まれているため、店としてはSVを最大限活用すべきである。

当店でも月に1回臨店指導がある。SVは、店の訪問時に、現場に入ってオペレーションの支援をしつつアルバイトの指導もしてくれる大変ありがたい存在である。

しかし店長から何も指示がなければデータの分析やその結果の説明はしてくれない。SVの言われたままに店舗運営をしていても本当の意味の経営改善にはつながらない。店長には時間がない。ならば、いかにSVに店長の支援をさせるかを考えなければならない。店長からSVに毎回宿題を出すくらいでないと活用しているとは言えない。

（2）会議への同席

私が支援に入ってから、当初は社長と店長と3名で会議を行っていたが、最近はSVの臨店指導の日に合わせて会議を実施している。会議には必ずSVも同席いただき、私の支援内容を一緒に聞いていただいている。

FC本部のルールに従わなければならないこと、申請すれば可能なこと、加盟店で自由に実施できることなど、SV同席であれば新たな対策を考える上で、その場で確認できるため、後日確認する手間が省けて効率が良い。

また臨店の都度提供される「臨店資料」の中には当店の時間帯別の売上，客数，顧客属性などの情報が盛り込まれており，その場で説明が聞けるメリットもある。

協力してほしいこともその場で依頼できるため，会議の時間が以前に比べ格段に充実した内容になっている。

(3) 事例の提供依頼

FC本部にはいうまでもなく加盟店の情報が集約されている。その中には当店と類似した店舗，ビジネス街立地でインバウンドも狙える立地の店舗の取組み事例も聞ける。

具体的に聞いたこととして，海外の旅行代理店と提携することはできないかを尋ねた。これは他店の事例と言うより，FC本部としてそのような動きはできないかということである。残念ながらその回答はもらえていないが，制約条件に縛られるのではなく，FC加盟のメリットを最大限活用しようという意識があれば，いろいろと依頼できることがあるはずである。

(4) 販促の効果検証

FC加盟店のメリットとして最後にあげておきたいことは，販促効果の検証が可能という点である。宴会チラシの改善効果で実際に宴会メニューの予約が増えたのか，それは店舗のデータを解析すれば可能であるが，FC本部も同じデータを共有しているので店で手間をかけて分析する必要はない。

このような取組みも，店側から要望しなければSVが自ら動いてくれることはない。店長がやるべき仕事を代わりにやってくれるのがSVだとすれば，もっと依頼すべきことが増えるはずである。人手不足で店長はキッチンとホールを行き来する日々である。だからこそ店長のサポート業務をもっとSVに依頼すべきである。

V　支援後の効果と今後の期待

1. 支援後の効果

（1）宴会予約数の増加

【図表2-7-13】宴会予約数の推移

宴会予約数	10月	11月	12月	1月	2月	3月	4月
昨年度	542	368	1,204	537	506	599	500
今年度	509	337	1,115	450	253	392	524
昨　対	93.9%	91.6%	92.6%	83.8%	50.0%	65.4%	104.8%

出所：Y社のデータに基づき筆者作成

　図表2-7-13のとおり，10月から3月はすべての月で昨対を割り込み，宴会のピークである12月でも昨対をクリアできていない。この要因は，宴会メニューの魅力や予約のメリットが顧客に伝わっていないことが要因と思われる。

　宴会チラシの改善の結果，4月の宴会予約数が大幅に改善されていることでそのことが実証されている。

【図表2-7-14】店舗PLと店舗貢献利益の推移

（千円）

	3月	4月
売上高	6,384	7,406
食材原価	1,876	2,231
人件費	2,342	2,366
広告宣伝費	56	184
販売管理費	2,037	2,039
店舗貢献利益	72	588
利益率	1.1%	7.9%

出所：Y社のデータに基づき筆者作成

（2）店舗貢献利益および利益率の向上

　施策の実施により，店舗利益率の変化も見られる。施策実施前の3月と施策

181

【図表2-7-15】外国人来店客数の推移

実施後の4月を比較すると，販売管理費および人件費は横這いだが，利益率は6.8ポイント改善している。

(3) 外国人来店客数の増加

　図表2-7-15のとおり，外国人の来店客数はp.173「3.インバウンド客の誘店対策」で紹介した対策を実施し始めた2018年7月以降，ランチ，ディナーともに毎年増加傾向にある。

2. 今後の期待

　今回紹介したY社の事例は，現在支援中の事例であり，検証できたものと，検証できていないものがある。

　例えば，宴会の予約数は伸びているが，4種類のメニューのうちどのメニューの予約が多かったのかは把握できていない。利益率の高いメニューに誘導できたのか，また実際に店舗の利益率が向上しているかどうかの検証はこれからである。

　しかしこのような実施と検証の繰り返しは，FC加盟の飲食店のモデルとなる取組みであり，当店の改善が進むにつれてさらなる生産性の向上が進むことが期待できる。

店長の思いは伝わっていますか？

　飲食店の品質は3つ。第1次品質「味」，第2次品質「接客・サービス」，第3次品質「店の雰囲気」と言われている。では，この3つ中で最も他店と差別化できるのはどれだろうか。

　重要度で考えればこの順番で良いのだが，差別化しやすいのはどれかと問われると少し話が違ってくる。

　誰しも「行きつけの店」がある。たとえば仕事終わりに，今日はどこかに寄って帰ろうかと考えたとき，あなたはどんな店が頭に浮かぶだろうか。

　私は迷ったら「自分にとって一番居心地の良い店」を選ぶ。店の選定基準は，「誰と一緒に行くのか」「どんなシチュエーションなのか」によってもちろん違う。しかし，自分が決めることができるとしたら，その店が持っている「店の雰囲気（＝トータルの品質）」だろう。

　では，その品質を決定しているのは誰か。それは間違いなく店の責任者である「店長（またはオーナー）」である。

　「今日はあの店長に会いたいからあの店に行こう」明確にそんな意思決定をして行く人はいないかもしれない。しかし潜在意識の中ではそう思っているはずである。そして，その店はかなり高い確率で「自分を大事に扱ってもらえる店」なのである。

　だとすると飲食店の経営者として何をすべきか，それは店長のプライベートも含めた，店長の人柄・人間性をできるだけオープンにすることである。

　店長の人柄は，既存客にとってのリピートファクター（再来店動機となる要素）になる。店長の思い（個性）が店づくりに反映されているか，それがお客様に伝わっているか，その基準で改めて店を見直してみてほしい。生産性向上のヒントはすぐそこにある。

サービス業(アミューズメント施設)

I はじめに

　サービス業の生産活動では，同じものが生み出されることは二度とないと言われている。言うなれば一期一会である。それはサービスの提供者とサービスを受ける顧客の双方向から生産活動に影響を与えられる協働性（コ・プロダクション性）や，生産と消費が同時に行われることなど，サービス業の様々な特性から言われている。

　このようにサービス品質の確保が難しい業種ではあるが，継続的な経営活動を行う上でそこに甘えるわけにもいかない。特性を理解したうえで，どのようにして顧客への価値提供を継続的に行うかを本章で考えていただきたい。

　また，サービスを形式化しなくては効率化を図れないことはある。しかし形式化してしまうと失われる価値もある。そのようなジレンマの中でサービス業は進化し，生産性を高めなくてはならないということも意識して読み進めていただきたい。

　事例企業はゲームセンターの運営会社なので，あまり馴染みはないかもしれないが，接客を伴う店舗運営であれば共通する内容は多い。業種を問わず，様々な現場の様々なシーンで参考になるはずである。

出所：G社提供

Ⅱ　企業概要

①名　　称：G社
②所 在 地：四国
③事業内容：アミューズメント施設（ゲームセンター）の運営
④従業員数：9名（内パート7人）
⑤売 上 高：（年）6,000万円

　G社は郊外に位置するオープンモール型ショッピングセンター内にて，客室面積約120坪のゲームセンターを運営している。当該店舗は，G社社長が以前に勤めていた会社により運営していたが，売上の低迷から採算が合わなくなり閉店することを決定した。そこで，G社社長は同店舗の買い取りを勤務先に申し出て，新会社を設立の後に，新店として独立開業をするに至った。

　引継いだ当初こそ採算は合わずにいたが，その後は順調に推移し，図表2-8-1の通り，連続して前年売上を上回っている。ただ，単月で見た場合は前年を下回る月が4カ月間続いたこともあったが，その理由については今後の課題で触れたい。

　ところで，ゲームセンターと聞くと不健全なイメージを抱く人も多いかもしれないが，最近では業界全体を通して店舗の雰囲気や顧客層に変化がみられ

【図表2-8-1】G社売上推移（年次・月次）

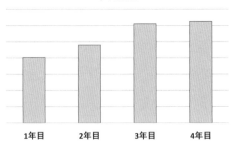

年次売上

1年目　2年目　3年目　4年目

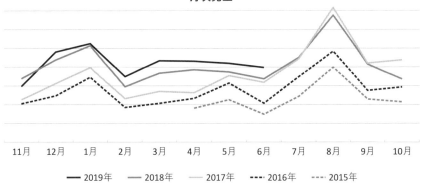

月次売上

11月　12月　1月　2月　3月　4月　5月　6月　7月　8月　9月　10月

━━ 2019年　　━━ 2018年　　━━ 2017年　　----- 2016年　　----- 2015年

出所：G社資料を基に筆者作成

　る。同店においてもその傾向は顕著であり，明るい店舗雰囲気の中，ファミ
リー層や高齢者層を中心とした顧客の利用が多い。

　店内にはクレーンゲームやメダルゲームを主に設置している他，小さな子供
が楽しめるゲーム機も並ぶ。売上の多くはクレーンゲームが占めており，全体
の7割以上にも及んでいる。

　また，特徴的なところでは低単価で遊べるゲーム機の設置がある。近年では
ゲーム機に100円玉を投入して遊ぶのが通例であるが，同店舗では10円玉を
投入して遊べるゲーム機も用意している。1ゲーム10〜30円の料金で気軽に

186

楽しむことができ，顧客からの評判も高い。

Ⅲ　支援前の現状と経営課題

　この事例は3つのフレーズに分かれる。まずは法人の設立から，経営方針や経営戦略の策定，事業計画書の作成などを行った「創業期」。次に，各種計画を具体的な行動に落とし込み店づくりを行う「開業期」。そして，開業後に顧客の反応や実売上，現場のオペレーション状況などを踏まえて行った「運営期」となっている。

1. 過去の問題点

　記述の通り，同店は前運営会社から引き継いでいる。そのため，過去の経営状況および問題点については前運営会社の経営時から抱える内容であり，主な問題点とその要因は図表2-8-2のとおりである。それぞれの詳細および関連事項については以後に続ける。

【図表2-8-2】店舗承継時に抱える問題点とその主な要因

過去に出店した店舗は売上が伸び悩み閉店にいたっている	（1）顧客満足度の低下	➡	顧客価値とサービス品質を低減させる原価削減
	（2）従業員満足度の低下	➡	経費削減による負荷，顧客満足度低下による連鎖
	（3）施設集客との不適合	➡	業界従来の顧客層をターゲティング
	（4）概算的な数値管理体制	➡	現場運営に合わない管理システムの使用

出所：筆者作成

（1）顧客満足度の低下（顧客価値とサービス品質を低減させる原価削減）

　同店が出店する複合施設は10数年前に開業しており，当初からアミューズメント施設は入居していた。しかし，過去に入居した運営会社は思うように業績が伸びなかったのか，数社にわたり入れ替わっている。G社社長が勤めてい

た前運営会社においても長くは続かなかった。顧客は離れ，売上の低迷とともに利益も減少し，赤字に追いやられていく。すると赤字だけは回避しようと顧客価値につながる原価部分を削減してしまった。サービスを提供する従業員の人件費削減や景品代の削減などに着手して，利益の確保に向いていった。しかし，顧客価値をさらに減少させて利益を確保したところで一時しのぎにすぎなかった。

（2）従業員満足度の低下（経費削減による負荷，顧客満足度低下による連鎖）

　売上が低迷し始めると，後ろ向きの経営判断も多くなり，従業員も負の連鎖に陥りやすい。従業員満足度が下がり始めると，接客をはじめ様々な業務の質も下がる。顧客価値も顧客満足度も下がり，売上はさらに下がる。そして従業員満足度もまた下がる。連鎖は止まることなく，落ちるところまで落ちていた。

（3）施設集客との不適合（業界の従来顧客をターゲティング）

　同社店舗が出店する商業施設は，近隣商圏を対象にしており，車20分の商圏人口は10数万人程度である。核施設のスーパーをはじめ，ホームセンター，ドラッグストア，百円均一店などが軒を連ね，食料品や日用品など日々の買い物を満たすテナント構成となっている。施設に訪れる顧客の多くは，スーパーへ買い物に来る主婦をはじめとする家族連れや高齢者である。このような施設の集客状況であったが，若者男性を中心ターゲットにするというミスマッチが生じていた。

（4）概算的な数値管理体制（現場運営に合わない管理システムの使用）

　月間の売上に対する仕入れや経費の予算は組まれていたが，機械毎の売上などについて細かい管理をせず，数値をグロス的に見て感覚的な判断をしていた。そのため従業員の経験や感覚の違いにより判断にバラツキが生じ，オペレーションは不安定となり，機会損失や不良在庫の滞留などにもつながっていた。

Ⅳ　生産性向上のための支援内容

　同店は新店としてスタートするが，過去の運営店舗が抱えてきた問題を解決しなければ，いずれ経営が立ち行かなくなることは簡単に予想できる。

　過去の問題から学び，新店における経営の方針やありかた，マーケティングや経営戦略，運営施策などの策定を支援した。なお，拠り所としたサービス産業の特性や取組みの意義なども現場の状況に沿いながら記していく。また，取り上げる内容は「人づくり」「付加価値の向上」「効率の向上」にわたるが，生産性の向上を図るうえで全体が絡み合っていると考えていただきたい。主な取組みは図表2-8-3のとおりで，その詳細および関連する内容については以後に続ける。

【図表2-8-3】生産性向上のための取組み

生産性の向上 =		分子への取組み	人づくり
	付加価値の向上	1. 理念経営に基づくサービス品質の向上	分子・分母への取組み
		2. 独自性と新たな価値を探る競合店調査	
		3. ターゲットの価値基準に合わせた店づくり	
		4. 新たな顧客価値の創造と新規顧客層への展開	
		5. 継続的な満足度向上と店舗イメージの定着	10. 従業員定着率の向上 モチベーションの向上 従業員満足度の向上
		分母への取組み	
	効率の向上	6. 収支計画に基づくムリのない販促・集客	
		7. 施設集客に合わせたターゲットの設定	
		8. 繁忙時を徹底的に伸ばす運営計画	
		9. 管理システムの導入による機動的な運営	

出所：筆者作成

1. 理念経営に基づくサービス品質の向上

(1) 企業の存在意義や顧客への提供価値を再考し理念・方針を制定する

　なぜ起業するのか。起業を企図する人にはそれぞれの思惑があるだろう。その思いは事業モデルや収支構造に影響し，事業の成否にも関わると考えられる。

　ただ単に，お金儲けがしたい，人に雇われるのが嫌だから，という理由で起業するのも耳にする話である。それが絶対にダメだというわけではないが，会社を社会の公器と捉えるならば，自己の利益のみを追求するのはいかがなものかとも思う。企業には従業員や顧客，取引先など様々な利害関係者が存在する。自らの企業がどのような価値を生み出すことができるのか，社会に存在することの意義を自らに問う必要がある。

　またサービス業はサービス提供者が顧客価値に影響を与えるという特性もあり，従業員の精神的な資質も大切になる。もし従業員が自己都合ばかりを優先し，奉仕する精神や公益を考える精神を持たなければ，高い顧客価値を提供するのは難しいかもしれない。そのため店舗開業に先立ち，店舗や従業員の行動規範となる店舗運営方針を策定することにした。

(2) 理念・方針を内外へ見える化し付加価値の安定と向上を図る

　「当店は地域密着，明るく安全，安心して遊べるアミューズメントパークです。地域コミュニティのお役に立ち，ご家族のコミュニケーションのお役に立てるよう頑張って営業してまいります!」これは支援先店舗が提唱を続けている店舗運営方針である。店内では顧客の目につきやすい場所への掲示や，週末のイベント時など人が多く集まっている時に店内放送でアナウンスもしている。

　企業によっては経営理念などを定めているものの，それらの浸透施策について特に活動を行っていない場合も多い。同店においては前述の通り組織内外に向けて発信を行うようにしている。これにより，店舗の存在意義や貢献内容の周知および浸透を促進し，顧客との関係構築および従業員の行動や判断の基準

を醸成している。また，従業員が働く意義を考える上でも良い影響を与えている。

（3）理念経営を中心とした判断基準により顧客満足度を高める人をつくる

　同店に，マニュアルらしいマニュアルは存在していない。入社時に，仕事や接客をする上での基本事項および心構えなどに関する話はしているが，その後はすべて実業務（OJT）において仕事を学んでいく。そのため，顧客との定型的な会話であっても，従業員や顧客により異なることもあるが，顧客を思う気持ちがあればそれで良いとしている。

　また，「お客さんが何かに困っていたり，お客さんから何か要望を言われたりして，もし自分一人で判断しないとならない時，もしも判断に迷ったら，お客さんにとって優しい方，親切な方を選択しましょう」と教えられている。実際にそのようなケースは多くあるわけではないが，大切なのは基本となる考え方である。

2. 独自性と新たな価値を探る競合店調査

（1）競合店調査による機能分化から独自性を探る

　商圏には競合店が多数存在していた。戦略の策定に競合の情報は重要である。まずはそれぞれの店舗特性や来店顧客の特徴などを調査する必要がある。またどのようなハード面やソフト面，資本力などを持ち合わせているのか。どのような顧客をターゲットにどのような価値を提供しようとしているのか。その競合店を訪れる顧客はどの様な価値を求めているのか。店舗と顧客，2つの視点に切り分け，それぞれの立場の理想と現実の均衡具合を見極める必要がある。

（2）相手の土俵で戦わない，競合店と競合せず商圏の市場拡大を目指す

　競合に真っ向から挑む競争戦略もあるが，資本力に影響される面も大きく中小企業にとっては得策でないと考える。単なる諦めや弱気ではないが，ムダな

抵抗はすべきではない。また，価格競争についても同じで，わざわざ仕掛けるべきではない。あと，競合が得意としている点にはむやみに手を出さず任せておけばいい。すると，結果的には競合しなくなる。近隣店舗と共に商圏の市場を大きく育てる，共存共栄を図る寛容な精神のもと戦略を構築したいところである。

(3) 新たな顧客価値の創造と新たな顧客の開拓を探る

しかし，業種業態を問わず既存市場には限りがあり，顧客を奪い合う競争環境に置かれることは実際のところ多い。そのような事態に陥らないため新たな顧客価値の創造と，新たな顧客層の開拓を行うべきである。同店はこの戦略を選択した。これならば近隣店舗と早々に対峙することは無い。

3. ターゲットの価値基準に合わせた店舗づくり

(1) 購買決定者は誰かを見極める

同店がターゲットに設定した新たな顧客層は，高齢者から幼児までを含むファミリー層である。そこで，ファミリーが購買活動を行う時，その意思決定権者は誰かというところを考えた。やはり保護者の決定権は大きいだろう。祖父母，父母といった保護者が，子供達に「行かせたくない」と思うような店舗ではファミリー層を取り込むことは不可能である。そのように言わしめる要素を徹底的に絞り出し，排除する必要があった。

(2) 店舗にいる全員がサービス価値に影響する

店内は薄暗く，怖そうなお兄さん達もいて雰囲気が悪い…。このような場所に子供を連れて行きたいと保護者は思わないだろう。サービス業の特徴の一つとして協働性（コ・プロダクション性）が挙げられる。これは，提供者である従業員と参加者である顧客によってサービスが成立することを意味している。また，顧客自身のみならず，店舗空間を共有している他の顧客の存在も，自らが受けるサービスの価値に影響を与えることになる。そのため，店内にいる顧

客は同じ属性の方が良いといえる。属性の異なる顧客が増えないように景品やゲーム機を品揃えした。

（3）ターゲットの核を定め未開拓市場を開拓する

　ターゲットの中でも父母，特に母親を意識したいと考えていた。過去，ゲームセンターの利用者としては若者男性が多く，女性や母親の利用者は少なかったと思える。それは，暗い，汚い，危険などといったマイナスイメージを持たれて敬遠されていたのかもしれない。このように，あるセグメントの人達が何らかの理由を持ち，ある業界や業種，サービスなどを敬遠していたとしたら，そこは未開拓の市場と考えることもできる。もちろん，今まで通りでは通用しないため，マイナス理由の排除やセグメントに合わせた変化は必要である。

（4）ターゲットに与えるマイナスイメージを排除

　では，上記の女性が感じるマイナスイメージを払拭していくことについて考えて行きたい。まず「危険」は論外として，「暗い」は予算と相談しながら照明と装飾で対応することにした。

　ここでは女性の注目も高い店内美化について触れたい。これはサービス業に限らず店舗，オフィス，工場でも重要なことである。むしろ製造業の生産現場で磨き上げられたのが「5S活動（整理・整頓・清掃・清潔・しつけ）」といえる。

　店舗で行う「5S」はサービスの提供活動であり顧客価値の一部を成していることは言うまでもない。顧客からすれば出来ていてあたりまえ，出来ていなければ不満を感じさせていると考えた方が良い。

　では，従業員が価値提供をしていると考えながら店内清掃をしているだろうか。雑巾を手にして拭くことが目的ではなく，拭いて奇麗にすることも目的ではない。顧客に気持ち良く過ごしてもらい，また来てもらうことが目的であり，顧客に価値を提供している。このように目的と手段を混同しないことが大切である。

4. 新たな顧客価値の創造と新規顧客層への展開

（1）付加すべき価値と，負荷になる価値，不可と言われる価値を考える

　近年では，高付加価値の製品やサービスを産み，その価値に見合った対価を頂戴するというのが理想とされる流れである。もちろん，それは良いことである。

　ただ，気を付けたいのは，何でもかんでも付加すれば良いというものでもない。不要なものを付加すれば，顧客にとっても企業にとっても，ただの重荷となってしまうだけである。良かれと思って付加したことが，顧客や自らに負荷をかけていないだろうか，顧客から不可と言われていないかを考える必要がある。

（2）顧客が求めている価値と価格

　では，何を付加すべきなのか。いうまでもなく，ターゲット顧客の求める価値を付加すべきである。逆にターゲット顧客の求めていない価値が既にサービスの中に組み込まれているならば，捨ててしまうべきである。

　ムダなサービスを思い切って捨てればコストを削減でき，その分は顧客が望む他の付加価値に振り向けることもできる。または顧客への提供価格を引き下げることもできる。なお，この価格引き下げはターゲット顧客にとってのムダを省くことを起因とし，顧客価値向上を企図した戦略である。単なる低価格戦略とは一線を画す。

　同店でもこの戦略を採用し，低価格で遊べるゲームや景品予算の追加，十分な休憩スペースの設置，無料の給茶機や玩具，絵本などを用意した。

（3）取り除く，減らす，増やす，付け加える

　経営戦略の一つ，ブルー・オーシャン戦略の中に，「4つのアクション」というフレームワークがある。それは企業のとるべき4つの行動「取り除く」，「減らす」，「増やす」，「付け加える」を通して，差別化と低コスト化を図ろうとするものである。ここで，同店がとった戦略の一部をこのフレームに当ては

めてまとめてみたい。

《取 り 除 く》近隣店舗と競合する顧客が望まない遊技機や景品

《減　ら　す》最新遊技機，遊戯機の台数，追加投資，難しい遊戯機

《増　や　す》景品の還元および種類，顧客への接客応対，簡単な遊戯機

《付け加える》家族でゆっくりできる休憩スペース，安価で遊べる遊技機

　「増やす」と「付け加える」の組み合わせが新しい価値を創造し，新しい顧客層を開拓した。そのための原資になったのが「取り除く」と「減らす」である。

5. 継続的な満足度向上と店舗イメージの定着

（1）顧客に店舗の良いところを見つけてもらい教えてもらう

　顧客の声を聞く方法の一つとしてアンケートの収集があげられる。よく目にするアンケートの形式としては，いくつかの項目ごとに「良い」「悪い」を聞く場合が多い。これも悪くないのだが，店舗の「良い」ところだけを聞くアンケート形式もおすすめである。同店でも開業直後から行うようにした。

　その理由として，顧客に「良い」か「悪い」を聞いていくと，顧客がそれまで何も感じていなかった「悪い」点を顕在化させてしまう時がある。そして，そこから不満が生まれ育つ可能性もある。

　それならば逆の発想で，顧客に店舗の良いところを探してもらい，気付いてもらおうということである。それを顧客が自分の言葉でアンケートに書きだすことにより，その「良い」イメージは一層のこと顧客に定着すると考えられる。

（2）良いイメージの定着から生れるリピート率向上とクチコミの伝播

　顧客に定着した「良い」イメージは，再来店動機を促す。「なぜその店に行くのか」という理由が明確に認識されているからである。また，良いクチコミ

の伝播にもつながる。「なぜその店を勧めるのか」という明確なセールストークを持っているからである。逆に「悪い」イメージを定着させると再来店動機は阻害され，悪いクチコミが伝播されるだろう。

　人はついつい周りの「悪い」ところに目がいきがちであったり，「悪い」ことを口にしたりしがちだが，意識して探してみると「良い」ところも結構ある。

　それなのに人も店舗も，自らの「良い」ところには意外と気付いていないものである。良いところを見つめ「より良くする」ことが簡単で効率的である。

(3) サービス業におけるクチコミの重要性について

　クチコミについてはもう少し確認しておきたい。サービス業は，特にクチコミが重要であり，クチコミによる影響を受けやすい業種だと言えるだろう。

　小売など「モノ」の場合は使用した結果を数値などで現しやすいが，サービスなど「コト」の場合は，提供を受けたサービス内容は個人の感覚などに依るところもあり，表現しにくく信憑性にも欠ける特性がある。そのため，信頼できる身近な人から実際にサービスを受けた過程や結果のクチコミを聞いたり，身近では無くてもバラツキの少ないクチコミが多数の人から聞こえたりすれば，その信憑性や客観性から大きな効果を及ぼすだろう。もちろん「良く」も「悪く」もである。

6. 収支計画に基づくムリの無い販促・集客
(1) ムリな集客活動で事前期待を上げすぎない

　販促活動を行う上で気を付けておきたいのは，過剰な広告宣伝などにより顧客の事前期待を必要以上に高くすると，顧客満足を下げる場合があるということである。それは，顧客が高い期待を胸に実際のサービスを受けた時に，期待以下となりやすく失望させてしまうからである。

（2）店舗体制が整う前にムダな集客をして地域の貴重な顧客を失わない

　また，オープン直後は仕事に慣れていない従業員も多く，オペレーションは安定せず，サービスの質も低い時である。オープン日に閑古鳥が鳴くのも辛いが，来店客に不満を抱かせ，商圏内の貴重な顧客を失うのはもっと辛い。

　一度，失望させてしまい離反した顧客に，再来店してもらうのは大変である。オープンして少し落ち着いてから集客するぐらいの余裕が欲しいところである。

　下記の売上の公式を見ながら確認したい。顧客を失望させるということは「客数」の部分を失うことである。「単価」や「リピート」は後から何とでもやりようはある。しかし「客数」を減らし続けると後々大変なことになってしまう。まずは店に来てくれた顧客の一人一人を失わないよう大切にしていくのが良い。

> 売上＝客単価×**客数**×リピート

（3）長期的かつ余裕のある収支計画を策定しムリなく効率的に活動する

　あせらず長期的に，と頭では理解していても赤字が続けばあせるものである。その時の心を支えるためにも長期的な収支計画を策定する必要がある。

　同店舗においては開業後10年間の売上予測を「好調時」「通常時」「不調時」の3パターンで策定し，通常売上から上下20％の幅を持たせた。もちろん，人件費などの変動費（通常は固定費だがアルバイトなので変動費として記載）はそれぞれの売上に応じた設定とし，損益分岐点分析についても目標利益達成売上高から操業停止売上高までを予測した。これにより，業績の振れ幅に一喜一憂せず，計画的かつ効率的な運営を行えるようにした。

7. 施設集客に合わせたターゲットの設定

（1）施設の集客を活かすことにより効率的な集客活動を行う

　顧客に来店してもらう商売であるのなら，どのような業種であっても立地は

重要なポイントとなるだろう。一般的には店舗のターゲットやコンセプトを定めたうえで出店場所を選択することが多いと思うが，同店は承継店舗につき場所は商業施設の一画と既に決まっていた。商業施設も世間に多数存在するが，それぞれに特徴はあり顧客層も異なっているため，施設集客を踏まえた店づくりを行うことが大切である。

(2) ターゲットに合わせたコンセプトを設定し新規顧客層への展開を図る

　同店では，効率的に顧客誘導を行うために，施設利用者の属性や行動特性，嗜好等を分析し，施設集客と合致するターゲットと店舗コンセプトを設定した。

　記述の通り，中心ターゲットはファミリーである。その中には，ゲームセンターを普段あまり利用しない，または全く利用したことがない層も含めた。次に，コンセプトワードは「地域密着」「明るく安全」「安心して遊べる」「安価で遊べる」「家族のコミュニケーション空間」「地域のコミュニティ空間」と定めた。

8. 繁忙時を徹底的に伸ばす効率的な運営と体制づくり

(1) ピーク時間のロスを無くす，さらなる集客と集中で効率を高める

　店舗運営において売上を上げるコツは，ピーク時間帯をさらに伸ばすように努力することである。盛り上がっている時間をさらに盛り上げる。ピーク中のピークを作ることである。そしてそのような時間に人件費やイベントなどのコストを傾斜配分することも重要である。同店舗においては開業当初から週末の午後3時頃に多くの顧客が訪れていた。そこへ，毎週イベントを実施して，さらなる集客を図るようにしてきた。

　暇な時間帯に顧客に来店してもらい売上を高めるのは難しい。それなら，顧客の来店が集中する忙しい時間をいかに上手くまわせるかを考えた方が良い。繁忙期や繁忙時間帯に，さらに集客する仕掛けを考え，集まってもらった顧客に満足してもらうことを考える。その方が間違いなく簡単であり効率的である。

198

（2）ピーク時稼働率100％を目指すことで全体の効率を高める

　そして，こうしたことを続けていると顧客数は増加し，ピーク時にしか来なかった顧客もそれ以外の時間に流れていくようになる。すると，暇であった時間帯も徐々に良くなってくる。当初の暇な時間は，従業員の再訓練や機械設備等の再配置など店舗のソフト面やハード面を見直すための余裕時間と考えるのが良い。

　サービス業の特性としてサービスの消滅性も挙げられる。サービスは生産と消費が同時に行われるため作り置きができないということである。そのため需要調整を目的とした平準化策を考えることも大切である。しかし，繁忙時に限界に向かって努力するからこそムダな業務に気付けることもあるし，鍛えられる能力もある。その結果，より効率的な業務フローを構築できる場合もある。

　そして，繰り返し言わせていただくと，何よりも意識して欲しいのは，人間も店舗も同じであって，「良いところを伸ばす」方が簡単であるということである。

9. 管理システムの導入による機動的な運営

（1）機械別売上高，商品別売上高を直感的に把握できるシステムの構築

　店舗では無線を利用した機械毎の売上管理システムを導入していた。しかし，既成システムを利用しているため店舗の運営スタイルに即していないのが現状であった。そこで，市販の表計算ソフトを活用し，売上や景品の払出率を一つの画面で直感的に判断できるシステムを開発した。これにより，従業員はゲーム機の設定や景品の入れ替えを機動的に行えるようになり，在庫景品の滞留を無くすと同時に，売上と顧客満足の向上に大きく貢献した。

（2）個別売上の推移から顧客の平均来店周期と景品のライフサイクルを読む

　システム導入までは感覚的であったことも数値で見えやすくなり，経験や勘に論理的な思考や判断が加わった。例えば，製品のライフサイクル曲線や普及曲線なども見えてきたことにより，それぞれの段階に合わせた機械の設定など

を的確に行えるようにもなった。また，顧客の平均的なリピート間隔も見えてきたことにより，商品の見切りタイミングも外さなくなり回転率を向上させた。

10. 従業員満足度，モチベーション，定着率の向上

(1) 従業員満足と顧客満足の正循環を生み出す

　過去に従業員満足と顧客満足の相関関係や因果関係について，多くの研究が行われている。これまで多くの現場を見てきたが，確かに従業員満足は顧客満足に影響を与え，顧客満足は従業員満足に影響を与える。サービス業は価値提供の特性として，従業員がサービスの質や結果に関与するため，より大きな影響を与えているといえる。結局，自分が楽しくなければ人を楽しませることは難しい。自分が幸せでなければ人を幸せにすることは難しいのである。まずは会社が率先して従業員の幸せを考え，幸せの好循環をスタートさせる必要がある。

　従業員満足の形成要因は様々であるが，同店舗では「人間関係」，「やりがい」，「業務適正」への取組みが大きい。定期的な懇親会や歓送迎会などを実施することにより従業員同士の人間関係を円滑にしている。そして，そのような場で顧客からの感謝の言葉の共有や，同店舗の顧客への提供価値を再確認するなどしてやりがいも高めている。また，従業員の個別能力を活かすべく，一人一人の得手不得手を考慮した業務の分担などにも注意を払うようにしている。

(2) 従業員の離職が与えるマイナス影響を理解し定着率向上を図る

　もし，従業員の離職により人員が不足すると，求人や選考，研修といった費用がかかる。また，従業員が積み上げてきた技術や経験といった財産も失うことになる。さらには，その従業員を目当てに来店していた顧客を喪失するかもしれない。残された従業員に負担がかかりさらなる離職を生むかもしれない。

　このように，離職によって生じるのは単なるコストだけではなく，付加価値や効率も低下させる。従業員満足を向上し離職率を下げなくては存続できな

い。

　同店舗の従業員の約半分は開業時から在籍しており，定着率は高いといえるだろう。また，遠方へ進学した従業員が盆や正月などの帰省の度に働きにきたり，就職で離職した従業員が休日の応援要員として控えていたりする。それでも人員不足に陥るときはあるが，従業員が自らの家族や友人を紹介したり，顧客からの紹介や顧客自らが応募してきたり，採用面においても順調である。

（3）顧客は従業員を大切にする会社か粗末にする会社かを見ている

　近年の消費者は企業の社会貢献性にも目を向けており，それは購買活動の判断にも影響を与えている。企業の社会貢献の一つには雇用の創出があり，その雇用は正しい雇用でなくてはならない。企業の都合ばかりを優先し，従業員に重労働を課したり，使い捨てのように粗末に扱ったりしていることを顧客が知ると，その企業からの購買活動を停止する場合もあることを理解しておきたい。

　特に，地方は人間関係が密なので，従業員と顧客が地縁・血縁でつながっているケースもあり，雑な雇用をすると地域中に悪評が広まりかねない。同店でも，そうした視点を持ちながら，従業員との関係性に配慮した。

Ⅴ　支援後の効果と今後の期待

（1）支援後の店舗の様子

　休日ともなると店内は多くの人で溢れる。特に日曜日の午後3時頃にはイベントを目的に訪れる家族連れの姿が多い。120坪ほどの店内には200人を超す顧客が滞在し，小さな子供から高齢者までが一つのイベントに参加している。店内は笑顔と熱気に溢れていた。

　イベントが終わった後も賑わいは続き，店内の所々では家族が揃って一つのクレーンゲームを見つめている。保護者が操作する姿を，小さな子供たちがワクワクした表情で見つめていたり，子供が操作する横でお母さんが「ガンバ

レ」と応援していたりもする。そして，少し離れたところから，さりげなく顧客を見守る従業員の姿がある。顧客が困っている表情を浮かべていたら，そっと近寄り「どうですか？取れそうですか？」と優しく声をかけてアドバイスをしていた。

　時には悔しそうな表情を浮かべている顧客も目にするが，適度な勝負感が楽しさを演出しているのかもしれない。家族が揃って「ヤッター」と喜んでいる姿を見ると，まわりまで幸せな気持ちになってくるから心地よい。

　他にもメダルゲームなど様々な種類のゲーム機を店内に設置しているが，いたるところで家族が肩を並べて楽しんでいる様子である。

　ちょうど母の日が近かったこの日，休憩スペースの壁面には子供たちの書いた母親の似顔絵がズラリと並んでおり，その横でまた，小さな子供がクレヨンを握りしめていた。他にも休憩スペースでは顧客が思い思いに過ごしている。子供に絵本を読み聞かせたり，ゲームで取れたお菓子を食べたりもしていた。家族サービスで少し疲れたのか，ゴロンと横に転がって休んでいる姿もみられる。このように店内には和やかな空気が流れていた。

　ゲーム機を中心においた，家族のコミュニケーションは見事に成立しているようだ。そのコミュニケーションは地域にも浸透し，家族の枠も超え，顧客同士や従業員との間でも活発に行われ，店内には多くの笑顔があふれていた。

(2) 今後の課題

　オープン当初からフロアに立ち続けた経営者は，店長に店を委ねた。引継いだ当初は従業員の戸惑いもあり売上は低迷した。その結果，前年売上を4カ月続けて下回った時期もあったが，それも授業料だと経営者はいう。確かにサービス業は属人的な部分が強く，従業員によって業績は変動しやすい。サービス業の生産性向上が社会的にも注目される中，そうした面への対処を考えて行く必要はある。ただ，目先の効率ばかりを求めると顧客への価値を下げる恐れもある。サービス業だからこそ属人的，情緒的といった人間らしい価値を残しつつ，簡単な生産性向上施策から，昨今の高度化する情報処理技術やAI技術な

どを取り入れていくのが課題である。

新たな戦略で新たな顧客層を開拓する コラム

　本章で紹介した支援内容について，この本の監修者である福田尚好氏と話をしていると「それって，『ブルー・オーシャン戦略』だね」と言われた。名前を聞いたことはあるが，筆者の不勉強から内容は深く理解しておらず（実はニッチャーの戦略論だと思い込んでいた），そう言われた時にはピンとこなかった。

　実際に本を読んでみると「なるほど，そういうことか」と感じる内容である。戦略策定手順やフレームワークも多く記載されていた。「当時，この戦略を知っていたなら，もっと上手く進められたかも…」などと感じながら若干の悔しさを覚えた。本文の中でも「4つのアクション（取り除く，減らす，増やす，付け加える）」を紹介したが，当時は知らなかったので後付けである。勉強家の読者の方は私と同じ轍は踏まないと思うが，せっかくなのでもう一つ紹介をしたい。

【非顧客層の3つのグループ】

| 業界 | 第1グループ
潜在的な非顧客層
市場の縁にいて、
すぐに離反しかねない顧客 | 第2グループ
断固たる非顧客層
製品やサービスを検討した結果、
意識的に購入を見送る人 | 第3グループ
未開拓の非顧客層
現状では一見したところ
無関係な市場にいる |

出所：W・チャン・キム＆レネ・モボルニュ（2018）を基に筆者作成

　このフレームワークの狙いは，既存顧客の奪い合いではなく，新たな需要の掘り起こしによる業界の成長である。業界の定義に基づく業界の垣根の外側に，未開拓の需要があり，そこに事業機会が潜んでいるという考えである。これを先程のゲームセンターの事例に当てはめてみる。

①潜在的な非顧客層：料金や景品，雰囲気に不満を持ちながら利用している顧客

②断固たる非顧客層：上記の不満が強く，断固として利用しないと決めた人

③未開拓の非顧客層：高齢者や主婦などゲームセンターで遊んだことのない人

これに限らず，世の中には研究者が残した，素晴らしい戦略が多数ある。理論がすべてとは言わないが，知っていると知らないとでは経営や支援の現場でも大きな違いである。生産性を高めるためにも学び続けることは重要である。

【参考文献】

近藤隆雄（2007）『サービス・マネジメント入門（第3版）』生産性出版

今枝昌宏（2010）『サービスの経営学』東洋経済新報社

岩出博（2014）『従業員満足指向人的資源管理論』泉文堂

W・チャン・キム＆レネ・モボルニュ（2018）『ブルー・オーシャン・シフト』ダイヤモンド社

ジェームズL.ヘスケット他（DIAMONDハーバード・ビジネス・レビュー編集部訳）（2005）「サービスの高収益モデルのつくり方」『いかに「サービス」を収益化するか』ダイヤモンド社

第9章

IT導入のポイント

I　はじめに

　生産性向上におけるIT導入は，分母にあたる業務改善や労働投入量の効率化や省力化と，分子にあたる企業活動の付加価値拡大を実現する企業変革がある。

　分母の業務改善には，クラウドサービスの活用やバックオフィス業務のパッケージシステム利用など，人材不足の状況において短期間で導入効果を得られる利点がある。

　分子の企業変革は，企業間連携やAI，IoTなどを使った新商品や新サービスの展開により高付加価値化をはかる。効果が出るまで時間がかかるが，2018年版中小企業白書によると効率化や省力化の2倍の効果が得られるとされている。

　中小企業に於いて「IT」はどのように活用されているであろうか。現在パソコン，スマートフォン，IoTやAIなど様々なものがITと認知されている。ITはこれらを含めて，企業の売上拡大や生産性向上に効果を生み出すツールである。

　この章では，中小企業がIT導入を進めるときのポイントを簡単に解説し，2つの導入事例を紹介する。

1. 問題や課題を明確にする

　IT導入におけるポイントは，導入前に「どのような問題点や課題があるか」を把握し，「ITを活用してどのような目標を達成したいのか」を考えることである。このためには，経営者がIT導入に積極的に関与し，経営的視点で考える必要がある。

　今回の導入事例では，経営的視点で考えるために，バランススコアカードの戦略マップを用いて経営戦略とIT戦略の整合性を保ちながら進めた。

2. 優先順位をつける

　IT戦略を考えるときには，経営戦略の目標に焦点を当て，目標達成時のインパクトの大きさを考える。また同時に時間的な観点で緊急度を考える。これらができるとインパクトと緊急度の2軸で考え，インパクトが「大」かつ「緊急」を要する戦略を優先的に進めれば良い。

　もちろん費用的な観点も必要だが，かけられる費用がないため「緊急」かつ，インパクトが「大」の課題を解決できなければ企業全体の課題解決が遠くなってしまうのである。

　今回の支援では，上記を踏まえて進めた2つの事例を紹介する。

II　事例①　サービス業におけるIT導入の事例

1. 企業概要

　①名　　　称：S社

　②所 在 地：兵庫県

　③取扱商品：店舗やビルなどの高所看板の修理や点検

　④従業員数：15名

　⑤売 上 高：（年）20,000万円

　S社は1991年創業の企業で修理や点検などのサービス業者である。当初は

ダスキンなどの業務用マットの取替えの作業を行っていた。2002年には高所作業事業を設立し，大手飲食チェーンの看板の設置やメンテナンスを請け負う事業を始めた。高所作業車両を保有し，高所に設置された看板の新規取り付けや修理，撤去などといった作業を行っている。また看板の中に取り付ける電球をLEDに取り替える事業も行っている。

社内の体制は，営業担当が5名，保守担当が8名，事務が2名である。

2. 支援前の現状と経営課題

（1）最大顧客の離脱による売上低下の危機

当社は「高所」というドメインで事業展開をしており，大手企業からLED交換をする作業を請け負っている。このドメインの絞り込みが成功し2016年2月の決算までは順調に業績を拡大してきた。

しかし2016年12月に売上の約15％を占めていた最大顧客の契約が更新されない通達があり，翌期は売上が減少するということが予想されていた。

（2）下請事業の限界

既存事業では大手ハンバーガーショップチェーンの看板メンテナンスを請け負っているが，毎年の契約更新時に作業単価が低くなり，問題が発生した場合は単月で赤字になる可能性が大きくなっていた。これらから，社長は下請事業としては行き詰まる可能性があると感じていた。

（3）属人化問題

さらに従業員の残業や休日出勤の他，経営幹部の稼働時間の多さが問題であった。特に高い売上高を上げる幹部ほど業務が集中しており，やらなくてもよい作業や仕事に追われ，部下の指導時間が少なくなっていた。

このままでは幹部や優秀な従業員が業務に忙殺され，新規事業の立ち上げや既存事業で売上を伸ばす余力がないと考えていた。

また，営業担当が既存事業への訪問に時間を費やし，新規顧客の拡大が疎か

になっていることが懸念された

（4）新サービスの創出の必要性

　これらを踏まえて，社長は既存顧客に対する既存サービスの売上拡大に限界を感じており，現状の高所事業というドメインを有効活用し，生産性の高い分野の新サービス創出を考えていた。

3. 生産性向上のための支援内容

（1）支援課題の抽出

　支援課題を抽出するために，まず社長の想いや方向性を確認することにした。

　この会社は経営指針として，以下の3つを挙げていた。

①お客様に喜んでいただく

②自分たちで考え実践し高収益体質の会社を作る

③一人だけしかできない仕事を減らす

　これを踏まえた上で社長の今後の方向性を確認した。

　当初社長は，新規顧客が少ないという事が気になり，協業先に対して業務用マット取替作業や高所作業の代理店として開拓することを考えた。特に業務用マットであれば，商品説明は難しくなく協業先であっても販売できると考えていた。

　しかしこれだけでは下請け業者からの脱却は難しい。ただ顧客数が増えて手間が増え，顧客あたりの単価が減っていき，忙しさが増すだけではないかと考えた。

　そこで，S社の強みを意識してもらうため，SWOT分析を社長と一緒に行った。特に高所作業に対するブランドがあるうえ高所作業車を持っている。この稼働率を上げることでさらに高所作業の事業を増やすことができると考えた。そこで現在売上金額の大きい経営幹部がいることから，この経営幹部の動き方や販売の方法，商品の説明手順など行動を分析した。

【図表2-9-1】 S社のSWOT分析

S	W
・高所作業車を保有している ・高所作業のブランド力がある ・作業手順が確立してマニュアルができている ・作業者技術職においてはマニュアルを作る文化がある ・部門によっては予算を達成している	・営業活動が社長と経営幹部に集中している ・新規顧客への掘り起こしができていない
O	T
・お客様から看板以外の作業の相談を受けることがある ・省エネ需要は継続している	・業界的に下請け業務の単価が低下している

出所：筆者作成

（2）忙しい人への集中

　行動分析で分かったのは，売上金額の大きい営業幹部の特徴は，自社の商品を販売しているだけではなく使い方や効果を提示しているということであった。

　例えばLEDの場合，以下のようなノウハウを持っていた。

・現在の蛍光灯では照度が少ないので入れ替える

・入れ替えた後に反射板などの角度を変え，展示商品がはっきりする照明を提案する

・白色だけではなく電球色によって温かみを出す提案を行う

・照明の入れ替え後，企業の看板の点検や電球の入れ替えなど提案する

　しかしこのように営業力のある経営幹部のノウハウは，部下に体系的に引き継がれておらず，上司を見てやり方を真似てできる人もいるが，できない人もいた。お客様への対応がマニュアル化されておらず業務が継承されていないということが問題であった。

（3）支援内容

　これらを受けてやるべきことは，営業力のある経営幹部のやり方を誰でもで

きるようにすることであった。ただしこれでは、「部下の育成の時間がない」という現在の不満が解消できないため、経営幹部のやり方をパッケージ化して「新サービスを始める」というスタンスにした。新サービスとはいえ、実際は営業力のある経営幹部のやり方を体系化しマニュアル化することである。ただ、当社にとっては全員が同じようにできるようにするという意味を込めて、新サービスを立ち上げるということにした。

（4）新サービス検討

　新サービスの提供の検討にあたり誰に対して何を提供するかということを中心に検討した（図表2-9-2）。まず経営幹部が行い、提案してきた内容を営業担当がブラッシュアップすることから始めた。

【図表2-9-2】新サービスを提供するための変化

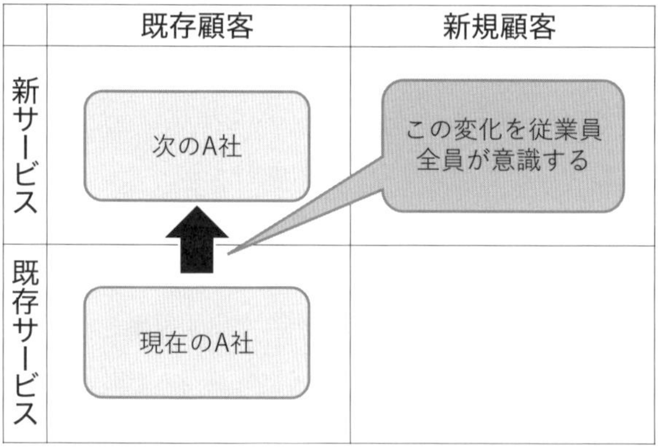

	既存顧客	新規顧客
新サービス	次のA社	この変化を従業員全員が意識する
既存サービス	現在のA社	

出所：筆者作成

　具体的には、
・工場内を明るくしたいという人に対して、現在の照明をLEDに変え、配置する設計の支援を行うことにより、工場の隅々までハッキリ見える「整理整頓パック」

・電気が点灯しない，点滅が多いという人に対してLEDの特性を表して点
　滅しないもの提案する「チカチカなしなしパック」
・省エネを意識する人に対して，熱を持たないから冷房効果も高い，「一石
　二鳥パック」
などのパッケージサービスを提示していった。

（5）バックオフィスをITで支援

　これらを進めていく上で障害になったのが作業時間である。営業担当や保守
メンテナンス要因から，「パッケージを作る時間がない」という不満が上がっ
てきた。特に営業担当は，受注後工事の進捗状況の報告書を作っているため，
この作業時間に多くを費やしていた。

　そこで，この進捗報告はITを使って報告しやすくした上で，保守担当者に
任せることにした。具体的には，お客様ごとの進捗状況はスマートフォンによ

【図表2-9-3】戦略マップとITの方向性

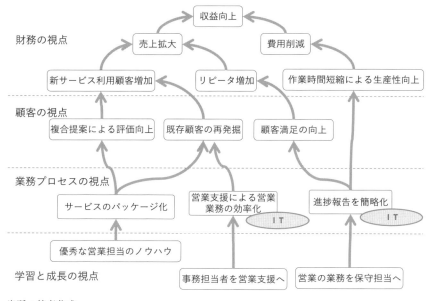

出所：筆者作成

る撮影で行い，写真をDropboxというファイルを保存するクラウドに送り，メモをつけるだけのシステムを作成した。見てわかる情報についてはテキストの報告を行わず，写真で現れていない定性的な情報についてのみテキストデータとして保存することとした（図表2-9-3：「進捗報告を簡略化」）。

これにより営業担当者の報告時間をなくし，パッケージ作成などの営業行為に注力することができるようになった。また，写真を撮り忘れて報告を怠るということがなくなった。

(6) リソース不足解消　現行業務の改善とシステム

さらに人員を確保するため，現在事務作業を行っている社員が営業支援を行うこととした。

例えば，1年以上の未訪問顧客の抽出とテレホンアポイントメントはこれまで営業担当が行っていたが，この作業を営業支援担当に任せることにした。さらに名刺や顧客リストから訪問先のリストアップも営業担当個別に行うのではなく，システム化を行った（図表2-9-3：「営業支援による営業業務の効率化」）。

具体的には，訪問先を効率的に巡回できるように，Googleマップを活用した。顧客リストからGoogleマップにデータを流し込むことで，訪問先が同一地区にあるかなどを地図上で把握できるようにした。

これらのように「Dropbox」や「Googleマップ」などのクラウドサービスを活用することで初期投資コストを少なくし，「効率の向上」（分母）が図られた。

4. 支援後の効果と今後の期待

(1) 支援結果

どのような業種でもITを導入するときは，売上拡大を目的にする場合と，作業効率を高めて生産性を向上させる目的がある。今回は，後者の方の典型的な導入である。新しいサービスを進めていく場合，既存の人的リソースで行うためには，何かを犠牲にしなければならない。今回は犠牲にするのではなく人

の作業をITで効率化することで，事務担当者や営業担当者や新しい取組みができ，モチベーションが高まったことが大きな成果である。

　今回はすでに売上が減少することが見込まれていたため，予想通り売上金額は減少した。しかしこの取組みが早くから実を結び，LEDの交換ということだけでなく，看板のほか店舗の外観をデザインするというトータル的な仕事の受注につながった。これらにより決算期は増益になったことが成果である。

　新サービスを提供するにあたって最も問題なのが人員不足である。営業活動をしている幹部とその部下たちは，新サービスを提供するよりも既存顧客に対する商品やサービスの継続提供を優先してしまう。このような状況において，「作業」の効率を高め，人手不足の対応と生産性の向上に対して，システム化と新サービスの提供は企業にとって有益なものになるといえよう。

(2) 今後の課題

　今回の新しいサービスは，すでにこれまで当社が行ってきた実績を「パッケージ」という見えるサービスに置き換えたことが勝因である。しかしこのパッケージはまだ新規顧客だけでなく既存顧客にも浸透していないため，インターネット広告やSNSも駆使して認知度を上げていくことが今後の課題である。

Ⅲ　事例②　小売業がITを活用してサービスを強化した事例

1. 企業概要

　①名　　称：W社
　②所 在 地：大阪府
　③取扱商品：寝具等
　④従業員数：7名
　⑤売 上 高：（年）20,000万円

この企業は大正時代に創業した企業であり，現社長は三代目である。

　実店舗は1店舗である。布団や枕，毛布などを販売しているが，現在は，お客様の相談に応じたオーダー枕や高級マットレスなど，快適な眠りを届けるための商品の販売に力を入れている。

　また実店舗の他に，インターネット販売を行っている。インターネットの販売は，楽天を代表とするインターネットモールに出店しており，売上比率はインターネット販売が大きい。商品は定番商品と言われる枕やマットが中心であるが，子供用の「おねしょシーツ」と呼ばれる防水シーツなども扱っている。

2. 支援前の現状と経営課題

（1）過去の経営状況と問題点：実店舗

　創業当初は，町のお布団屋さんという位置づけで大きな売り上げを上げていた。ベッドタウンとなる大阪北摂地域で，新婚世帯に対する需要から布団の販売は伸びていた。2000年頃から少子高齢化に伴う布団需要の減少，インターネット販売の台頭という波を受け，当社でもインターネット販売を始めていた。

　近年は，著名スポーツ選手による熟睡を得るための専用マットレスが取り上げられて以降，「ねむり」の重要性が再認識され，高級マットレスや高級掛敷布団の需要が伸びている。

【図表2-9-4】過去の寝具類販売状況

項目	2010	2011	2012	2013	2014	2015	2016	2017
寝具類	7,131	7,873	7,555	7,746	8,363	7,576	7,377	7,230
ベッド	1,198	1,125	1,050	1,316	1,631	1,265	1,079	802
布団	2,452	2,445	2,599	2,235	2,624	2,260	2,265	2,205
毛布	425	482	487	463	472	427	310	374
敷布	574	619	569	588	521	576	480	532
他の寝具類	2,482	3,202	2,850	3,144	3,116	3,048	3,243	3,317

出所：総務省「1世帯当たり年間の品目別支出金額」

　実店舗の売上高は低いが，高級マットレスやオーダー枕の販売により一人当たりの利益率の高い商品の販売が中心である。

（2）過去の経営状況と問題点：インターネット販売

インターネット販売は，当社の丁寧な説明は評判がよく，売上も前年対比120％で伸びていた。

ただし，大手メーカーの布団を販売しているため，定番商品では差別化がしにくく，実店舗に比べて売上高が大きいが利益が低いのが問題点であった。

その他インターネット販売では，お客様の質問に対するスタッフの回答品質にばらつきあることが懸念されていた。これは，商品アイテムが毎月増加しているだけでなく，機能面の知識に習得が必要である上，業務量が多く，商品知識を吸収する時間が確保できないということも問題であった。

また業務の問題点は，「受注，在庫確認，在庫引当，出荷指示，納品伝票発行，出荷連絡」などの同じ作業を繰り返すため，モチベーションが低くなると共に生産性が低いことが挙げられていた。

3. 支援実績

（1）診断課題の抽出

当初の支援依頼は，「実店舗のPOSシステムを入れ替えるが，自社の要望に合っているかどうかを見てほしい」ということであった。

（2）想いの確認と支援手順

支援を始めるにあたって，始めに社長の想いの確認を行った。これは，この実店舗のPOSシステムを入れ替えることが，最優先なのか確認するためであった。

これらを踏まえて，以下のステップでヒアリングと支援を計画した。

【図表2-9-5】支援ステップ

1	社長の想いの確認
2	理想系ヒアリング
3	現状ヒアリング
4	差異から計画作成（導入ステップ作成）
5	優先順位検討
6	システム要件まとめ

出所：筆者作成

社長の想いは，「布団を販売するのではなく眠りを提供したい」であった。

この想いを達成するために，社長が考える問題点やその改善点のアイデアは数多くあった。そこで，強み弱みの抽出を含めて社長の理想形（あるべき姿）を話してもらうことにした。

①インターネット販売の理想形

・差別化ができない大手定番商品の販売は，価格競争になり売上高と利益率の減少になることを念頭に置く

・企業や店舗のブランドを上げるためネット販売は継続する

・在庫確認や送り状の入力などの業務はできるだけ簡略化して収益率を上げる

・商品説明にかける時間を減らすため，商品アイテムを絞る

・自社在庫を含めた在庫数を減らす

②実店舗の理想形

・実店舗販売人員の強化と従業員教育を充実させる

・快眠スペースなどのショールームを作る

・実店舗でITを活用する

この他，私がITに強いということを意識したためか，ITを使ってこんなことができないかという質問やアイデアが数多く出てきた。例えば「顔認証で顧客データを呼び出す」「お客様対応にGoogle Glassにしたい」「カメラで来店客の様子を見る」「小さいデジタルサイネージ」「店舗買い物アプリ作成」「顔認証で顧客データを呼び出す」「枕の予約を取りたい」「Googleカレンダーに

入れる」などである。

（3）方向性は，在庫の圧縮，眠りという価値の提供　と決めた

　上記の社長の想いや理想形を踏まえ，戦略の方向性を以下のように決定した。

　インターネット販売については「自社在庫の圧縮と業務の効率化」，実店舗の方向性は「ねむりという付加価値サービスを提供する」ことにした。

　ねむりサービスは店舗でお試ししてもらい，スタッフのアドバイスを受けながらどうすればぐっすり眠れるようになるなど，体感が必要である。

　例えば，寝付きが悪い，眠りが浅く直ぐに目が覚める，起きたときに熟睡感がないということを解消するために，その人にあった枕の提供がいる。これらは体験してもらわないと伝わらない商品のため，その人にあったまくらを店舗

【図表2-9-6】戦略マップとITの方向性

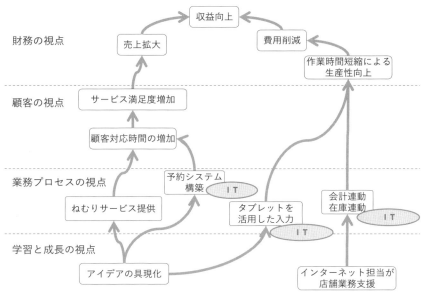

出所：筆者作成

で試してもらうサービス提供に変化するということを重視することにした。

(4) IT導入の切り口は，売上拡大または費用削減，もしくは両方

　ITを使う時の切り口は，付加価値を高め売上を上げる（分子），または，作業効率を高め費用を削減する（分母），に分けて考えることが基本である。

　今回の支援とIT導入の方向性は，先述の戦略と照らし合わせると，インターネット販売は費用削減，実店舗販売は売上拡大を意識する，ということになった。

(5) 在庫連動

　まずインターネット販売は，在庫管理の強化を目指した。

　現在使っているインターネットのサイトを管理するシステムではインターネット用の在庫，つまり仮想店舗用の在庫は把握できる。この在庫は外部の倉庫に保管している。倉庫になければ店舗の在庫から送付し，送り状を印刷して商品に貼り付け発送していた。ただし，店舗のPOSシステムとインターネットサイトの受注出荷システムは連動していなかった。このため，店舗在庫の数量をインターネットシステムでは把握できず目視で確認していた。

　そこで，別々になっていた在庫管理を一つにまとめることにした（図表2-9-6：「会計連動　在庫連動」）。インターネットのサイト管理システムでは，複数の倉庫が管理できる。これまで管理していたインターネット用の倉庫に加えて，店舗用の倉庫もインターネットの倉庫として管理することで在庫確認の作業を削減した。

(6) 会計連動

　他にIT活用で作業量が削減できる業務は，会計データの入力業務である。これまでは店舗販売やネット販売の売上明細を印刷し，会計システムに金額を手入力していた。当初は，インターネット販売の売上金額が少なく，徐々に売上が増えてきたため，担当者はそれほど作業量が増えているという意識がな

かった。しかしこの業務の時間を測定すると1日に1時間は費やしている。この手入力の作業をなくすだけで1ヶ月20時間（=2.5日は）短縮できると分析した。

　これには税理士と打ち合わせ，税理士が希望するデータのフォーマットを出力して送信するようにした。店舗POSシステムとインターネット販売システムからデータ出力し，同社で会計システムのフォーマットに合わせる変換プログラムを作成した。これにより手入力をしていた作業を削減し，倉庫から店舗への品出し作業や検品作業，在庫管理の強化等を行うことで，作業効率を高める（分母）ことができた。

（7）実店舗はオーダー枕対応を強化，ヒアリングをタブレットで行う

　実店舗の戦略であるが，こちらは顧客対応を強化して，ねむりサービスを提供し，高級マットレスやオーダー枕の受注を得ることで，売上を拡大するという目標を立てた。

【図表2-9-7】店舗で進めたい施策の優先順位

	インパクト	緊急度	コスト	優先度
顔認証で顧客データを呼び出し	小	低	大	小
お客様対応カルテをタブレット化	中	中	大	高
お客様対応にGoogle Glassにして情報を見る	小	低	大	小
お客様対応の結果を音声認識でテキストにする	小	低	大	小
カメラで来店客の様子を見る	小	高	大	中
小さいデジタルサイネージがほしい	中	中	小	高
店舗買い物アプリ作成	中	低	中	中
枕の予約を取りたい＋Google カレンダーに入れたい	大	高	中	高

出所：筆者作成

　ここで少し問題になったのは，カルテ作成作業であった。お客様のカルテは紙のカルテに手書きで記入し，保管し，情報が更新されれば手書きで追記していた。カルテの増加によりお客様の来店時の素早く探し出せないことやカルテ

の保管場所が問題であった。また担当者により書き方にムラがある状態であった。

そこで手書きについてはタブレットを使い，データとして直接入力することで後の検索を簡単にできることを検討した（図表2-9-6：「タブレットを活用した入力」）。

ここで最も注意したことがお客様の対応時にタブレット端末を使っていてお客様に拒否感や違和感がないかということである。お客様が受ける印象をヒアリングしたところ，一般的にスマートフォンの申し込みなどにておいてタブレット端末を使っていることや，医療機関では電子カルテになっていることから，話をしながらタブレット端末を操作されることについても違和感がないということで，利用を進めることにした。

後は操作の面で担当者がタブレット端末を使ってお客様の個人情報や，要望を簡単に入力できるかということである。これについては質問項目に対する答えをこれまでの対応経験から複数選択形式で選べるようにしておき，10種類程度に集約して表示した。しかしお客様の要望などがあるため，「その他」の項目に手入力もしくは手書きでコメントを残せるような方法を取ることにした。

実際の業務の流れは，お客様の来店時に，眠りの状態を聞き，頭の形や角度などを測定し，お客様にあった枕やマットレスや布団を提案する。実際にベッドに寝てもらいながら枕の高さを変え体験してもらいオーダー枕を作る。枕の中にいれる素材は，そばがらやビーズ，マイクロファイバーなどの素材により高さや硬さが違うため何種類か変えて試してもらえる。枕の高さと言っても枕全体を変えるのではなく枕の中心部や側面など合計6箇所ほどの調整項目があった。

これらを聞き取りながら測定し，簡単な操作で入力するためカルテを作成する時間が短縮できた。また，お客様が帰ったあとに入力するという作業時間を削減できた。

【図表2-9-8】作成した予約画面

出所：W社提供資料

（8）予約システムでお客様に集中する

　実店舗の戦略において販売員の生産性を高めるためには，接客業務に集中させるのが有効である。W社の接客業務については，実際に体験してもらいながら測定するためお客様一人にかかる時間が多くなる。このため，実店舗のお客様対応以外の時間をどれだけ削減できるかに着目した。これを受け，来店予約の受付システムを作ることにした（図表2-9-6：「予約システム構築」）。

　来店予約はこれまでは電話で受け付け，担当者が社内のGoogleのカレンダーに予約日付と時間を入力していた。この仕組みを活かしたいと考え，インターネットに予約サイトを公開し，予約された場合は当社のGoogleカレンダーに蓄積されるしくみを考えた。また，予約が入ると，店舗の担当者全員にメールで連絡が届くようにもした。システム的には，グーグルカレンダーを一つのデータベースとして捉えるという考え方である。社内の担当者の操作は今までと変わらないことが特徴的であった。ただし、予約受付システムの利用者数の想定がつかないため、低コストでの開発を考えた。そこでインターネット

221

で仕事を依頼出来るクラウドソーシングを利用することにした。社長が要望や仕様を提示するという進め方をした。このとき私が，技術的に難しい点や，コストが大きくなりそうな点を説明した。また社長には，段階的にIT投資を行うため，最終的なシステムの全体像をイメージしてもらった上で，最小限の機能で発注するよう指導した。

　このようにタブレットを使った入力や，予約システムによる入力などお客様とのコミュニケーションをスムーズにすることで，付加価値の高い商品の売上拡大（分子）につながった。

4. 支援結果と今後の課題

（1）支援結果

　IT化を進めるアプローチとしては，いくつかの方法がある。重要なことは経営課題を解決することを意識し，システム導入の方向性を経営課題と同じ方向にして導入することである。

　今回の成功要因は，①社長の考えていることやアイデアを出す，②インターネット販売と店舗の方向性が経営戦略とズレないように注意する，③経営戦略を進めるために，ITでどのように解決するか，ということに焦点を置いたことである。

　システム化できるところは早く進めて，商品ではなくサービスを提供するという考え方を持って進めることで，インターネット販売だけでなく実店舗の生産性が高まったと考える。

　今回の支援は私の経験やノウハウから，システム構築をする際に，要件に対して技術的に可能か不可能か，概算金額や概算期間はどの程度必要かということを社長に伝えることができたため，社長の判断が早くなったと考える。今期は増収増益になる予定である。

（2）今後の課題

　今後は，残りの施策に取り掛かりたいと考えているが，投資コストが高いた

め見送っている。こられの情報をより早く掴むことと，日々出てくる社長のアイデアを実現する社員教育が必要である。

生産性向上のためのチョットした工夫 コラム

　生産性はサービス業に限らずITを使うことで向上する。またITはパッケージソフトやGoogle等のクラウドサービスと連携して更に生産性が向上する。

　IT業界で生産性向上に期待されている仕組みがIoTである。IoTは（Internet Of Things）と呼ばれ，温度や湿度，機械や人の動きなどをセンサーで取得し，インターネットを介して分析し活用することである。

　IT業界の中でもIoTは，システム間連携が幅広く行われている仕組みである。このためIoTのシステムを作る上では難しいが，PoC（Proof of Concept：概念実証）というコンセプトをもとにIoTのサービス提供に於いてアイデアの実証を目的とした，試作開発の検証ツールが様々なメーカーから出ている。

　例えば，部屋の温度や湿度を遠隔で監視し異常値があった場合にメールやSNSに連絡が届く，温度・湿度監視IoTシステムは10万円程度で利用でき

【図表2-9-9】IoTのイメージ図

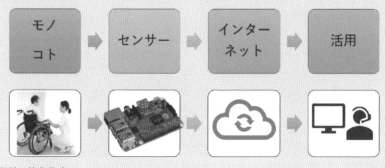

出所：筆者作成

る。プログラムやインターネットの設定など不要で，置けば使えるお手軽な
ものがでてきており，実証実験ができるようになってきている。これを使う
ことで，製造業では温度を一定に保つ必要のある部品加工，食品加工の毎日
の温度管理，サービス業であれば介護や見守り，農業ではビニールハウスの
温度管理など様々な場所での生産性向上のための取組みが始まっている。

【参考文献・資料】

克元亮（編著），山口透他（著）（2009）『ITコンサルティングの基本』日本実業出版
　　社
「眠りショップわたや館」http://www.nemurishop.jp/

第3部

生産性向上のための支援策
（政策）

第1章

中小企業等経営強化法・経営革新支援法

I 支援策の概要

　経営革新支援は，2016年7月1に「中小企業の新たな事業活動の促進に関する法律（中小企業新事業活動促進法）」を改正して施行された，「中小企業等経営強化法」の中で，中小企業の経営革新，生産性向上の重要な取組みとして設けられている施策である。

　経営革新計画の認定は，中小企業支援施策・既存企業の生産性向上の施策として，1999年から始まったものである。中小企業振興の法体系が20年間で変遷する中で，法律は整理統合され現在の経営強化法に至るが，一貫して経営革新の考え方は重要視され，国の中小企業施策の中核をなしているものである。現行の経営強化法では，経営革新や創業，新連携など中小企業の新たな事業活動を支援する施策と，これまで支援対象となっていなかった本業の成長を支援する施策の両方が規定されている。

　「経営革新」とは，「事業者が新事業活動を行うことにより，その経営の相当程度の向上を図ること」と定義されている。全体のスキームは図表3-1-1の流れとなる。

1. 新事業活動の内容

　新事業活動とは，次にあげる4つの新たな取組みのことをいう。

【図表3-1-1】「経営革新」のスキーム

出所：中小企業庁冊子「今すぐやる経営革新」p.11より筆者作成

（1）新商品の開発または生産

　製造業が，市場のニーズを踏まえて性能や機能を向上させた製品を開発して販売することや，建設業が業務の過程で生じる産業廃棄物を処理して生産財を生産し販売するための開発を行うことである。

（2）新役務の開発または提供

　店舗でサービス（役務）を提供しているサービス業が，顧客のニーズや生活様式に即して出張によるサービス提供を行うことや，卸売業が豊富な商品知識やネットワークを活用して，販売先の営業コンサルティングを行うような事例である。

（3）商品の新たな生産または販売の方式の導入

　商品やサービスが新しいものではなくても，生産方法や販売のやり方が新しいものであれば良い。小売店が品質の情報を蓄積して資格を有した販売員に付加価値の高い説明を施して商品を販売する方法や，食品製造業がHACCPの品質管理システムを導入して製品トラブルの発生を防ぐ生産ラインを整えるような取組みである。

（4）役務の新たな提供の方式の導入その他の新たな事業活動

　不動産業が，従来の貸家を高齢者向けに改装して介護サービスを付加して高齢者向け賃貸住宅に多角化することや，運送業がGISやGPS，ビックデータ

を活用して効率的な運送シフトを組んで生産性を向上する例などが考えられる。

2. 経営の相当程度の向上

　経営の相当程度の向上とは，次の2つの指標が3～5年で規定された上昇率を上回ることをいう。

【図表3-1-2】経営の相当程度の向上の規定

計画終了時	「付加価値額」又は「一人当たりの付加価値額」の伸び率	「経常利益」伸び率
3年計画の場合	9%以上	3%以上
4年計画の場合	12%以上	4%以上
5年計画の場合	15%以上	5%以上

出所：「今すぐやる経営革新」p.16より引用。筆者作成

　売上高や加工高の金額だけでは，経営資源を有効に活用して効率的に利益を捻出できているか把握ができないため，指標として「付加価値額」を採用している。これにより企業が産み出した価値を総合的に判断している。

付加価値額＝営業利益＋人件費＋減価償却費

一人当たりの付加価値額＝付加価値額÷従業員

　経常利益は営業利益から営業外費用（支払利息・新株発行費）を控除した金額で計算する。経営強化法における経営革新では，通常の会計原則とは異なり，基本的に営業外収益を含まず計算をする。これは本業に必要な財務費用は算出根拠に含み，本業との関連性の低い収益を含まずに算出するという考え方である。

　なお，任意グループ等において共同で経営革新計画を作成する場合には，グループ全体としての成果指標とグループ参加者個々の成果指標のどちらを適用しても良いことと定められている。

3. 各種支援策の内容

　経営革新計画の承認を受けると，低利の融資や補助金応募の際の加点評価など，様々な優遇措置が得られる。抜粋して，重要なものについて以下に解説する。

（1）保証・融資の優遇措置

① 信用保証の特例

　中小企業者が金融機関から融資を受ける際に信用保証協会が債務保証をする制度である「信用保証」について，経営革新計画の認定を受けた事業者や組合等に対して，保証限度枠の別枠設定が設けられている。

　通常の保証協会利用の場合，普通保証の限度額は2億円，無担保保証の上限は8,000万円（うち特別小口2,000万円）であるが，経営革新計画の承認を受けた事業者であれば，それぞれ通常の保証枠と同額の別枠保証が設けられている。

　ただし，金融支援については，計画の承認があれば必ず支援を受けられるものではなく，支援機関における審査判断があることに留意が必要である。特に財務内容が厳しい状況の企業，現在の保証や融資取引の返済状況に問題がある企業，今後の資金繰りに懸念がある企業の場合は，経営革新計画の承認を受けても金融支援が受けられないケースもある。

② 金融公庫の融資制度

　日本政策金融公庫は，政府系金融機関で中小事業者に対して事業資金を長期・固定で融資する機関である。経営革新計画の承認を受けた事業を行うために必要な設備資金及び運転資金については金利が優遇されており，通常よりも低い金利で融資を受けることが出来る。

　中小企業事業では，新事業育成資金の限度額が6億円で利率は基準利率の0.9％引き下げ，新事業活動促進資金の限度額が7億2,000万円（うち運転資金2億5,000万円）で同じく0.65％の金利引き下げの制度となっている。留意点としては，育成資金については，公庫の成長新事業育成審査会から事業の新規

性・成長性について認定が必要になること，促進資金について2億7,000万円を超える資金及び土地の取得資金は基準金利になること，ベースとなる貸付利率は信用リスクや融資機関等に応じた所定の利率が適用されることである。

　国民生活事業では，新事業活動促進資金として限度額7,200万円（うち運転資金4,800万円）・基準金利から0.65％の金利引き下げの支援となっている。

　融資の支援について，円滑に進めるためには，計画申請段階で公庫に対して事前の相談をしておくことが重要である。

③ 高度化融資制度

　中小企業者が共同で工場団地を建設する，商店街にアーケードを設置する事業などに対し，都道府県と独立行政法人中小企業基盤整備機構の診断・助言を受けた上で長期低利の融資を受けられる高度化融資制度について，経営革新計画の承認を受けて取り組む組合等は無利子になる支援である。

　対象事業内容としては，集団化事業や企業合同事業，経営革新計画承認グループ事業などがあり，貸付対象は土地，建物，構築物，設備。償還期限は3年以内の据え置きを含む20年以内で都道府県が適当と認める期限。貸付割合は対象設備投資資金の80％以内である。

④ 海外展開に伴う資金調達の支援措置

　中小企業者が承認経営革新計画に従って海外において経営革新のための新しい事業を行う場合，資金調達支援を受けることできる。支援には，現地子会社の資金調達支援と，海外展開のための国内における資金調達支援の2種に大別される。現地子会社の資金調達支援は，日本政策金融公庫の債務保証業務，日本貿易保険の保険業務を通じ，中小企業者の外国関係法人等の現地通貨建ての資金調達を支援するものである。国内資金調達は，中小企業信用保険法の保険限度額の増額により，日本企業が海外展開を行う際に，外国法人を設立した場合における出資，貸付に要する資金調達を支援する。

　日本政策金融公庫のスタンドバイ・クレジット制度は，外国関係法人等が現地金融機関から期間1年以上の長期資金を借り入れする際に，日本政策金融公庫が信用状を発行し債務を保証する制度である。保証限度額は4億5,000万円。

融資期間は1年以上5年以内となっている。このほか，日本貿易保険（NEXI）が外国関係法人の現地借り入れの際，海外事業資金貸付保険を付保する制度が設けられている。

中小企業信用保険法の特例としては，中小企業者が国内の金融機関から海外直接投資事業に要する資金の融資を受ける際，承認を受けた経営革新計画に従って海外において事業を行う事業者への補償額の限度を引き上げている。通常は一企業当たり2億円の限度額であるが，海外展開の場合は3億円に付保限度額の引き上げがある。

⑤ 投資による支援

中小企業投資育成株式会社からの投資については，原則資本金の額が3億円以下の株式会社が対象となっているが，経営革新計画の承認を受けた株式会社については資本金が3億円を超える場合であっても投資対象となる。投資の内容としては，会社の設立に際し発行される株式，増資株式，新株予約権，新株予約権付社債等の引き受けとなる。加えて投資育成会社からの育成コンサルテーション事業の支援を受けることができる。

⑥ 経営革新の取組みに対する補助金

2005年度までは，国と都道府県がそれぞれ補助する経営革新補助金があったが，2006年度に廃止されている。都道府県によっては，経営革新計画承認企業に対して直接補助する制度があるので，都道府県担当部署の情報を参照することが必要である。このほか，例年実施されている「ものづくり・商業・サービス生産性向上促進補助金」（ものづくり補助金）の申請をする際に経営革新計画が承認されていると有利な取扱いを受けることが出来る。平成30年度補正予算で実施された補助金の申請では，採択審査上の加点と，補助率1/2から2/3への引き上げが実施された。

（2）販路開拓の支援措置

中小企業基盤整備機構では，販路開拓コーディネート事業により，経営革新計画承認企業の販路開拓の支援事業を行っている。大規模なマーケットである

首都圏・近畿圏の市場をターゲットとした，計画承認企業の販路開拓を促進するために，中小企業基盤整備機構（関東本部・近畿本部）に商社・メーカ等の企業OBが配置され，新商品・新サービスを持つ企業のマーケティング企画から，想定市場の企業へのテストマーケティング活動までを支援するものである。

　このほか，中小機構の支援施策として新価値創造展（中小企業総合展）があり，中小企業・ベンチャー企業が自ら開発した優れた製品・技術・サービスを展示紹介することにより，販路開拓・業務連携といったビジネスマッチングの機会が提供される。出展には書面審査をクリアしなければならないが，経営革新計画承認企業は審査上の評価の対象となる。のべ来場者が3万人を超える東京での大規模な展示会での情報発信・商談の場は中小企業にとって貴重な機会となる。

(3) 特許関係料金減免制度

　経営革新計画における技術に関する研究開発について，特許関係料金が半額に軽減される制度があり，知的財産権取得による中小企業の差別化を支援している。対象者は承認計画における技術開発に関する研究開発事業の成果について，特許出願を行う事業者で，計画終了後2年以内の出願が対象となる。対象となる料金は審査請求料と1～10年次の特許料である。スキームは図表3-1-3の通り。

(4) 経営相談ができる機関

　事業者が経営革新計画の作成や，計画承認後の事業実施にあたって，事業者が相談できる中小企業支援機関があるので，適宜活用を勧める。

　各都道府県が設置している都道府県中小企業支援センターでは，中小企業支援に知見を有するプロジェクトマネージャー等を配置し，他の中小企業支援機関と連携して，相談窓口や専門家派遣，情報提供などワンストップサービスを提供している。

【図表3-1-3】特許関係料金減免制度のスキーム

出所：「今すぐやる経営革新」p.32より筆者作成

　認定経営革新等支援機関とは，財務および会計等の専門知識および中小企業に対する支援実務経験を有する税理士や弁護士，中小企業診断士，商工会，商工会議所などを国が認定しているもので，事業計画の策定や事業実施にかかる指導や助言を行うものである。

　よろず支援拠点は，国が各都道府県に設置する経営相談所である。売上拡大や経営改善などの経営課題に対する専門家を各拠点に配置しており，経営上の様々な課題に対する解決策の提案を受けることができる。

　中小企業基盤整備機構は，全国9つのブロックに設置され，専門家相談窓口，専門家派遣，施策情報の提供を行うとともに，経営相談ホットラインを設置している。

Ⅱ　支援策活用・記入のポイント

1. 経営計画を策定する意義，基本的手順

　中小企業においては事業計画を定めて経営管理を行っているケースは少ない。経営革新計画の申請を通じて，経営計画を策定し，将来的な自社のあるべき姿を想定し，自社の経営を見直し，PDCAサイクルを回すことそのことが中小企業の生産性向上に繋がる。経営計画は，企業にとって現状から将来のあるべき姿への道しるべ，羅針盤となるものである。会社内外の環境変化に対応して，現在より高い水準に目標を定め，どのような活動をしていくのかを明確にするため，計画策定と達成に向けた活動が重要となる。

　経営革新計画の策定に重要な要素として，中小企業支援者が企業に示していくポイントとしては，まず経営者が会社の将来に対してどのような思いを持っているか，経営理念や経営の基本方針を明らかにすることである。理念とは，会社をどのように経営していくかという考えに相当するもので，キャッチフレーズや短い文章で示されるものである。それを経営者から従業員まで共有して，実践ができるレベルへの落とし込みが重要となる。これをより具体的にしたものが経営の基本方針であり，将来の市場や社会でのポジション，経営姿勢，組織や人事姿勢，将来の数値的な目標をそれぞれ明確化したものとなる。

　将来像を明確にした上で必要になる手順は，自社の経営資源の把握である。中小企業の経営資源は，ヒト，モノ，カネ，さらに情報・知的資産に分類される。それぞれの要素を棚卸しする。ヒトの要素としては，人員の数，従業員の質（資格や能力，経験など），組織としてのガバナンスや機能性について把握して，将来的な過不足を検討する。モノの要素としては，設備の規模や耐用年数，充足度合いを把握し，生産性を向上させるために必要な設備についてもリストアップする。カネの要素は，資金の残高と将来フローの検討である。運転資金と設備資金の額を把握して，自己資金・資本でまかなえない金額についての金融機関からの調達を検討する必要がある。知的資産とは，人材，技術，組織力，顧客とのネットワーク，ブランドなど財務諸表に金額として認識はされないが，企業が収益を上げていくために貢献するものとして企業固有の価値を認めるものである。これらの経営資源を把握することにより，自社の弱い部分が明らかになり，経営の力の入れどころを認識することができる。

　ここから，会社の将来像を考慮して会社のやることをリストアップしていく。組織や人事の体制，営業への取組み，新商品開発の方針，財務計画など具体的な取組みに落とし込んでいくことで経営計画の中での重点的な取組みが浮き彫りになる。この取組みを会社の経営革新計画の各行動計画に抽出して，評価指標（KPI）を設定して，PDCAを仕組みとして回していく，一連の経営計画の管理プロセスが構築されるものである。

　上記の一連の行動計画が立案されて，経営計画の仕上げとして数値計画を作

成するプロセスとなる。計画のフォーマットは，中小企業の業種や規模などによって様々に存在する。色々な経営支援機関が様式を公開しているので参考にするとよい。数値計画は経営革新計画の申請も視野に入れれば5年計画とすることが望ましい。財務の項目は，損益計算書のイメージでよい。売上・売上原価・売上総利益，販売費一般管理費（細目として人件費と減価償却費のほか，経費の上位5位程度の重要性でのリストアップ），営業利益，営業外損益，経常利益，法人税・地方税と当期純利益の項目を設定する。貸借対照表の要素については，少なくとも借入金の残高推移（経営革新計画実行時に金融機関から借り入れを行う場合は必須）を試算して計上する。経営革新計画に添付する数値計画としては上記で十分であるが，企業の事業形態に応じた管理会計の各要素を反映した財務面の計画や予想バランスシートを組んで経営管理することは資金の流れを見える化する点や，キャッシュフロー経営を実践する上でも有効であり，取組みを推奨する。

2. 申請書記入について実務上のポイント

（1）承認申請の手続き

　経営革新計画の承認申請手続きは，申請や承認の窓口である各都道府県の担当部署もしくは地域経済産業局への問い合わせから，書類作成，申請と審査・ヒアリング，承認の手続きとなる。フロー図にすると図表3-1-4のとおりである。

　一連のフローでのポイントは，前述した通り，経営革新計画の作成に関しては，商工会・商工会議所やよろず支援拠点などの経営支援機関がサポートをしてくれること。承認時に受けることができる支援施策の中には，別途金融機関などの個別の審査があること。経営革新計画の承認が支援を受けられることの保証にならないことである。

（2）中小企業者として経営革新計画の対象となる会社及び個人事業者の基準

　基準については，図表3-1-5のとおりである。資本金基準と従業員基準のいずれか一方を満たしていれば申請ができる。

【図表3-1-4】承認申請のフロー図

| 都道府県担当部署への問い合わせ | | 必要書類の作成、準備 | | 都道府県担当部署、国の地方機関への申請 | | 都道府県知事、国の地方機関の長の承認 |

出所：「今すぐやる経営革新」p.34より筆者作成

【図表3-1-5】経営革新計画の対象となる会社及び個人事業者の基準

主たる事業を営む業種	資本の額または出資の総額	常時使用する従業員の数
製造業，建設業，運輸業その他の業種(注1)	3億円以下	300人以下
卸売業	1億円以下	100人以下
サービス業(注2)	5千万円以下	100人以下
小売業	5千万円以下	50人以下

（注1）製造業において，ゴム製品製造業については従業員基準が900人以下。
（注2）サービス業のうち，ソフトウエア業または情報処理サービス業は資本金3億円以下，従業員300人以下。サービス業のうち，旅館業は資本金5千万円以下，従業員200人以下。
出所：「今すぐやる経営革新」p.36より筆者作成

（3）経営革新計画の申請先

　一社単独で申請するケースが大半であり，この場合は本社所在地の都道府県が申請先となる。共同申請や組合などによる申請については，詳細な要綱を確認されたい。

（4）必要書類

　基本的には以下の書類が必要になる。都道府県によって書式が異なるケースがあるので，中小企業庁の公開している書式を確認するとともに都道府県担当部署（WEB）で確認が必要である。

　① 申請書（様式9），別表1〜7の正本

　② ①の写し

　③ 中小企業者の定款

④ 中小企業者の最近2年間の事業報告書，貸借対照表，損益計算書

(5) 各様式記載のポイント

　申請書の書式は，様式9が承認申請書（様式10は変更申請書）となる。申請先の行政庁名，申請者の住所名称，代表者を記載する。共同申請の場合は，申請書の余白に参加企業名を記載する。変更申請については，変更事項と変更事項の具体的内容を記載する。

　○別表1は，経営革新計画の内容である。資本金や業種（産業標準分類の小分類），連携体がある場合の構成機関，新事業活動の4類型の内から一つを選び，経営革新計画の内容を簡潔にまとめたテーマを記載する。経営革新の内容及び既存事業との相違点では，新たな取組みのポイント及びその必要性について考慮して記載をする。経営の向上を示す指標として，付加価値額（営業利益，人件費[*1]及び減価償却費[*2]の合計額）又は，一人当たりの付加価値額のいずれか，および経常利益について現状と計画終了時の目標及び伸び率を記載する。

＊1　人件費については，売上原価に含まれる労務費，販売費一般管理費に含まれる役員報酬や給与，賞与，退職金，派遣労働者や短時間労働者の給与を外注費処理した場合の費用の総額である。

＊2　減価償却費は繰延資産の償却額も含め，リースレンタル費用も含める。

　○別表2は，実施計画と実績である。個別の実施項目について，評価基準（定量的な基準が望ましいが，定性的な基準でも可）と評価頻度，実施時期をそれぞれ計画として記載する。実施内容は，例えば人事体制の確立や商品の技術開発，市場調査とマーケティング，提案営業活動など事業運営に関するいろいろな項目を記載する。時期の管理については，1-1，2-4以降などのように，1の1は1年目計画の第一四半期を意味し，四半期ごとに進捗を管理していくものである。この表によってPDCAを管理していくこととなる。実績欄は計

画申請の時は空欄とする。実施状況と効果と対策の各記入欄に事業進捗時に記載していく。

　実施状況については，◎計画通り実行できた，○ほぼ計画通り，△実行したが不十分，×ほとんど実行できなかった。効果については，◎効果が十分上がった，○ほぼ予定の効果が得られた，△少し効果があった，×ほとんど効果がなかった。このように達成状況について明示して進めていく。

　○別表3は，経営計画及び資金計画である（図表3-1-6参照）。2年前から5年後までの数値計画について作成する（組合の場合やグループ申請の場合は，参加する構成員ごとに作成する）。

　指標の算出式としての留意事項は，経常利益＝営業利益－営業外費用（支払利息，新株発行費）と算出されることで，通常の会計原則と異なる。

　付加価値額の算出については，短時間労働者や派遣労働者に対する費用を算入すること，減価償却費にリース費用を算入すること，従業員数について就業時間による調整を行う。

　○別表4は設備投資計画及び運転資金計画である。設備投資の内容（及び年度）ごとに，金額や数量，合計金額を記載する。設備投資減税の制度を利用する場合にもこの欄に設備投資の内容を記載する。運転資金計画は経営革新計画にかかるものを記載する。これら設備投資資金や運転資金については，経営革新計画に伴い予定しているものをそれぞれ記載する必要がある。計画実行のために融資の申請をする場合には別表4に記載されていることが必要となるので，漏れなく計上することに留意する。

　○別表5は組合等が研究開発事業の試験研究費を構成員に賦課する場合の負担の基準を記載する。

　○別表6は，関係機関への連絡希望である。経営革新計画が承認された際に，

【図表3-1-6】経営革新計画（別表3）

（別表3）

経営計画及び資金計画

参加中小企業者名　　　　　　　　　　　　　　　　　　　　　　　　　　　　　　　（単位：千円）

	2年前 （　年　月期)	1年前 （　年　月期)	直近期末 （　年　月期)	1年後 （　年　月期)	2年後 （　年　月期)	3年後 （　年　月期)	4年後 （　年　月期)	5年後 （　年　月期)
①売上高								
②売上原価								
③売上総利益 （①－②)								
④販売費及び 一般管理費								
⑤営業利益								
⑥営業外費用								
⑦経常利益 （⑤－⑥)								
⑧人件費								
⑨設備投資額								
⑩運転資金								
普通償却額								
リース・レンタル費用 　特別償却額								
⑪減価償却費								
⑫付加価値額 （⑤＋⑧＋⑪)								
⑬従業員数								
⑭一人当たり付加 価値額（⑫÷⑬)								
⑮資金調達額（⑨＋⑩）政府系金融機関借入	－	－	－					
民間金融機関借入	－	－	－					
自己資金	－	－	－					
その他	－	－	－					
合　計	－	－	－					

出所：経営革新計画に係る承認申請書（https://www.chusho.meti.go.jp/keiei/kakushin/）

承認書類を送付する期間を記載することにより，承認時の支援をスムーズに進捗されることができる（上述したが，金融機関への承認計画送付が融資の実行を保証するものではない）。

　○別表7は計画承認時の記載内容を事例集などで公表することの諾否である。良好な取組みは他の企業や支援機関でも参考となるので，可能であれば企業にたいして公表を勧めおく。実際に都道府県が作成する事例集などに，企業の取組みが記載される事によって，大企業からの受発注の問い合わせ連絡があるなど，ビジネスチャンスに繋がる事例がある。

Ⅲ　支援策活用企業の事例

　具体的にどのような企業が，経営上のどのような点について革新性を評価されて計画承認を受けているのか，効果や実績が出ているのかについて事例を紹介する（以下の事例は大阪産業経済リサーチ＆デザインセンターが経営革新計画承認企業の事例を公表しているものを抜粋した。http://www.pref.osaka.lg.jp/aid/sangyou/newpage4.html）。

1．製造業の事例

　A社は，食品添加物製造業を60年経営する企業である。大手メーカーの下請加工で食品用の芳香剤や増粘剤などの加工を行っている。2006年に一度目の経営革新計画に挑戦した。「食品業界における原料搬入から製品化までの一貫生産方式の導入」の計画でクリーンルームを備えた新工場を建設した（低利融資などを活用）。従来の粉体混合とパック包装を行うだけでなく，原料の開梱から混合，調剤，分封，箱詰め，検査，梱包といった一連の工程を高い衛生管理下で実現し，大手メーカーからの受注獲得に繋げた。

　その後の，大手の海外移転，アジア諸国からの輸入拡大の傾向など外部環境の変化が進んだ。同社は2回目の経営革新計画にトライすることにした。一貫生産システムにおける，生産性と品質向上，試作品の製造など幅広い対応力を確保するための計画を作成した。コンベアの係数や整列，方向展開などが出来る装置を従来のラインに組み込みサインを再編する計画を実施。計画に基づく機械開発とライン再編は2012年に完成し，効果として生産能力は20％増強さ

れ，要因数は半減，30％のコストダウンを実現できた。

　以上のとおり，製造業の現場において，新しい生産方式を導入すること，既存の生産ラインの導線の効率化を行うことで，生産性の向上が実現されることとなった。

（2）卸売業の事例

　B社は1980年に創業した食品の卸売業者である。食肉や米，魚介，野菜など多岐に取り扱い年商規模は9億円程度である。

　主たる顧客である飲食店業界を見渡すと店舗数の減少により厳しい環境が続いているため，同社はデリバリーや食材開発，プレカットなど，サービス面の充実により売上維持を図っていたが，これは同業他社も行っている取組みのため，競合環境は悪化していた。

　現状の危機を回避するために同社がとった戦略は，飲食店への業態提案を行うために，自社が飲食店を営んで，そこで得られたノウハウを飲食店にサービス提供するという事業展開を行うこととした。「自社開発した飲食・惣菜提供売業態により蓄積したノウハウ提供サービスを備えた食材卸事業」の経営革新計画を立案し実施した。

　繁華街立地のステーキ店や，駅中立地のカツサンド店，など7つの業態を次々と開発しており，ここで得られたサービスノウハウを，食材卸先の飲食店に提供してサービス支援をすることにより，本業の食材卸の売上も向上している。

　同社の計画は，本業の強みを生かしながら既存の顧客に対する新たなサービス展開を実施するという，経営革新計画の代表的な取組み事例である。さらに現場で得られたデーターを蓄積して，システムを構築して販売する新たな事業にも取り組んでおり，さらなる成長が期待される。

（3）小売・サービス業の事例

　C社は2007年に設立した，「鯖」に特化した食品製造小売業である。代表者

が以前の飲食店勤務時に東北で獲れる脂の乗った鯖の食材としての魅力に目を
つけ，現地での仕入ルート確保と超低温冷凍の組み合わせによる通年の供給体
制のめどが立った。

「とろさば」のブランドで企画製造した寿司は百貨店出店などで好評となり，
社長は物販だけでなく顧客に「モノ＋体験」を楽しんでもらえる飲食店に進出
することを計画し，経営革新計画を取得した。鯖にちなんで38種類のメニュー
を揃える，テーマソングを作る，体験教室を開催するなど，次々とアイデアを
実現していった。複数の店舗を展開する際には2014年当時まだ活用する企業
が少なかったクラウドファンディングを効果的に活用し，マーケティングと資
金調達を同時に実現していった。

新たな事業形態の開発や，他社が取り組んでいない新たな商品・サービス開
発により，同社は地方都市から全国展開を行うことが出来た。ブランド戦略も
含めた，ユニークな経営革新事例である。

各都道府県では，経営革新計画承認事例についてビジネスモデルの詳細を公
開しており，それぞれ強みの生かし方や売上の伸ばし方，生産性向上のヒント
になる取組みを多数見ることが出来る。ぜひとも参考にして活用されることを
勧めおく。

第2章

革新的モノづくり・商業・サービス開発支援補助金

I　はじめに

　通称「もの補助」として認知度の高い「革新的モノづくり・商業・サービス開発支援補助金」（以下，同施策）は，平成24年度補正予算から実施され，事業名称や対象要件，事業類型などの実施要領が少しずつ変化しながら，7年間継続して補正予算で手当されてきた。中小企業者・小規模事業者にとっては影響力の大きな補助金施策である。ここでは，生産性向上と同施策との関連や活用法について述べる。

II　支援策の概要

　まず，同施策の概要と特徴，生産性向上との関連について述べる。同施策は，革新的サービス開発・試作品開発・生産プロセスの改善等を行うための設備投資等を支援することで，中小企業・小規模事業者の成長・発展を後押しするためのものである。そして，補助金を活用した取組みを自社の事業展開の起爆剤として，その成果を活用して「事業化」段階に進めることが重要とされている。「既存設備の更新・置換」ではダメと言われる所以はここにある。

　「事業化」には段階が設定されていて，補助企業の終了後，5年以内に第3段階にステップアップし事業として定着化させていくことが，補助金を活用した

事業者及び支援者の“共通目標”として掲げられている。第3段階とは，図表3-2-1のとおり，市場に製品・サービスが出て実際に売上に結びついている段階である。

【図表3-2-1】 事業化段階の定義

事業化段階		定義
第5段階	収益化達成	継続的に販売実績があり利益が上がっている
第4段階	販売軌道化	継続的に販売実績はあるが利益は上がっていない
第3段階	売上達成	製品・サービスが1つ以上販売されている
第2段階	受注達成	注文（契約）が取れている
第1段階	宣伝等活動展開	製品・サービス等の販売活動に関する宣伝等を行っている

出所：全国中小企業団体中央会発行「平成30年度ものづくり補助金成果事例報告書」

　次に，この補助金を活用した「事業化」への取組みが，本書のテーマである「生産性向上」にいかに結びつくかについて考えてみたい。

　図表3-2-2のように，経済産業省の「中小サービス事業者の生産性向上のためのガイドライン」（平成27年1月策定，28年2月改訂＜事例追加＞）では，生産性向上を「付加価値の向上」と「効率の向上」の2つの要素に分けている。つまり，生産性を向上させるためには大きく分けて，2つの切り口がある。

　1つ目は，新たな取組みによって売上増大から付加価値（分子）を向上させる手法，2つ目は，時間や工程の短縮によるコスト削減によって効率（単位時間当りの生産性：分母）を向上させる取組みである。この2つの切り口のいずれか，あるいは両方で生産性の向上が達成できるというのである。「付加価値の向上」「効率の向上」について，それぞれの要素についても例示されている。

　先に，同施策は，革新的サービス開発・試作品開発・生産プロセスの改善等を行うための設備投資等を支援するためのものであると述べたが，革新的サービス開発・試作品開発は「付加価値の向上」に該当し，生産プロセスの改善は「効率の向上」につながるものであることから，いずれも，事業化を実現することによって，「生産性向上」に寄与するものであることが分かる。

【図表3-2-2】中小サービス事業者の生産性向上のためのガイドライン

1．ガイドラインの策定

◆ 策定の背景

・2014年6月に改訂された日本再興戦略において、中小サービス事業者の生産性向上に向けて、具体的手法と段取り等を示すガイドラインを策定する旨の指摘がなされた。

※日本再興戦略改訂2014　－未来への挑戦－
　（平成26年6月24日）（抜粋）
　iii）サービス産業の生産性向上
　　（略）
・中小サービス事業者の生産性向上にむけて、具体的手法と段取り等をガイドラインとして策定

◆ ガイドラインへの事例追加

・サービス産業では日々新たなビジネスモデルが生み出されているところ、「サービス産業チャレンジプログラム」（平成27年4月15日 日本経済再生本部決定）及び「日本再興戦略2015」（平成27年6月30日閣議決定）において、ベストプラクティスの横展開を図る旨が位置づけられました。
・これに基づき、当該ガイドラインについて、この"ベストプラクティス集"として、サービス事業者の参考としての効果をより発揮させるため、最新のビジネスモデル・動向を踏まえ、ITの活用事例等の追加を行う。

2．ガイドラインの概要

出所：https://www.chugoku.meti.go.jp/topics/ryutsu/160219.html（閲覧日：2019年6月16日）

　このような目的を担って，平成24年度補正予算から7年連続して補正予算が組まれ，毎年多くの中小企業・小規模事業者が活用しているのが「もの補助」である。これまでに採択された事業者数は，平成28年度補正予算までの5年間に，全国で通算5万者に上っている。

　ここで各年度の実施概要を時系列に整理してみると，図表3-2-3のようになる。毎回，対象要件や類型といったスキームに大きな変更はないものの，対象類型・事業類型の区分，また各々の限度額（上限額）や補助率およびその要件，さらには加点要素などが少しずつ変化しており，応募する事業者や支援者から高い関心を集めてきた。また，公募時期やタイミングによって採択率（すなわち競争倍率）にもバラつきがあった。

　近年では，生産性向上の目安として，「革新的サービス」「ものづくり技術」のいずれの類型でも，経営革新計画の承認基準と同等の付加価値額および利益

245

率の向上割合が要求されるようになっており，また，経営革新計画の承認が加点要素になることで，計画承認への関心が高まっている。

　経営革新計画の承認基準とは，3〜5年計画で「付加価値額」（付加価値額＝営業利益＋人件費＋減価償却費）年率3％及び「経常利益」（営業利益−営業外費用（支払利息・新株発行費等））年率1％の向上を達成する計画であることであり，平成30年度の補正予算でも，「革新的サービス」「ものづくり技術」のいずれの類型にも，補助対象要件に，このことが明記されている（図表3-2-3参照）。

Ⅲ　支援策活用のポイント

　このように「もの補助」は，中小企業・小規模事業者にとって，生産性の向上に取り組むきっかけとなる有益な政策である。ここでは，同施策の活用にあたって知っておくべき，基本的な考え方や応募書類の記入のポイント，および活用のポイントを紹介する。

1. 国による補助金は，「国による投資」である

　補助金は，「もらえるお金」「返す必要のないお金」という表現をされることが多いが，本来は「国による（税金を原資とした）企業あるいは事業への投資」である。投資の基準となるのが審査基準と考えられる。そして，単に経営状況が苦しい企業を助けることが目的ではなく，「いま投資することで，企業あるいは事業が成長し，将来の経済効果（リターン）につながる」かどうかが，基準となっている。

　言い換えれば，補助金による投資先企業としてふさわしいのは，次のような要件に該当する企業だと考えられる。

(1) 事業化のハードルを越えて実現すれば，一定の市場規模が確保できるような革新的な取組みにチャレンジしている

(2) 経営悪化によって資金繰りが苦しくなっているものの，経営悪化の内

的要因をきちんと分析し，経営改善の見込みがある

（3）社会的資産となるような技術・ノウハウなどの蓄積がある

自社がこれらの要件に該当するか，あるいは，その意思を持って取り組もうとしているかを，経営者は自問することが重要であり，支援者も最初にこのことを確認し見極める必要がある。

2. 収益納付という考え方

このように，本来「将来のリターンを生む」こと，すなわち補助事業の期間中に補助金額分の収益（or返済原資）を出すこと，さらに利益に応じて納税し投資に応えることが期待されている。これを「収益納付」と呼んでいる。

せっかくもらった補助金なのに，そこからも税金をとられるのか？という表現をされることもあるが，本来の考え方を正しく理解する必要がある。

実際には，残念ながら補助事業の期間中に営業利益ベースで黒字化ができず，補助金分の雑収入を加算してようやく経常利益ベースで黒字になっているようなケースも見受けられる。これを「補助金のおかげで黒字になった」と解釈することは，決して経営状況の正しい理解とは言えない。

支援者が計画の実効性を確認し，また，事業実施にあたって全面的にバックアップすることが強調されているのは，このためと考えられる。

3. 認定支援機関の役割

同施策は，申請時に「経営革新等認定支援機関」といわれる支援機関の支援を得て，推薦書をもらい，また，採択後は，事業計画の実現のための支援を受ける仕組みになっている。

これを都合よく解釈して，支援機関に一定の謝金（あるいは成功報酬）を支払って「合格答案（採択される申請書）」の代筆を依頼する事業者がいる。あるいは，それを持ち掛ける支援機関がある。

しかし，事業計画は，本来，自社（経営者）が自力で作成し実践するものである。素晴らしい事業計画が採択されても，自社で実行できなければ「絵に描

[図表3-2-3] 各年度「ものづくり補助金」実施概要一覧

年度	事業の目的	補助対象要件/類型	事業類型	補助額	補助率
H24補正予算	【ものづくり中小企業・小規模事業者試作開発等支援補助金】試作品開発や設備投資等に要する経費の一部を補助することにより、ものづくり中小企業・小規模事業者の競争力強化を支援し、我が国製造業を支えるものづくり産業基盤の底上げを図るとともに、即効的な需要の喚起と好循環を促し、経済活性化を実現することを目的とする	国内に本社および開発拠点を有する「ものづくり」中小企業・小規模事業者であり、以下の条件を満たすもの・顧客ニーズに応えたり細かく対応・認定支援機関の確認・ものづくり高度化法22の分野活用	小口化・短納期化型、ワンストップ化型、サービス化型、ニッチ分野特化型、生産プロセス強化型	100万円～1000万円	2/3以内
H25補正予算	【中小企業・小規模事業者ものづくり・商業・サービス革新事業】ものづくり・商業・サービス分野で環境等の成長分野へ参入するなど、革新的な取組みにチャレンジする中小企業・小規模事業者に対し、地方産業競争力協議会とも連携しつつ、試作品の開発・新サービス開発、設備投資等を支援する	他社との差別化、競争力を明記した事業計画をつくり、認定支援機関により確認されている・<ものづくり>・ものづくり高度化法11分野の技術を活用した新サービス・<革新的サービス>・3～5年の事業計画で、付加価値額が年率3%、および経常利益が年率1%の向上を達成する計画	成長分野型（環境、エネルギー）、一般型、小規模事業者型	100万円～1000万円、ただし、成長型は上限1500万円、小規模事業者は、上限700万円（かつ設備投資不可）	2/3以内
H26補正予算	【ものづくり・商業・サービス革新補助金】国内外のニーズに対応したサービスやものづくりの新事業を創出するため、認定支援機関と連携して、革新的な設備投資やサービス・試作品の開発を行う中小企業を支援する	認定支援機関に事業計画の実効性について確認された中小企業・小規模事業者で以下の要件を未満たす者・高度化法の技術を活用・3～5年の事業計画で、付加価値額が年率3%、および経常利益が年率1%の向上・共同設備投資する計画、複数の事業者で上記の計画	一般型、コンパクト型（革新的サービスのみ）	100万円～1000万円、ただし、共同設備投資は上限5000万円、小規模事業者は、上限700万円（かつ設備投資不可）	2/3以内
H27補正予算	【ものづくり・商業・サービス新展開支援補助金】国内外のニーズに対応したサービスやものづくりの新事業を創出するため、認定支援機関と連携して、革新的なサービス・試作品開発・生産プロセスの改善を行う中小企業・小規模事業者の設備投資等を支援する	認定支援機関に事業計画の実効性について確認された中小企業・小規模事業者で以下の要件を未満たす者・生産性向上のためのガイドラインに沿って高度化法の技術を活用・3～5年の事業計画で、付加価値額が年率3%、および経常利益が年率2%の向上・高度生産性向上では、IoTを用いた設備投資利益率15%	高度生産性向上型、一般型、小規模事業者型	100万円～1000万円、ただし、高度生産性向上型は上限3000万円、小規模事業者は、上限500万円（設備投資も可）	2/3以内

予算	概要	類型	補助上限額	補助率
H28補正予算	【革新的ものづくり・商業・サービス開発支援補助金】国際的な経済社会情勢の変化に対応し、足腰の強い経済を構築するため、経営力向上に資する革新的なサービス開発・試作品開発・生産プロセスの改善を行うための中小企業・小規模事業者等の設備投資等の一部を支援する	認定支援機関に事業計画の実効性について確認された事業者で、小規模事業者以下の要件を未満たす者 ・生産性向上のためのガイドラインに沿っていること ・3～5年の事業計画で、付加価値額が年率3%、および経常利益が年率2%の向上を達成する計画(経営革新計画) ・あるいは、高度化法の技術を活用	第四次産業革命型 一般型 小規模型	100万円～1000万円 ただし、第四次産業革命型は上限3000万円 小規模事業者は、上限500万円(設備投資も可)	2/3以内
H29補正予算	【ものづくり・商業・サービス経営力向上支援補助金】国際的な経済社会情勢の変化に対応し、足腰の強い経済を構築するため、生産性向上に資する革新的なサービス開発・試作品開発・生産プロセスの改善を行うための中小企業・小規模事業者等の設備投資等の一部を支援することを目的とする	認定支援機関の全面バックアップを得た事業を行う中小企業・小規模事業者等であること。以下の要件のいずれかに該当すること ・「中小サービス等のガイドライン」で示された方法で行う革新的なサービスの創出・サービス提供方法の改善であること ・「中小ものづくり高度化法」に基づく特定ものづくり高度化基盤技術を活用した革新的な試作品開発・生産プロセスの改善であること そして、いずれも3～5年で「付加価値額」年率3%および「経常利益」年率1%の向上を達成できる計画であること	企業間データ活用型 一般型 小規模型	100万円～1000万円 ただし、第四次産業革命型は上限3000万円 小規模事業者は、上限500万円(設備投資も可)	1/2以内 (ただし、小規模事業者あるいは経営革新計画などの要件を満たせば2/3)
H30補正予算	【ものづくり・商業・サービス生産性向上促進補助金】中小企業・小規模事業者等が、認定支援機関と連携して、生産性向上に資する革新的サービス開発・試作品開発・生産プロセスの改善を行うための設備投資等を支援する	H29補正に同じ	一般型 小規模型	100万円～1000万円 ただし、小規模事業者は、上限500万円(設備投資も可)	1/2以内 (ただし、小規模事業者あるいは経営革新計画などの要件を満たせば2/3)
H31当初予算	【ものづくり・商業・サービス高度連携促進補助金】中小企業・小規模事業者等が連携して取り組む、生産性向上や地域経済の波及効果拡大に資する革新的サービス開発・試作品開発・生産プロセスの改善を行うための設備投資等を支援する	複数(2～10者)の中小企業者等が連携し新たな付加価値創出を図るプロジェクトを支援対象とする	「企業間データ活用型」「地域経済牽引型」の2つの事業類型	100万円～1000万円(1者当たり)×事業者数	1/2以内 (特定の要件を満たせば2/3)

出所：筆者作成

いた餅」であり，決して成果にはつながらない。

　支援機関から，アドバイスをもらうべく指南を受けるのはいいが，代筆はダメである。支援機関には，計画の作成だけでなく，むしろ事業進捗のペースメーカー役としての役割を期待するべきであるし，支援者もそうありたい。

4. テーマの選定と採択の基準

　基本的な考え方を理解したうえで，では，採択される事業計画を作成するためには，どのようなポイントを抑える必要があるのだろうか。

　一番大切なことは，補助金施策の公募が始まってから自社の申請テーマを考えるのではなく，普段から自社の問題点や解決すべき課題を十分把握しておき，できれば優先順位もつけておくことである。そうすれば，公募時期に合わせて優先順位の高い課題をテーマとして申請することが可能となる。

　「補助金の申請は，ある程度正解が決まっている答案用紙を書くようなものだ」と言われることがある。公募要領に記載されている審査基準（すわなち採点基準）を満たすように書けば，予算総額の制約はあるものの，採択される可能性が高いということである。金融機関に融資を申し込む際には，金融機関に承認を得られる事業計画・返済見通しを提出する必要がある。補助金は，返済しなくていいお金だが，返済しなくてもよい資金の方が，その資金の必要性については，より納得感のある説明が求められるとも言えるだろう。

　また，自社のことや自社の技術や製品のことを詳しく知らない人たちに，事業の動機や社会的意義を客観的に審査して評価してもらうこと，そして技術や製品について分かりやすく説明し，また市場・顧客ニーズについても納得を得られるよう意識して記述をすることも重要である。

　さらに，文書の作成にあたっては図や写真・データなどをうまく活用し，分かりやすく訴求力のある書類に仕上げる力も必要とされるようになってきた。

5. 成果の考え方

　補助金を活用した事業の成果をどう捉えればいいのか。施策の概要のところでは，補助金を活用し「事業化」段階に進め，売上を上げて生産性を向上させることこそが重要だと述べた。

　しかし，実際には，採択された案件であっても，事業化段階にいたるのは少数である。国の調査では，補助金を受けた件数のうち，商品化にいたったのが約3割，「投資回収」ができたのは，さらにごく一部の案件だけだったということである。事業者も支援者もこれを良しとせず，補助金額以上の成果を追求したいところである。

　また，残念ながら不採択となった場合はどうだろうか。次回の補助金の募集まで事業の実施時期を遅らせる企業もなくはないが，補助金がなくても自己資金や融資などで何とか資金を手当てして設備投資や開発に臨むことが，本来の企業のあるべき姿だと思われる。支援者もまた，計画の採択・不採択に関わらず，企業の事業への取組みを支援したいものである。

6. 資金繰りとつなぎ融資

　補助金は，事業完了および確認検査後に，事業者に入金される。つまり事業の進行中の資金繰りは自前で行う必要がある。ほぼ確実に入金が見込まれるということで，金融機関から「つなぎ融資」を受けているケースも多いが，補助金で返済するわけではない。資金繰り管理をしっかりしないと，返済原資の確保に支障をきたすことになる。

　特に，自社の事業構造を歪めたり，事業計画を十分吟味していない場合などは，成果につながらず融資だけが残り収益が悪化する。そして，経営改善のために，また別の補助金を探し始め，いわゆる「補助金漬け」に陥る。この状態を称して「補助金は麻薬だ」「（本当に必要ではないのに）むやみに手を出さない方がいい」という経営者もいるくらいである。

7. マネジメント能力

　補助金は，一般的に補助対象事業完了後の精算であり，また，精算のための会計処理や必要書類はかなり複雑で，事業者に相当の負荷がかかる。

　一方では，設備の導入金額や開発の経費などは，補助金があるからと見積り金額の設定が高めになりがちで，コスト増につながる可能性もある。

　補助事業に取り組むために，従来の事業の「ヒト」「モノ」「カネ」のマネジメントにマイナスの影響を及ぼすことがないよう，注意したい。

　以上のことから，補助金をうまく活用して生産性の向上につなげる成果を上げられるか否かは，経営者の取組み姿勢が第一であり，次に良きパートナーたる支援者との出会いが大きな要因となっていると言えるだろう。

Ⅳ　活用事例

　次に，実際に相談を受けた，同施策の活用事例（補助金を活用することで，自社の効率（分母）向上や付加価値（分子）向上を実現した事例）をいくつか紹介する。自社のテーマを検討する際の参考にしていただきたい。

1. 活用事例１：設備投資による工程短縮で生産性向上を実現

　Ａ社は，大阪府内に本社を置く，生活日用雑貨関連のメーカーである。社歴は100年を超え，従業員数も100名ほどの中堅企業である。同施策での取組みテーマは，自社の特徴的なある製品の製造工程に，ピロー包装機（ピロー包装機とは，プラスチックフィルムを枕状にして商品を包装する機械）を導入して生産性及び品質を向上させることであった（図表3-2-4参照）。

　本機械の導入によって，従来の当該製品の包装工程が2工程に分かれ各々の工程に人員が必要であったものを，1工程のみでできるようになり，マンパワー・時間ともに短縮され生産性が向上する。さらに，2工程であれば工程間の移動時に異物が付加する可能性があるが，1工程になれば移動の必要がなく

【図表3-2-4】ピロー包装機のサンプル画像

出所：メーカー提供（https://www.ipros.jp/product/detail/2000282494?hub=146+2+ピロー
　　　包装機，閲覧日：2019年6月16日）

なり品質面の向上にもつながる。これによって，当製品の生産量のアップ，売
上向上，コストの削減が可能となる，という内容であった。

　申請書の作成にあたっては，下記のような点をアドバイスした。

・補助金審査のポイントのうち「社会的ニーズや有用性，顧客のメリット」
について，より説得力のある説明を加えること

・有用性やメリットが，具体的な売上・利益計画にどうつながるかを分かり
やすく追加すること

・単に工程が短縮されるだけでなく，自社の独自性の高い製品の製造・拡販
につながることを強調する

・コスト削減でなく，生産性の向上により生産量アップの視点で記述する

　同社は，この申請テーマが採択され取り組んだ結果，生産効率がアップし，
生産量の増大が可能となった。また，その成果を活かして，より認知度を高め
るために「大阪府ものづくり優良企業賞」にも応募し，見事受賞された。

2. 活用事例２：設備投資による技術革新で生産性向上を実現

　B社は，大阪市内に本社を置く，工業用製品の設計製作メーカーである。社歴も長く，たくさんの大手メーカーに自社製品を納入している。同施策での取組みテーマは，自社の特徴的なある製品の製造方法（接合時）に超音波溶着法（超音波溶着法とは熱可塑性樹脂を微細な超音波振動と加圧力によって瞬時に溶融し接合する加工技術）を導入して，製品のQCD（品質・価格・納期）と製造環境を改善することであった（図表3-2-5参照）。この溶着法は，一般的に下記のような特徴がある。

　　・消費電力が少ない

　　・溶着サイクルが早い

　　・表面の仕上りが綺麗

　　・（ランニング）コストが安い

　　・強度が高い

　　・気密性が高い

　　・環境に優しい（臭いがない）

　　・消耗材が必要ない

　　・リサイクルが容易

　　・自動化し易い

　　・デジタル制御なので再現性が高い

　　・制御し易い

　一方で，デメリットとしては，次のようなものがある。

　　・大物部品溶着が困難

　　・複雑・不規則形状が困難

　　・三次元形状が困難

　同社の製品は，このデメリットに該当しないものが主であるため，導入効果が十分期待できるものであった。

　申請書の作成にあたっては，下記のような点をアドバイスした。

　　・補助金審査では，次の3つが重要なポイントとなる

【図表3-2-5】超音波溶着のフローチャート図

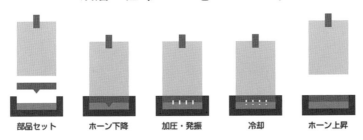

溶着工程 (Welding Process)

部品セット　　ホーン下降　　加圧・発振　　冷却　　ホーン上昇

出所：メーカー提供（https://www.dukane.jp/technology/feature/．閲覧日：2019年6月16日）

①強みや独自性
②社会的ニーズや有用性，顧客のメリット
③実現可能性
・独自性に関しては，既存技術や代替技術（熱加工溶着）との比較表をつけると分かり易い
・既に客先からの引き合いがあるなら，具体的に記載する方がメリットが伝わりやすく，実現可能性も増す
・アクションプランをもっと具体的に書いた方がよい。その際，数値計画と整合性をとること
・将来，別市場へ横展開の可能性があるなら，それも記載すること

　申請テーマが採択された後，この技術による製造方法のイノベーションで，「経営革新計画」の承認を申請することを勧め，こちらも無事承認を得た。補助事業の成果として，採択された事業を中核とした製造の自動化で長期的な事業計画を構築，工場を増築し，さらに，数名の社員を採用して製造・販売体制を確立した。また，事業計画の作成経験を活かして「大阪府ものづくり優良企業賞」にも応募し，見事受賞し，認知度向上につながった。

255

【図表3-2-6】設備イメージ

出所：メーカー提供（https://www.hase-metal.com/，閲覧日：2019年6月16日）

3. 活用事例3：精密加工技術の導入で付加価値を高めることを実現

　C社は，大阪市内に本社を置く，鉄材の加工販売業である。同業者が集積する地域にあったが，地域の同業者は減少傾向で危機感をもっていた。

　同施策での取組みテーマは，形鋼加工機の導入によるフレキシブル加工を実現し，多様な加工技術によって自社の付加価値を高めることであった（図表3-2-6参照）。新たな取組みや事業計画の作成には不慣れで，一度目は不採択となったが，二度目のチャレンジで見事採択された。

　申請書の作成にあたっては，「事業化による付加価値ストーリー」として図表3-2-7のようなフロー図を描き，分かりやすく説明してはどうかとアドバイスした。

　さらに，先の2事例と同様に，地域の優れた製造業としての認知度をより高めるため「大阪府ものづくり優良企業賞」にも応募。見事受賞された。現在は，この取組みのリーダーであった後継者が役員となり，さらなる企業の成長を目指している。

【図表3-2-7】事業化による付加価値ストーリー

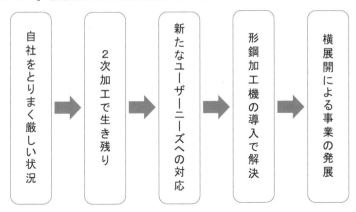

自社をとりまく厳しい状況　→　2次加工で生き残り　→　新たなユーザーニーズへの対応　→　形鋼加工機の導入で解決　→　横展開による事業の発展

出所：筆者作成

　このように，事例の各社では，各々の業界や顧客市場の動向を見据えながら，自社の強みを活かし，さらに付加価値や効率を高め競争力をつけるための課題の解決に，うまく同施策による補助金を活用して成果につなげていることが分かる。

　これらの事例を参考に，自社の経営計画の一環として，「付加価値の向上」あるいは「効率の向上」を実現し「生産性の向上」につなげるために，自社にふさわしいテーマでの取組みに，皆さんもぜひチャレンジしていただきたい。

【参考文献・資料】
全国中小企業団体中央会『平成30年度ものづくり補助金成果事例報告書』
中小サービス事業者の生産性向上のためのガイドライン（https://www.chugoku.meti.
　go.jp/topics/ryutsu/160219.html）
ピロー包装機のサンプル画像
　（https://www.ipros.jp/product/detail/2000282494?hub=146+2+ピロー包装機）
超音波溶着のフローチャート図（https://www.dukane.jp/technology/feature/）
設備イメージ（https://www.hase-metal.com/）

小規模事業者持続化補助金

Ⅰ 補助金設立の背景

　小規模事業者持続化補助金は，2014年6月に成立した「小規模企業振興基本法（小規模基本法）」の制定を受けて2013年度補正予算より実施されている。従来の中小企業支援策が売上，利益，雇用などの規模の拡大といった「成長発展」を目的としていたのに対し，全体の約8割を占める小規模事業者が必ずしも成長発展を志向していないことを鑑み，これらの小規模事業者の「持続的発展」を支援することが小規模基本法の特徴である。「小規模基本法」やその下に策定された「小規模企業振興基本計画」では，4つの目標が定められている。

　①需要を見据えた経営の促進

　小規模事業者の得意とする顔の見える信頼関係など，価格以外の要素を積極的に活用して需要の創造・掘り起こしを行う。

　②新陳代謝の促進

　多様な人材を活用・育成するほか，創業や事業承継などにより新たな人材の参入も促し，事業の展開・創出を進める。

　③地域経済の活性化に資する事業活動の推進

　地域に根差して事業活動を行う小規模事業者の活力向上のために，地方公共団体及び支援機関等が密接に連携を図り当該地域の経営戦略を進める。

【図表3-3-1】持続的発展とは

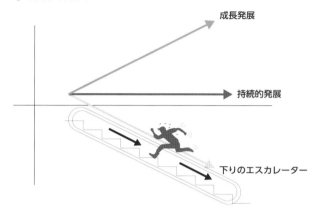

出所：ミラサポ（https://www.mirasapo.jp/features/policy/vol28/）

　④地域ぐるみで総力を挙げた支援体制の整備

　「小規模基本法」と同時に改正された「小規模支援法」によって，小規模事業者の身近な存在である商工会・商工会議所を抜本的に機能強化して，小規模事業者が経営計画を作って売上を立てていくため，伴走しながら支援する。

　これらの目標の達成ための施策の一つが小規模事業者持続化補助金である。これは，小規模事業者の販路開拓のための補助金である。これまでの販路開拓補助金は，売上高の向上する事業計画が申請において必要とされてきた。しかし，人口減少によって何もしなければ自然と顧客が減少する地域の現状において，「持続的発展」をする小規模事業者に即した補助金が必要とされ，当補助金の創設となった。小規模事業者持続化補助金は，チラシ作成やポスティング，ホームページ制作，店舗のバリアフリー化のための店舗改修など，販路開拓の幅広い用途に活用できるものである。

Ⅱ　小規模事業者持続化補助金の概要

1. 補助金の対象となる事業者

　補助金の対象となる「小規模事業者」とは，「製造その他の業種に属する事業を主たる事業として営む商工業者（会社＜企業組合・協業組合を含む＞および個人事業主）」であり，常時使用する従業員の数が20人以下（商業・サービス業（宿泊業・娯楽を除く）に属する事業を主たる事業として営む者については5人以下）の事業者である。なお，この「商工業者」には，医師・歯科医師，助産師や，系統出荷（生産者団体が行う共同出荷）による収入のみである個人農業者等は該当しない。

【図表3-3-2】補助金対象の事業者

	常時使用する従業員の数
商業・サービス業（宿泊業・娯楽業除く）	5人以下
サービス業のうち宿泊業・娯楽業	20人以下
製造業その他	20人以下

出所：小規模事業者持続化補助金公募要領

2. 補助金額

　補助上限額：50万円，補助率：補助対象経費の3分2以内

　ただし以下の場合は，補助上限額が100万円に引き上げられる。

　①市区町村による創業支援等事業の支援を受けた事業者

　②市区町村の推薦を受けて当該市区町村の地域再生計画等に沿う買い物弱者　　対策等の事業を行う者

3. 補助金の対象となる事業，経費

　経営計画に基づいて実施する地道な販路開拓等の取組みにかかる経費が対象となる。具体例を以下に示す。

　・新商品を陳列するための棚の購入

- 新たな販促用チラシの作成，送付
- 新たな販促用PR（マスコミ媒体での広告，ウェブサイトでの広告）
- 新たな販促品の調達，配布
- ネット販売システムの構築
- 国内外の展示会，見本市への出展，商談会への参加
- 新商品の開発
- 新商品の開発にあたって必要な図書の購入
- 新たな販促用チラシのポスティング
- 国内外での商品PRイベントの実施
- ブランディングの専門家から新商品開発に向けた指導，助言
- （買物弱者対策事業において）移動販売車両の導入による移動販売，出張販売
- 新商品開発にともなう成分分析の依頼
- 店舗改装（小売店の陳列レイアウト改良，飲食店の店舗改修を含む）

4. 時期

　令和元年度（平成30年度第2次補正）の商工会議所管轄地域における募集期間は2019年4月25日（木）〜6月12日（水）であった。年度ごとに時期は前後するので，応募年度の公募要領を確認すること。

　事業の実施期間は交付決定日から2019年12月31日（火）までであり，この前後の支出はすべて無効となる。

5. 提出先

　申請書類の提出先は事業者の所在地によって異なる。商工会議所の管轄地域で事業を営んでいる事業者は，以下の宛先である。

　日本商工会議所　小規模事業者持続化補助金　事務局

　　〒151-0051　東京都渋谷区千駄ヶ谷3-11-8

　　電話番号：03-6447-2389

　商工会の管轄地域の事業者については，2019年5月15日現在において補助金事務局が決定していない。なお，事務局は毎年度公募されるので，申請においては必ず応募年度の公募要領を確認すること。

Ⅲ　小規模事業者持続化補助金の申請のポイント

　小規模事業者持続化補助金の申請にあたっては，経営計画書と補助事業計画書の作成が必要である。経営計画書は，全社の経営計画として以下の内容を記載する。

①企業概要

②顧客ニーズと市場の動向

③自社や自社の提供する商品・サービスの強み

④経営方針・目標と今後のプラン

　補助事業計画書には，補助金の対象となる販路開拓等の取組み内容を記載する。

　補助金の採択審査は経営計画書と補助事業計画書を対象に行うので，これらをしっかりと作成することが重要である。審査の内容は公募要領に記載されており，これを踏まえたうえで経営計画書と補助事業計画書を作成するが，ここでは特に重要な点を挙げて解説する。

　◇「自社の製品・サービスや自社の強みを適切に把握しているか。」

　審査項目の「把握しているか」の記載は，申請書に明確に記載されているかを問う意味である。特に，自社と自社の製品・サービスを正確に把握し，長所も短所も理解していることは非常に重要である。自社と自社の製品・サービスについて詳しく申請書に記載して，これらを十分理解していることを審査員にアピールすることが重要である。

　◇「経営方針・目標と今後のプランは，自社の強みを踏まえているか。」

【図表3-3-3】小規模事業者持続化補助金処理フロー

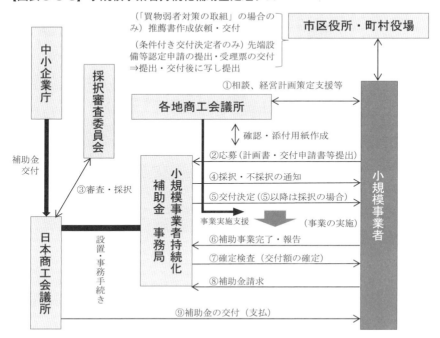

出所：小規模事業者持続化補助金公募要領（日本商工会議所分）

　小規模事業者は資金や人員等の経営資源が乏しいのが一般的であり，実行できる施策も限られている。このような小規模事業者の経営計画においては，自社の強みを最大限生かしたものとすることが重要である。現在自社にはない経営資源を使ったプランは現実的ではないので，申請書に記載する経営方針は自社の強みを生かしたものとする。小規模事業者持続化補助金の処理フローは図表3-3-3の通りである。

　小規模事業者持続化補助金の申請にあたっては，事業所の最寄りの商工会議所または商工会の確認が必要になる（図表3-3-3の①）。計画内容の相談と確認書の発行等で，商工会議所または商工会へは2回以上訪問する必要があるので，申請を希望する場合は早いうちに最寄りの商工会議所または商工会へ相談すること。

【図表3-3-4】補助金で作成したパンフレットと展示会の模様

出所：（左）A社資料を筆者撮影，（右）A社提供

Ⅳ　小規模事業者持続化補助金の活用例

　A社は大阪府に在住するIoTサービスを提供する企業である。同社は大手メーカーやインフラ事業者に対して，インターネット通信による機器やインフラ設備の監視システムを提供していた。限られた顧客のみと取引を行ってきたが，IoTの認知度向上を契機として，販路を中小企業等にも拡大することとなった。これまでは限られた顧客との継続した取引であったため，当社では営業活動を行ってこなかったが，販路拡大にあたって営業活動の本格化が必要となり，当補助金の活用に至った。

　補助金の具体的な利用用途は，商品パンフレット，会社案内作成（デザイン費，製本費等），展示会への出展，運搬費用等である（図表3-3-4参照）。

　営業活動に必要なツールの整備や，新規顧客獲得のための商談を補助金によって行うことができ，当社の販路拡大に大きく寄与した。

サービス等生産性向上IT導入
支援事業（IT導入補助金）

I　補助金設立の背景

　近年，日本の労働生産性の低さが問題として挙げられることが多い。第1部で指摘した通り，日本の労働生産性を国際比較すると，主要先進国においては低位に位置するのが現状である。

　この生産性の低さは，IT化の遅れに起因するものという見方が広がっている。平成30年版情報通信白書によると，1994年から2016年にかけてのIT投資額（名目値）は，日本では1994年の14.6兆円から1997年までは増加したものの，それ以降微減ないし横ばい傾向が続いている。それに対し米国は，2002年と2009年の2度の落ち込みを経つつも増加傾向を保ち，20年間で2024億ドルから5,755億ドルへと3倍程度に伸びている（図表3-4-1）。図表3-4-1を基に日本のIT投資額に対する米国のIT投資額を算出すると，1994年は1.4倍であったが，2016年には4.0倍と差が広がり，年間投資額の差が拡大している（いずれも日本のIT投資額をドル換算して比較）。

　人口減による人手不足が深刻化するわが国において生産性の向上は緊急の課題であり，特にIT化が遅れているとされる中小企業へ広くITツールを普及させるためにIT導入補助金が2017年（平成28年度補正）より設立された。

【図表3-4-1】日米のIT投資額推移（名目）

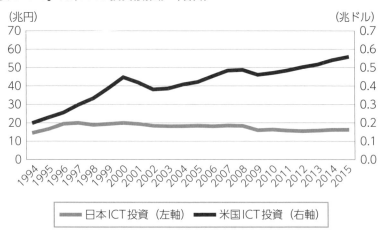

出所：平成30年版情報通信白書（http://www.soumu.go.jp/johotsusintokei/whitepaper/ja/h30/pdf/30honpen.pdf）

Ⅱ　IT導入補助金の概要

1. 補助金の対象となる事業者

　補助金の対象となるのは，以下の中小企業・小規模事業者等である。資本金か従業員数のいずれかが図表3-4-2の数値以下であれば対象である。業種によって上限値が異なるので注意が必要である。

2. 補助金額

　平成30年度補正（令和元年度実施）の募集においては，2つの類型が用意されている。補助金対象として登録されるITツールによって，「A類型」，「B類型」の2つの申請類型がある。

　A類型：図表3-4-3の全プロセスから2つ以上，ただし業務プロセスから1つ以上をITツールに含む。

　B類型：図表3-4-3の全プロセスから5つ以上，ただし業務プロセスから3

つ以上をITツールに含む。

【図表3-4-2】IT導入補助金の対象となる中小企業・小規模事業者等

業種・組織形態		資本金（資本の額又は出資の総★）	従業員（常勤）
資本金・従業員規模の一方が，右記以下の場合対象（個人事業を含む）	製造業，建設業，運輸業	3億円	300人
	卸売業	1億円	100人
	サービス業（ソフトウエア業，情報処理サービス業，旅館業を除く）	5,000万円	100人
	小売業	5,000万円	50人
	ゴム製品製造業（自動車又は航空機用タイヤ及びチューブ製造業並びに工業用ベルト製造業を除く）	3億円	900人
	ソフトウエア業又は情報処理サービス業	3億円	300人
	旅館業	5,000万円	200人
	その他の業種（上記以外）	3億円	300人
その他の法人	医療法人，社会福祉法人	－	300人

出所：IT導入補助金ホームページ

【図表3-4-3】募集における2つの累計（A類型とB類型）

種別	プロセス名
業務プロセス	顧客対応・販売支援
	決済・債権債務・資金回収管理
	調達・供給・在庫・物流管理
	人材配置
	業種固有プロセス（実行系）
	業種固有プロセス（支援系）
	会計・財務・資産・経営管理
	総務・人事・給与・労務管理
効率化プロセス	自動化・分析
汎用プロセス	汎用

出所：IT導入補助金ホームページ

補助金額は以下の通り，補助率はいずれも2分の1以内である。

A類型：40万～150万円未満

B類型：150万～450万円

【図表3-4-4】IT導入補助金ホームページ

出所：IT導入補助金ホームページ

3. 補助金の対象となる事業，経費

　補助金の対象となるのはソフトウエア費および導入関連費等であるが，あらかじめ補助金事務局に登録されているITツールのみが対象である。申請を希望するユーザーは，IT導入補助金ホームページより導入を希望するITツールを検索し，ITベンダーに対して申請依頼を行う。

　登録されるITツールには，会計ソフト等の各種業務アプリやクラウドサービスが想定されている。

4. 時期

　2019年5月15日現在で公表されているスケジュールは図表3-4-5の通りである。

　事業実施期間は，ITツールの導入や支払いを行う期間である。事業実績報告期間は，支払いの証憑等を添えて事務局に補助金を請求する期限である。この期限を過ぎると補助金は支給されないので注意が必要である。

【図表3-4-5】スケジュール

一次公募	A類型	交付申請期間	2019年5月27日(月)～2019年6月12日(水)
		交付決定日	2019年6月26日(水)＜予定＞
		事業実施期間	交付決定日以降～2019年12月24日(火)
		事業実績報告期間	交付決定日以降～2019年12月24日(火)
	B類型	交付申請期間	2019年5月27日(月)～2019年6月28日(金)
		交付決定日	2019年7月16日(火)＜予定＞
		事業実施期間	交付決定日以降～2019年12月24日(火)
		事業実績報告期間	交付決定日以降～2019年12月24日(火)
二次公募		交付申請期間	2019年7月中旬開始予定
		交付決定日	2019年9月上旬＜予定＞
		事業実施期間	交付決定日以降～2020年1月31日(金)＜予定＞
		事業実績報告期間	交付決定日以降～2020年1月31日(金)＜予定＞

出所：IT導入補助金ホームページ

5. 提出先

　申請はIT導入補助金ホームページより行う。「IT導入支援事業者」と呼ばれるITベンダーを通じての代理申請となるので，経営計画等についてITベンダーとの相談が必要である。

Ⅲ　IT導入補助金の申請のポイント

　IT導入補助金の特徴は，「IT導入支援事業者」と呼ばれるITベンダーを通じての代理申請となることである。つまり，補助金を受け取るユーザーだけでは申請できないので注意が必要である。一般的には，パッケージソフト等を提供するITベンダーが当補助金の使用を勧めることが多いが，知り合いのITベンダーがないユーザーの場合は，IT導入補助金のホームページから登録されているIT導入支援事業者を検索して申請を行う。

　IT導入補助金は平成30年度補正で3回目となるが，これまで予算規模や募集内容が大きく変化してきた。特に今回は前回から予算額が大幅に減少したため，採択の難易度も上昇すると予想される。

269

【図表3-4-6】これまでのIT補助金の内容

	補助金額	補助率	予算額
H28補正	上限額：100万円，下限額：20万円	2/3以内	100億円
H29補正	上限額： 50万円，下限額：15万円	1/2以内	500億円
H30補正	上限額：450万円，下限額：40万円	1/2以内	100億円

出所：筆者作成

　申請においては自社の課題や方向性，5年程度の事業計画を作成し，その内容がおもに審査対象となる。平成29年度補正の募集では，以下の項目が審査事項として挙げられていた。

・経営診断ツールの各項目において，自社の経営課題を理解し，経営改善に向けた具体的な問題意識を持っているか

・また，それを解決する方向性を意識し，取り組もうとしているか

・自社の状況や課題，将来の計画に対して，「ITツールの利活用」という解決策がマッチしているか

　審査において，基準を満たしているか否かを特に判断しやすいのは3つ目の項目である。自社の課題として挙げたもの対して，導入するITツールが解決に資するものであるかは，ITツールの機能により容易に判断できるので，申請においては矛盾の無いようにする必要がある。

　この他には，事業計画（数値計画）における売上高と従業員数（人件費）のバランスも重要である。例えば売上高が倍になっても従業員数が2割程度の増員でしかなかったら，計画の実現可能性を疑われることになる。同補助金は生産性向上を目的としているが，あくまでも，数値は一般に現実的と考えられる範囲内に収める必要がある。

Ⅳ　IT導入補助金の活用例

　Bは事業主が1名で営んでいる設計事務所である。おもに戸建て住宅の設計を行っている，顧客は不動産会社や工務店が主であるが，一般消費者からの注

文も稀にある。大手設計事務所を独立後，技術を評価され順調に事業を拡大してきた。設計にはフリーソフトを使用してきたが，取引先からデータ互換性の観点から，業界でトップシェアの3D建築CADシステム「C」を導入するよう要請されるようになった。しかし「C」の導入には100万円以上かかり，まだ事業規模の小さいBには負担の大きい投資であった。

そんな中，「C」の販売元よりIT導入補助金の利用を勧められ，申請をすることとなった。「C」の販売元ITベンダーの担当者はIT導入補助金の利用実績が豊富であり，国が全国に設置する中小企業・小規模事業者のための経営相談所であるよろず支援拠点での相談で経営課題を引き出すなどして，妥当な事業計画の作成に尽力してくれた。この結果，Bの申請は無事採択され，必要なITツールを低コストで導入することができた。

新規に導入した「C」は，間取りや屋根などの基本データから瞬時に3Dモデルを作成し，各種図面や書類，建築CGパースなどを一気通貫で作成することができる。特に立体パース図は工務店にとって提案や営業に有用なものであり，Bにとっても顧客満足度の向上を実現できた。

第**5**章

戦略的基盤技術高度化支援事業
（サポイン）

I 支援策の概要

　「戦略的基盤技術高度化支援事業」（以下，サポイン）は，中小企業・小規模事業者による情報処理，精密加工等のものづくり基盤技術の向上を図ることを目的として，中小企業・小規模事業者が大学・公設試等と連携して行う，研究開発や試作品開発，その他成果の販路開拓にかかる取組み等を一貫して支援する。

　サポインは，生産性の向上のための付加価値の向上を支援する施策であり，中小企業・小規模事業者の長期的視点での新技術開発による新製品開発や新規事業開発に貢献する。

1. 背景

　我が国製造業は，国内雇用や貿易立国を支えてきた基幹産業である。1980年代には世界の中で抜群の競争力を発揮していた。また，裾野が広く，経済全体への波及効果が大きい産業であることから，雇用と生産の両面において，我が国経済の基幹産業としての役割を果たしてきた。しかし，新興国企業の躍進や製品のコモディティ化により，激しい価格競争が引き起こされ，我が国製造業が得意としてきた「高品質・高信頼性」に基づく競争力は，厳しい環境の変化に直面している。

　我が国製造業は，自らの強み，国内外におけるものづくりのあるべき役割分担等を踏まえ，中長期的に持続する競争力を再構築する必要がある。

　製造業の99％以上が中小企業・小規模事業者である。その中には研究開発型の企業，完成品生産型の企業，部品製造に特化した企業，特有の加工技術を保有する企業等，高度な技術を持つ企業も多い。これらの企業は大企業と共に緊密な連携のもと我が国のものづくりの根幹を支えている。また，第4次産業革命ともいうべき，IoT，AI，ロボット等に関する急速な技術革新が進展しつつある。

　このような環境変化の中，自動車，情報家電，ロボット，燃料電池など我が国を牽引する製造業の競争力を支える中小企業の持つ基盤技術を支援するため，2006年に「中小企業のものづくり基盤の高度化に関する法律」（中小ものづくり高度化法）が策定された。

　サポインは，中小ものづくり高度化法に認定された中小企業・小規模事業の「特定ものづくり基盤技術」に関する共同体による研究開発計画の取組みを支援する。

　この支援事業は，企業単独では補助金申請できず，他の企業などとの共同体を構成することにより研究開発の角度を高めるとともに，他者との強力な関係を築き，新しい事業展開につなげることを期待している。つまり日本のものづくりの裾野産業の国際競争力の強化や成長発展のための新たな事業の創出を支援する。

　サポインは「サポートインダストリー」の略であり，組み立てや完成品を製造する川下産業に部品等の基盤的な製品やサービスを提供する裾野産業を指す。

2. 中小ものづくり高度化法

　サポインの対象は，中小ものづくり高度化法に基づく「特定ものづくり基盤技術高度化指針」に沿って策定され，認定（変更認定を含む）を受けた特定研究開発等計画を基本とした研究開発等の事業である。

【図表3-5-1】 中小ものづくり高度化法と戦略的基盤技術高度化支援事業の位置付け

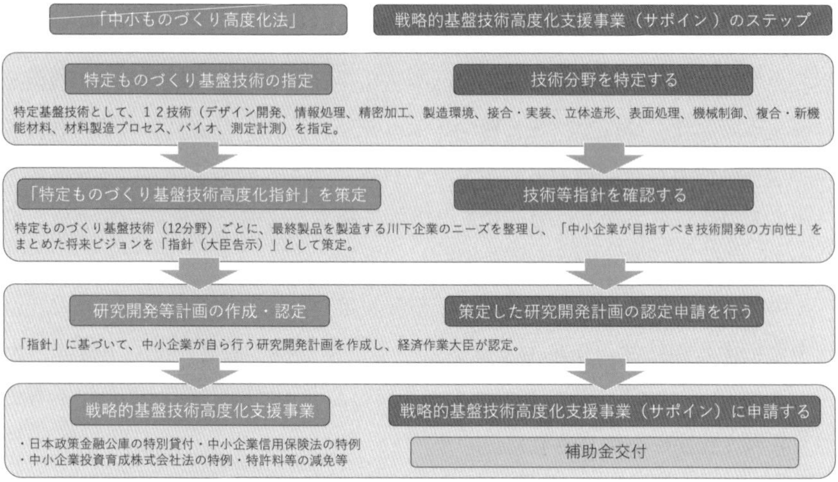

出所：戦略的基盤技術高度化支援事業　研究開発成果事例集（平成27年～28年）より筆者加筆

（1）特定ものづくり基盤技術

　中小ものづくり高度化法に指定されている特定ものづくり基盤技術は以下の12分野である。

　　01 デザイン開発に係る技術

　　02 情報処理に係る技術

　　03 精密加工に係る技術

　　04 製造環境に係る技術

　　05 接合・実装に係る技術

　　06 立体造形に係る技術

　　07 表面処理に係る技術

　　08 機械制御に係る技術

　　09 複合・新機能材料に係る技術

　　10 材料製造プロセスに係る技術

11 バイオに係る技術

12 測定計測に係る技術

これらの技術の向上につながる研究開発から販路開拓までの取組みを支援する。

(2) 中小企業の特定ものづくり基盤技術の高度化に関する指針

この指針は，中小企業のものづくり基盤技術の高度化に関する法律第3条の規定に基づき，「特定のものづくり基盤技術の高度化全般にわたる基本的な事項」，「個々の特定ものづくり基盤技術ごとに，達成すべき高度化目標」，「個々の特定ものづくり基盤技術ごとに，高度化目標の達成に資する特定研究開発等の実施方法」，及び「個々の特定ものづくり基盤技術ごとに，特定研究開発等を実施するに当たって配慮すべき事項」を定めるものである。経済産業大臣は，本指針に照らし，特定研究開発等計画の認定を行うこととする。

(3) 計画認定基準

①指針との適合性について

a. 特定ものづくり基盤技術の高度化を図るための特定研究開発等の目標

b. 特定研究開発等の内容及び実施期間

c. 特定研究開発等の実施に協力する事業者が，特定ものづくり基盤技術高度化の指針に照らして適切かどうか

②計画遂行可能性について

a. 特定研究開発等の内容及び実施期間が遂行可能なものかどうか

b. 特定研究開発等の実施に協力する事業者及び特定研究開発等を実施するために必要な資金の額，その調達方法が適切かつ確実な遂行に資するものであるかどうか

3.戦略的基盤技術高度化支援事業のスキーム

補助対象となる事業期間は，2年または3年。補助上限額は，単年度あたり

4,500万円まで，3年合計で9,700万円までとなる（図表3-5-2参照）。補助率は補助対象経費の3分の2以内であるが，ただし，大学・公設試等に対する補助率は定額（上限額以内で全額）となっている。

【図表3-5-2】戦略的基盤技術高度化支援事業のスキーム

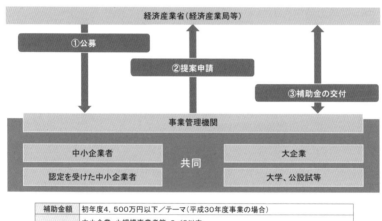

補助金額	初年度4，500万円以下／テーマ（平成30年度事業の場合）	
補助率	中小企業・小規模事業者等：2／3以内 大学・公設試験研究機関等：定額（初年度1，500万円以下）	
研究期間	2年度または3年度	
応募対象者	・事業管理機関、研究実施者、総括研究代表者（プロジェクトリーダー）、副総括研究代表者（サブリーダー）によって構成される共同体を基本とする。 ・共同体の構成員には、認定申請を行い、認定を受けた「申請者」と「共同体申請者」及び協力者を含む必要がある。	

	18年度	19年度	20年度	21年度	21年度補正	22年度	22年度補正	23年度	23年度補正	24年度	25年度
応募件数	323	218	134	200	658	977	564	732	263	639	652
新規採択件数	80	89	48	44	253	308	125	137	51	134	112
採択倍率	4.0	2.4	2.8	4.5	2.6	3.2	4.5	5.3	5.1	4.7	5.8

	26年度	27年度	28年度	29年度	30年度	集計
応募件数	387	326	287	297	334	6,991
新規採択件数	150	143	113	108	126	2,021
採択倍率	2.6	2.3	2.5	2.8	2.7	3.5

出所：中小企業庁　戦略的基盤技術高度化支援　研究開発成果事例集（平成26年度～27年度研究開発プロジェクト）

　補助対象となる経費は物品費，人件費・謝金，旅費，依託費など研究開発に必要な経費を幅広く認めている。

（1）共同体の構成イメージ

　共同体の構成イメージとしては図表3-5-3，図表3-5-4，図表3-5-5に示すとおりである。

【図表3-5-3】申請のための共同体構成イメージ1

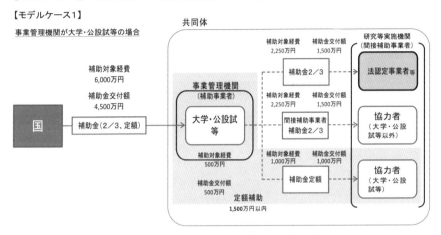

出所：平成31年度戦略的基盤技術高度化・連携支援事業　公募要領より

【図表3-5-4】申請のための共同体構成イメージ2

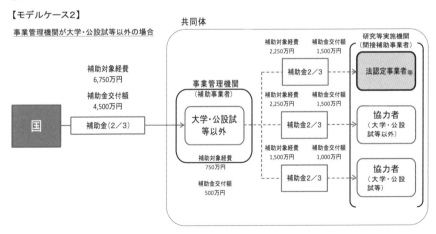

出所：平成31年度戦略的基盤技術高度化・連携支援事業　公募要領より

【図表3-5-5】申請のための共同体構成イメージ3

【モデルケース3（連名申請の場合）】

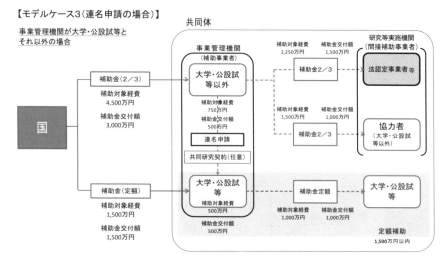

※ 事業管理機関2者のうち、代表機関1者を設定すること。

<モデルケース3の注意事項>

※ 事業管理機関は、「大学・公設試等以外」及び「大学・公設試等」の2者の組み合わせのみになります。
※ 「大学・公設試等以外の事業者」が事業管理機関を担う場合には、その間接補助事業者は「大学・公設試等以外の事業者」とする必要があり、一方、「大学・公設試等の事業者」が事業管理機関を担う場合には、その間接補助事業者は「大学・公設試等の事業者」とする必要があります。

出所：平成31年度戦略的基盤技術高度化・連携支援事業 公募要領より

(2) 申請手続き等

　平成31年度は，公募期間2019年1月28日～2019年4月24日。採択件数110件程度予定。申請先は，府省庁共通研究管理システム（e-Rad）への登録手続き及びe-Radでの申請が必要。申請書類は中小企業庁HPの「公募・情報公開」の「補助金等公募案内」及びミラサポに掲載されている。

(3) 審査基準

　①技術面について

　　a. 技術の新規性，独創性及び革新性

b. 研究開発目標値の妥当性

c. 目標達成のための課題と解決方法及びその具体的実施内容

d. 研究開発の波及効果

②事業化面について

a. 目標を達成するための経営的基盤

b. 事業化計画の妥当性

c. 事業化による経済効果

③政策面について

a. 産業政策との整合性

b. 中小企業政策との整合性

Ⅱ　支援策活用のポイント

　中小企業者・小規模事業者の研究開発は，図表3-5-6のようなステップが一般的である。

【図表3-5-6】研究開発の一般的ステップ

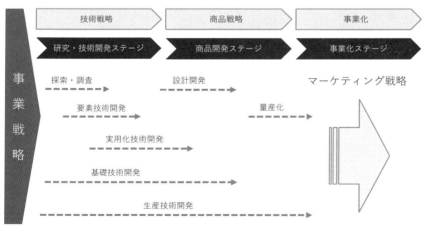

出所：RICO技術開発プロセスに筆者加筆

　サポイン申請の研究開発計画は基本開発ステップに基づくが，過去申請者の経緯を見ると，研究開発の計画達成は90％以上だが，事業化の達成は50％程度の結果である。事業化には，①技術には旬がある，②市場ニーズを読み間違う，③開発は長期間にわたるため計画通りに進まずターゲット企業とのタイミングのミスマッチ，④技術志向が強いためコスト意識が薄い，⑤プロジェクト体制の調整に難航する，などの課題がある。研究開発のポイントには以下がある。

1. 経営戦略・事業戦略との整合性

　まず，中小企業者・小規模事業者の経営戦略が明確であるか，その経営戦略に沿った事業戦略が検討されていて，それに基づく研究開発が計画されているかどうかが最も重要である。

　事業化に進まないケースには，企業の長期的視点での成長戦略に必要な，競争優位性確保のための独自技術の開発テーマが曖昧であり，経営戦略と整合していないことが見受けられる。

2. 市場ニーズ・開発技術の研究テーマの設定

（1）市場ニーズ

　市場ニーズの視点では，市場のニーズや，表面化していない潜在的な欲求，市場の解決すべき課題などに役立つ技術や製品が必要である。

　良い製品・良い技術が売れるとは限らない。市場がその製品・技術を選ぶ理由があり，品質（機能）・コストや供給可能な数量・供給の安定性などの提供価値が適切であるかどうかが重要であり，市場での提供価値の優位性や将来性，事業性を検討し勘案してテーマを設定する必要がある。それらは自社の技術力で実現が可能かどうかや，他者との競合優位性があるかの検討も必要である。

（2）開発技術

　開発技術の視点では，自社の独自技術や基盤技術がどこにあり，その特徴や

機能は何かの客観的な技術評価が重要である。その技術は，長期的視点に立って，今後経営戦略上どのように発展させる必要があるかを検討する。

想定したターゲット製品の開発に，自社技術の何が必要であり，克服すべき技術課題は何か，その開発方法は明確か，ネットワークを組むべき機関はどこかなども考慮する必要がある。技術的な見通しが不透明なままプロジェクトがスタートしたことにより，想定外の課題に直面し，開発段階で基礎的な研究が円滑に進まないケースが見受けられる。

テーマ設定の段階で研究開発から事業化までの道筋・展望を明らかにすることが大切である。

3. 研究開発計画策定

（1）具体的で明確なゴールの設定

研究開発計画には具体的で明確な目標設定が重要である。

目標はプロジェクトの到達点であり，計画は到達までの経過を明らかにしたものである。目標はプロジェクトのメンバーが理解するために数値化した「見える化」したものであり，何を実現するか，その水準は，どのように実現するかを明確にしてプロジェクトメンバーの合意を図る。

サポインは共同体での開発であるため，客観的で具体的，根拠が確認できること，技術的実現可能性の合意がはかれること，企業目線だけではなくメンバーの多角的視点から検討すべきである。過去サポイン事業では40％近くが計画時点の目標設定が不十分であったと評価されている。

（2）共同体との協力

サポインは，産業支援機関や大学，公設試等の共同体の構築が必要である。従って，ものづくり高度化認定企業は何を依頼するかの事前の相談や，コーディネータとの人的ネットワークの構築がポイントであり，開発計画に沿った具体的なスケジューリングが重要である。

中小企業はリソースに限界があり，無駄な開発活動や実験など，課題解決の

方向を間違うことは致命的であり，ネットワークの協力なしでは研究開発や事業化の実現が難しい。そのため計画段階で，共同体との役割分担やスケジュールの合意などを図る必要がある。

　また計画段階での事業化を視野に入れた計画作りも必要であり，そのためには想定ユーザーを巻き込むことがポイントである。環境が目まぐるしく激変することから課題やニーズは，想定ユーザーを巻き込むことで把握できるメリットがあり，試作や量産化の段階で想定外の課題の発見に役立ち，実現可能性が高まる。

4. 計画の実施と事業化

（1）計画の実施

　計画スケジュールの進捗管理がポイントである。共同体での計画の実施であることから，共同体メンバーとの情報の共有，良好なコミュニケーションだけではなく，成果の達成状況の確認が重要である。

　研究開発は遅れることが想定され，遅れの要因を迅速に把握する必要がある。そのためには，ロードマップの作成による，いつ誰がどこまで実行するかなどの進捗管理がポイントである。その進捗管理の中で解決すべき技術課題があれば，共同体による解決策の議論を柔軟に実施する。成果は共同体だけではなく，想定ユーザーへの働きかけによるフィードバックも有効である。

（2）事業化

　成果をいかに市場に伝えるかの具体的活動が重要である。新技術や新製品はなかなか市場で理解されないなど，その価値が評価されないことがある。

　展示会出展はよく実施されるが，どのような展示会へ出展するか，出展する際の効果的な方法は，事前の情報発信は，展示会当日の営業ツールは，事後のフォローはどうするかなど，戦略的・計画的な出展が重要である。ビジネスマッチングの参加や，公的機関の販路開拓支援の活用なども検討する。

　営業ツールとして，ユーザー視点での分かりやすい製品説明書やパワーポイ

ントの整備が必要である。内容は，高度な技術の独りよがりなツールにならないこと，製品の活用シーンがビジュアルで理解できる，ユーザー目線の営業ツールの開発などがポイントである。

そのほかプロモーション活動としての学会発表，論文発表，新聞・業界紙等ニュースソースの活用，SNSやネットへの情報発信などが効果的である。

5. プロジェクトリーダー

共同体のプロジェクトではそのリーダーの役割は大きい。サポインが企業の全社的取組みとして位置付けされていることが重要であるが，共同体として各組織の役割を明確にして，方針を統一させる必要がある。

プロジェクトリーダーには，①研究開発計画を管理するスキル，②計画遂行での成果や問題に対する正しい評価スキル，③共同体での良好な関係構築のためのコミュニケーションスキル，④関係者間の気配り・俯瞰できる全体を見渡せるスキル，⑤問題発生時などの調整スキルなどが求められる。

Ⅲ 支援策活用企業の事例

戦略的基盤技術高度化支援事業研究開発成果事例集（経済産業省中小企業庁経営支援部技術・経営革新課発行，平成24〜25年度研究開発プロジェクト）に掲載された中から，微細加工用レーザーで起業したベンチャーがサポインで大きく飛躍した事例の要約である。

社長は大企業の企画部門に所属している時に，個体レーザーの開発に取り組み，その技術開発に大きく貢献した。その技術ノウハウと起業家精神によりベンチャーを起業。サポイン申請により短パルスレーザー発振器を開発，大きく成長している。

1. 研究開発のきっかけ

近年曲げることができる次世代超薄型ディスプレイや面発光デバイス，超軽

量型太陽電池を用途として，非常に薄く割れにくく，また傷も入りにくい頑丈なフレキシブルガラスの需要が急増している中，大手メーカーは大面積フレキシブルガラスの出荷を行っている。しかし，大面積のフレキシブルガラスを高品質に加工する方法が確立されていなかった。

2. 研究開発体制

（一財）科学技術センター・事例企業・他中小企業2社の共同体を構成した。

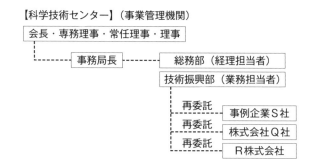

3. 研究開発概要

本技術開発では，低価格で且つ，レーザヘッドを自由に動かす事ができる信頼性の高いパルスギャップレーザを開発し，大面積（幅広）フレキシブルガラスを自由空間において高品質に且つ，高速にスクライブすることが可能な，ロール・ツー・ロール生産方式に最適化された加工技術を開発する。

① 要素技術開発

（低価格でヘッド分離型可能なパルスギャップレーザのための要素技術の開発）

【1-1】パルスギャップ領域で動作する高出力1064nmDFB半導体レーザの開発

【1-2】パルスギャップレーザ用高出力光増幅器の開発

【1-3】コンパクトな532nm波長変換部の開発

② 光源の試作開発

（ヘッド分離型532nmパルスギャップレーザ光源の試作開発）

【2-1】 超小型レーザヘッドの開発

【2-2】 レーザヘッドの衝撃・振動への耐性の向上と評価

【2-3】 ヘッド分離型532nmパルスギャップレーザ光源の開発

③ 加工装置の試作開発

（R2R方式フレキシブルガラス加工装置の試作開発）

【3-1】 フレキシブルガラスの高品位加工のための加工条件の抽出

【3-2】 超小型レーザヘッドをガントリ搭載したR2R方式加工装置の試作開発

4. サポインで実施した研究開発の内容

(1) 研究開発目標は，レーザーヘッドを自由に動かす事ができる堅牢な
パルスギャップレーザーを開発し，大面積フレキシブルガラスを自由空
間において高速に加工する技術を開発する。

①従来技術は，ピコ秒領域のパルスレーザーはパワーに上限があり，バ
ルク増幅器を用いると装置が複雑化・大型化してしまう。

②開発新技術により，50ピコ秒で300mWの高出力を持つ半導体レー
ザーを開発した。ファイバ増幅器とバルク増幅器を組み合わせた高出
力光増幅器を開発した。

(2) 直面した問題は，FPDガラス加工の量産導入に必要な条件が入手困
難であり，コア部品の海外依存度が高く，調達コストが高いことであっ
た。

①問題解決のための手段として，世界的なガラス加工装置メーカーと提
携することで貴重なニーズ情報を入手できる環境を整備した。また，
海外部品メーカーとの直接取引による納期遅延の排除及びコスト低減
を図った。

②手段による影響は，世界的FPDメーカーとのガラス加工実験及び商
談の増加を実現したこと，製品コストの削減により競争優位性を確保

できた。

5. 研究開発の成果

（1）低価格でヘッド分離可能なパルスギャップレーザーのための要素技術を開発できた。

（2）ヘッド分離型532nmパルスギャップレーザー光源の試作開発を実現させた。

（3）R2R方式フレキシブルガラス加工装置の試作開発を実現させた。

6. 顧客への提供価値

（1）高品質・高速な加工技術により，フレキシブルガラス製品の低コストでの機能高度化が可能である。

（2）様々なレーザー加工用途で応用が可能である。

7. 対象となる川下産業

産業機械・工作機械・建設機械・造船・農業機械，情報通信・情報家電・事務機器，燃料電池・太陽電池，半導体・液晶製造装置，電気機器・家電，電子機器・光学機器，自動車などが対象となる。

8. サポイン終了時点で実用化間近の段階

（1）量産ベースでのフレキシブルガラス加工に求められる品質を達成した。

（2）申請企業は産業革新機構を含む複数のベンチャーキャピタルから数億円の資金調達に成功した。

事例企業はサポインを2013年に採択した企業である。その後国立研究開発法人新エネルギー・産業技術総合開発機構（NEDO）の「高輝度・高効率次世代レーザー技術開発」の採択や，（株）産業革新機構・三菱UFJキャピタル（株）・大和企業投資・池田泉州キャピタル（株）・イノベーティブ・ベンチャー

ファンドなどによる投融資を受ける。サポインにより実用化・事業化に成功し，微細加工用レーザーでは技術的優位性を発揮しており，成長が大いに期待されるベンチャーである。

【参考文献・資料】

中小企業庁　平成31年度予算「戦略的基盤技術高度化支援事業」の公募を開始します（https://www.chusho.meti.go.jp/keiei/sapoin/2019/190128mono.htm，2019年6月16日閲覧）

中小企業庁　中小企業の特定ものづくり基盤技術の高度化に関する指針（https://www.chusho.meti.go.jp/keiei/sapoin/shishin.html，2019年6月16日閲覧）

中小企業庁　戦略的基盤技術高度化支援　研究開発成果事例集（平成26年度～27年度研究開発プロジェクト）（https://www.chusho.meti.go.jp/keiei/sapoin/senryaku/index.htm，2019年6月16日閲覧）

ものづくりに取り組む中小企業への支援策（中小ものづくり高度化ポータルサイト）（https://www.chusho.meti.go.jp/keiei/sapoin/portal/index.htm，2019年6月16日閲覧）

中部経済産業局（ものづくり中小企業による研究開発を事業化に結びつける20のポイント）（https://www.chubu.meti.go.jp/interface/php/chubu/kikai/sapoin/index.php/news/detail/3524，2019年6月16日閲覧）

監修者あとがき

"2030年問題"というフレーズを耳にする機会が日増しに増加している。

言うまでもなく，日本に生じうる社会的問題の総称であるが，とりわけ企業経営にかかわりを持つ者にとって重要なのは，人口の減少と，それに端を発する高齢化社会の到来という現象が大きな問題として現出することである。

これらは，経済活動の鈍化要因となり，経済成長率の低下による国際競争力の低下を招くとともに，新たな技術革新（第四次産業革命）と相まって，我が国経済のみならず，社会全般に様々な諸問題を生じさせることが危惧される。

そこで，悩める中小企業の採るべき方向として，先ずは生産性向上の取組みや人手不足への対応に努め，足元の経営改革を進めることを提言し，その羅針盤としての役割を果たさんとするのが本書の狙いである。

本書では，生産性を"産出量（アウトプット）÷投入量（インプット）"として捉え，その向上に向けた取組み事例やポイントの解説をはじめ，各種支援策の概要及びポイントも紹介している。

したがって，経営者や経営幹部の方には，本書を自企業の生産性向上のバイブルとして活用し，自社の生産性向上に役立ててほしい。また，経営コンサルタントとして活躍中の方や行政機関等の中小企業支援者にも，顧問先・支援先等の企業支援のための参考図書として大いに活用してほしい。

ところで，本書の執筆者は第1部の記述に携わられた太田先生（大阪経済大学教授）をはじめ，第2部・第3部担当の全員が中小企業診断士である。

喜ばしいことに，数多の経営コンサルタントの中で唯一の国家資格である中小企業診断士に対する社会的評価は日増しに高まっている。これを裏付ける事実として，他の仕業の受験者数が減少傾向にある中で，中小企業診断士試験の受験者数は増加傾向にあることが指摘できる。

このような状況の中で，現在ご活躍中の中小企業診断士の方はもちろん，これから診断士試験に挑戦する方（特に第2次試験受験者）にも是非お勧めした

い一冊である。

　ここで，老婆心ながら，経営コンサルタントとして活動中の方，及び経営コンサルタントを目指す方々に是非お聞きいただきたい私の独り言をお伝えしたい。

　それはIQ（頭の知能指数）を強化することはもちろんであるが，それ以上にEQ（心の知能指数）の強化に努めてほしいという事である。

　優れたIQによって経営指導力を発揮するためには，自制，忍耐，熱意などを包含する心の知能指数（EQ）を高めることが必須になると思っているからである。

　卑近な例を挙げれば，「いったんお引き受けした支援案件については，その報酬の多寡に関わらず全力投球するべし」という事もそれにあたる。

　巷では「安い報酬の仕事だから，それなりにやればよい」などの声を耳にすることもあるが，それは大きな間違いだろう。

　どんな仕事であったとしても，引き受けた限りは精一杯頑張りぬくことが，自身の評価を高める最短の方法ではないだろうか。不思議なことに，このように引き受けた仕事を精一杯遂行していると，誰かがその事実を見ており，思わぬ仕事に結び付くことも多々あると同時に，これらの努力の積み重ねが自分自身や中小企業診断士全体の評価を向上させる。

　また，各種補助金等の申請書類の代行業務を自己の主要業務としておられる方もいらっしゃるだろう。不慣れな中小企業者に代わって，それらの申請業務のお手伝いすることが重要な役割であることは疑う余地もないが，取得後のフォロー活動も視野に入れたお手伝いが真の“伴走者”となりうることも銘記してほしい。そういった意味では，ネット上でよく目にする「○○補助金の申請は当社にお任せください。今なら特別割引で通常の50％引き！」などは論外であろう（さいわい，これらの広告主は，そのほとんどが中小企業診断士以外のコンサルタントであるが）。

　ところで，本書の執筆者は，優れたIQの持ち主であるだけでなく，それ以上にEQ能力に長けた方々ばかりである。読者の皆様は，そういったことを感

じ取りながら本書をお読みいただけるだろう。

　最後に，本書の出版が太田先生の"まえがき"にもあるように，2013年に出版した2部作（「コンサルティングの基礎」，「コンサルティングの作法」）に続くものであり，小生の「旭日中綬賞」受賞の記念作品として位置付けていただき，各一流執筆者の力作を集約していただいたことに熱く御礼申し上げると同時に，本書の出版をお認めいただいた（株）同友館代表取締役社長・脇坂康弘様，並びに本書出版にあたって様々なご指導をいただいた同社次長・佐藤文彦様に，深く感謝申し上げる。

　　2019年11月

福田　尚好

【監修者紹介】

福田尚好（ふくだ なおよし）

大阪市立大学大学院経営学研究科前期博士課程修了，日本ビクター（株）を経て，（株）プラクティカルマネジメント代表取締役。中小企業診断士。一般社団法人中小企業診断協会相談役，一般社団法人大阪中小企業診断協会首席相談役，一般社団法人大阪中小企業診断士会顧問。大阪経済大学大学院客員教授。著書に「商業・まちづくりネットワーク」（共著，ミネルヴァ書房），「コンサルティングの基礎」（共著，同友館），「コンサルティングの作法」（共著，同友館），「なぜあの会社の女性はイキイキ働いているのか」（共著，同友館）。旭日中授章受賞（2017年）。

【編著者紹介】

太田一樹（おおた かずき）………………………………【第1部第1章，第2章 執筆】

大阪経済大学経営学部教授。博士（経営学），中小企業診断士，日本中小企業学会常任理事，日本経営診断学会理事。神戸大学大学院経営学研究科修了。大阪府立産業能率研究所・研究員などを経て現職。著書に『中小企業研究序説』（共著，同友館），『1からのグローバル・マーケティング』（共編著，碩学舎），『コンサルティングの作法』（共編著，同友館），『コンサルティングの基礎』（共編著，同友館），『増補版・現代中小企業論』（共著，同友館），『ベンチャー・中小企業の市場創造戦略』（ミネルヴァ書房，中小企業研究奨励賞・経営部門本賞）など。

【著者紹介】

小野知己（おの ともみ）………………………………………【第2部第1章 執筆】

神戸大学経済学部卒業。サントリー（株），経営コンサルタント会社，内装会社を経て，1994年独立。イーエムイーコンサルタンツ（株）代表取締役。100年企業創り合同会社職務執行者。中小企業診断士，一級販売士。（一社）大阪府中小企業診断協会副理事長。大阪経済大学，大阪経済大学大学院非常勤講師。著書に『我が社は，なぜ顧客から選ばれているのか』（かんぽうサービス），『コンサルティングの基礎』『コンサルティングの作法』（共著，同友館），『100年企業創り〜少しずつ常に変革〜』（共著，コントロール社）他，論文「事業承継における支援と価値創造」（日本経営工学会）他。

島田尚往（しまだ　なおゆき）……………………………………【第2部第2章　執筆】

大阪大学大学院電子工学専攻修了。博士（工学）。中小企業診断士。電機メーカーにて製品開発に関わる様々な実務に携わった後，2013年に退職し技術・経営コンサルタントとして独立開業。主に製造業を対象に支援業務を行う。2016年，株式会社あかしべを設立。著書に『生産診断システム"HEPTA"によるものづくり経営革新』（共著，同友館），『フラノマルシェはまちをどう変えたか』（共著，学芸出版社）。

秋　松郎（あき　まつろう）……………………………………【第2部第3章　執筆】

大阪商業学園卒業。地域金融機関で渉外，融資，システム，企画部門等に通算25年，法律事務所で企業再生の実務7年の経験を経て，2007年に中小企業診断士に登録して独立。
（株）アクションプラン代表取締役。中小企業診断士，認定事業再生士，（一社）大阪府中小企業診断協会理事，著書に「倒産・事業再編の法律相談」（共著，青林書院），「最新　事業再編の理論・実務と論点」（共著，民事法研究会），他。

石井誠宏（いしい　あきひろ）……………………………………【第2部第4章　執筆】

大阪市立大学商学部卒業。中小企業診断士。大手コンビニ，ITソフトベンダー，コールセンターを経て，中小企業診断士の資格取得後すぐの2013年独立開業。中心業務は小売業，卸売業，サービス業，製造業といった企業の事業計画づくりや事業承継支援。近年は商店街団体のビジョン作成支援，IT導入支援も行っている。

佐々木宏（ささき　ひろし）……………………………………【第2部第5章　執筆】

関西学院大学経済学部卒業。商社勤務を経て1988年に独立開業。（株）サンミ経営代表取締役　佐々木労務経営事務所代表。（一社）大阪中小企業診断士会監事。中小企業診断士，社会保険労務士。行政書士。著書に『コンサルティングの基礎』（共著，同友館），『コンサルティングの作法』（共著，同友館），発表論文「中小卸売業の業態変革事例」（中小企業診断協会）。

風谷昌彦（かぜたに　まさひこ）……………………………………【第2部第6章　執筆】

大阪市立大学大学院経営学研究科修了。建築・不動産会社を経て，1993年独立。（株）ア

ズマネジメントコンサルティング代表取締役。中小企業診断士，公認不動産コンサルティングマスター等の資格を有する。現在，（一社）中小企業診断協会副会長，（一社）大阪府中小企業診断協会理事長，大阪経済大学大学院非常勤講師，中小機構近畿本部事業承継チーフコーディネイター。著書に『コンサルティングの作法』（共著，同友館），『フラノマルシェはまちをどう変えたか』（共著，学芸出版）他。

池田朋之（いけだ ともゆき）…………………………………【第2部第7章 執筆】

日本大学法学部卒業。都市ガス会社を経て1991年独立。（株）アソシエ代表取締役。中小企業診断士，マイスター商業施設士。（一社）大阪中小企業診断士会理事長，（独）中小企業基盤整備機構近畿本部企業支援課チーフアドバイザー，大阪経済大学大学院非常勤講師，流通科学大学非常勤講師。著書に『コンサルティングの基礎』『コンサルティングの作法』（共著，同友館）。

開 真雄（ひらき まさお）…………………………………【第2部第8章 執筆】

大阪経済大学大学院経営学研究科修了。中小企業診断士。飲食・サービス業界の勤務経験を経て独立開業。株式会社sun smile代表取締役。合同会社ブルーオーシャンマネジメント代表社員。著書に『大人の学び直しの大切さ』（同友館）。

山口 透（やまぐち とおる）…………………………………【第2部第9章 執筆】

シャープ（株）のシステム販売会社を経て2015年開業。「経営とITと人材育成」を中心とする株式会社エムティブレイン（http://mt-brain.jp）の代表取締役。業務改善を指導するITコンサル，IoTやAIを中心に経営とITの橋渡しをする社外CIOサービスを提供。中小企業診断士，ITコーディネータ，システムアナリスト。著者に『ITコンサルティングの基本』（共著，日本実業出版社）他。

永井俊二（ながい しゅんじ）…………………………………【第3部第1章 執筆】

滋賀大学経済学部卒業。中小企業診断士。一級販売士。1994年国民金融公庫（現日本政策金融公庫）入社。大阪商工会議所中小企業振興部出向を経て，阿倍野支店融資課長の後，2014年4月から大阪創業支援センター所長を務め，2016年3月退職し独立開業。大阪府よろず支援拠点，大阪商工会議所，堺商工会議所などの公的相談窓口に従事するほか，創業塾などでの講演多数。業界誌連載，近代セールス社「チャレンジャー応援団 地域に活力を生み出す創業支援の進め方」。

北口祐規子（きたぐち ゆきこ）………………………………………【第3部第2章 執筆】

大阪大学基礎工学部卒業。情報処理サービス業勤務を経て，1991年中小企業診断士登録。オフィスKITS代表。ITコーディネータ。中小企業の経営戦略，情報戦略などを中心に，コンサルティング・教育・研修など幅広く活動。現在，中小企業庁事業「大阪府よろず支援拠点」チーフコーディネーター。一般社団法人大阪府中小企業診断協会特任理事。著書に『コンサルティングの基礎』『コンサルティングの作法』（以上共著，同友館），『働き方を会社にまかせない』（ギャラクシーブックス）。

西谷雅之（にしたに まさゆき）……………………………【第3部第3章，第4章 執筆】

大学卒業後，システム開発会社にて金融機関および自治体向けシステムの設計，開発，運用および顧客サポートなど幅広い業務を行う。その後コンサルタントとして独立し，中小企業の経営改善や生産性向上，情報システム導入の支援等を行っている。

橋本豊嗣（はしもと とよじ）………………………………………【第3部第5章 執筆】

大阪府立大学大学院経営学研究科修了。はしもと経営研究所代表。中小企業診断士，兵庫県立大学大学院客員教授，大阪府立大学非常勤講師。（独）中小機構近畿本部チーフアドバイザー，（公財）大阪産業局 事業承継コーディネーター。（一社）大阪府中小企業診断協会監事，（一社）大阪中小企業診断士会監事。著書に『コンサルティングの基礎』『コンサルティングの作法』（共著，同友館）。

2020年2月10日　初版第1刷発行

中小企業診断士の知恵と技
生産性向上の取組み事例と支援策

監　修　福　田　尚　好
編著者　太　田　一　樹
発行者　脇　坂　康　弘

発行所　株式会社 同友館

☎ 113-0033 東京都文京区本郷 3-38-1
TEL.03(3813)3966
FAX.03(3818)2774
https://www.doyukan.co.jp/

落丁・乱丁本はお取り替えいたします。
ISBN 978-4-496-05457-0

神谷印刷／松村製本所
Printed in Japan